语言学论丛

阿拉伯语语法传统中的语序问题研究

دراسة في ترتيب الكلمات في التراث اللغوي العربي

于迪阳 著

北京大学出版社
PEKING UNIVERSITY PRESS

图书在版编目（CIP）数据

阿拉伯语语法传统中的语序问题研究 / 于迪阳著 . 北京：北京大学出版社，2024.9. -- （语言学论丛）. ISBN 978-7-301-35530-5

Ⅰ. H374

中国国家版本馆 CIP 数据核字第 2024QU9253 号

书　　名	阿拉伯语语法传统中的语序问题研究 ALABOYU YUFA CHUANTONG ZHONG DE YUXU WENTI YANJIU
著作责任者	于迪阳　著
责 任 编 辑	严　悦
标 准 书 号	ISBN 978-7-301-35530-5
出 版 发 行	北京大学出版社
地　　址	北京市海淀区成府路 205 号　100871
网　　址	http://www.pup.cn　新浪微博：@ 北京大学出版社
电 子 邮 箱	编辑部 pupwaiwen@pup.cn　总编室 zpup@pup.cn
电　　话	邮购部 010-62752015　发行部 010-62750672 编辑部 010-62753027
印 刷 者	河北博文科技印务有限公司
经 销 者	新华书店
	650 毫米 ×980 毫米　16 开本　19 印张　250 千字 2024 年 9 月第 1 版　2024 年 9 月第 1 次印刷
定　　价	88.00 元

未经许可，不得以任何方式复制或抄袭本书之部分或全部内容。
版权所有，侵权必究
举报电话：010-62752024　电子邮箱：fd@pup.cn
图书如有印装质量问题，请与出版部联系，电话：010-62756370

前　言

阿拉伯语教学在中国有逾千年的悠久历史，但人们对于缜密细腻、逻辑严密且自成一体的阿拉伯语语法传统的研究，多数仍停留在对既有研究成果，特别是二次文献的引用上，缺乏对阿拉伯语语法原典本身的剖析与解读，具有原创性的相关研究成果尚显不足。

古典阿拉伯语语法体系在中世纪即已形成。这套以古典阿拉伯语为研究对象，由这段时期中的几代阿拉伯语语法学家所构建的语法体系在阿拉伯世界一直沿用至今。古典阿拉伯语语法体系与现代标准阿拉伯语的语法体系几无二致。所以，深入研究古典阿拉伯语语法传统，不仅对于了解阿拉伯语语法发展历史和中世纪时期的语言学思想具有极大的帮助，还能深化对于现代标准阿拉伯语语法的理解和认识。

不过，阿拉伯语语法体系完整的闭环式结构，给学习者、研究人员和教师都带来不小的挑战。尤其是其中许多的语法术语在表述和用法上都与现代语言学大相径庭。这对于习惯了西方语言学理论的语言研究者而言，是一个极大的难题。只有真正进入阿拉伯语语法体系，挖掘其中蕴藏的奥妙，才有可能领悟阿拉伯语语言和语法的精华，才有可能理解阿拉伯人的文化和思想内涵。

于迪阳的这本专著研究的是阿拉伯语语法传统中与语序有关的现象和问题。他通过对概念和规则进行归纳和说明，对它们的历时变化进行梳理，以此探明了阿拉伯语语法体系中语序理论的形成和发展脉络。同时，他还在书中分析了阿拉伯语语法学家的研究方法和研究视角，阐述了他们使用的研究工具，以此展示他们在解读语序现象时体现的语言学思想。此外，他还特别注意将所涉及的术语和研究方法与现代语言学理论进行对比，适当地把现代理论和思想与古代语法体系相结合，达到相互借鉴、交融贯通的效果。这使得阿拉伯语语法传统的理论内容和论述方式能够更容易、更直观地被理解和接受。

在北京大学攻读博士学位期间，于迪阳对阿拉伯语语法传统产生了浓厚的兴趣，对这一领域的研究颇有想法。他阅读了大量中世纪阿拉伯语语法和语言学典籍，对阿拉伯语语法体系有较为全面的认识和把握。事实上，对体量庞大的阿拉伯语原典进行细致地爬梳已实属不易。于迪阳在书中不仅整理和归纳了语法学家对于语序现象的主要观点和基本原则，还从方法论的角度高度概括并论述了他们解释语言现象的手段和方法。他所提炼出的"支配强度越高或拥有更强的支配能力的支配词，其所支配的成分在语序上越自由"这一结论，是对当代阿拉伯语语言研究具有重要启示意义的观点。

博士毕业后，于迪阳进入上海图书馆工作。但他对阿拉伯语语法传统研究的兴趣从未减退，追求学术高度的梦想始终未变。

诚然，交叉学科区域与国别研究方兴未艾。它对于外语学科的发展产生了很大的影响，起到积极的推动作用。由于其集中于政治经济、历史文化和国际关系等领域的研究，因此，目前在外语，特别是小语种学术圈，专注传统语言学和理论语言学研究的人才变得越来越少，这与社会发展有密不可分的联系。区域与国别研究有其应用价值，在对国际局势的分析，加强对外交流等方面能够发挥建设性作用。然而，语言研究和文学研究，同样是不能被忽视的阵地。它们是广义的区域与国别研究

前　言

中的维度之一，是帮助深入理解外国社会本质与特征不可或缺的基石，同时也是开展应用对策研究所必备的要素。基础理论研究需要时间磨练，需要忍受寂寞，可能还会遇到因认知不同引起的理解上的困难和差异。理论语言学研究离不开社会应用的考验，加强语言理论研究成果与社会问题之间的关联，是理论研究未来发展的方向和目标。

理解于迪阳的《阿拉伯语语法传统中的语序问题研究》一书可能需要一些时间，也需要一定的语言基础，因为书中涉及的人名、书名、术语和概念颇多。但是我更希望它像是寂寞山林中的一束光，能吸引更多的语言研究人才，引起更多的人对传统语言学和语法发展史研究的兴趣。

2024年8月20日于西二旗

目　录

绪　论 … 1
  第一节　研究目标 … 1
  第二节　研究范围 … 3

第一章　基本语序和句型 … 29
  第一节　引言 … 29
  第二节　与基本语序有关的问题 … 33
  第三节　句型 … 73
  第四节　小结 … 88

第二章　提前与后置 … 92
  第一节　引言 … 92
  第二节　宾语的提前 … 95
  第三节　述语的提前 … 111
  第四节　朱尔加尼的功能语言观 … 140
  第五节　代词的指代方式 … 153
  第六节　小结 … 164

第三章 支配词为具有动词含义和动词能力的句子的语序 …… **170**

    第一节 引言 …… **170**

    第二节 什么是 معنى الفعل …… **173**

    第三节 状语和区分语的位置 …… **180**

    第四节 具有动词能力的名词性支配词 …… **193**

    第五节 词根、连接词和结句 …… **206**

    第六节 小结 …… **211**

第四章 كان 类残缺动词和 إن 类虚词与其被支配词的语序 … **216**

    第一节 引言 …… **216**

    第二节 كان 类残缺动词与其被支配词的位置关系 …… **218**

    第三节 由 إن 类虚词引导的句子的语序 …… **247**

    第四节 作为语序决定因素的支配词的形态 …… **260**

    第五节 小结 …… **271**

结　论 …… **275**

参考文献 …… **282**

后　记 …… **297**

绪　论

第一节　研究目标

语序在标准阿拉伯语中的表达是ترتيب الكلمات/الكلام。但在阿拉伯语语法著作中，无论是作为章节标题，还是在相关问题的论述中，这一表达都很少被使用。以ر – ت – ب为根母，含有"顺序"含义的词在语法著作中主要包括ترتيب、رتبة和مرتبة。其中，ترتيب最常用来表示句子成分在句中出现的顺序，有时它也表示语法结构的地位。①رتبة和مرتبة的用法较为接近。两者既可指句子成分在句中的位置，②也可指句子成分或语法结构在阿

---

① ترتيب表"顺序"，见الأستراباذي, شرح 1: 190, 230, 288; الجرجاني, دلائل :54-56, 187, 373; الزجاجي, 3: 268 التذييل; أبو حيان, 269; علل ابن الوراق 1: 263; شرح السيرافي。ترتيب表"地位"，见البطليوسي, الحلل 144. ; الإيضاح :127。

本书在引用阿拉伯语一次文献时采用的格式为"作者简名，著作简名与卷册号（如有）：引文页数"。作者简名与著作简名在参考文献中标注在每一部著作的等号（=）前，等号后为作者全名、著作全名、总卷册数和出版年份。以"الأستراباذي, شرح 1: 190, 230, 288"这条引文为例，它表示引自艾斯特拉巴齐（الأستراباذي, 1247-1288）的著作《注解》（شرح）第一册第190、230、288页。

② رتبة表"位置"，见ابن جني, الخصائص 1: 293-294; الجرجاني, المقصد 1: 210, 333; شرح ابن يعيش 1: 201, 203, 235。مرتبة表"位置"，见ابن هشام, مغني 2: 675; شرح ابن مالك 1: 272; شرح ابن يعيش 1: 189, 229, 257, 261; الأستراباذي, شرح 1: 202, 203; ابن السراج, الأصول 2: 238; شرح 4: 345; الجرجاني, المقصد 1: 212, 302, 332; ابن أبي الربيع, البسيط 1: 280; شرح ابن عصفور 2: 15。

拉伯语语法体系中的地位。① 此外，مرتبة 和 مرتبة 还包含另一层含义——底层结构。② 由此可见，ترتيب、رتبة 和 مرتبة 三词共有的含义是"地位"。这一点在巴特尤西（البطليوسي, 1052-1127）③ 的描述中得到了体现：

(1) واختلف النحويون في المبتدأ والفاعل. أيهما في الترتيب قبل صاحبه؟ فذهب قوم إلى أن رتبة الفاعل أن يكون قبل المبتدأ [...] وزعم آخرون أن رتبة المبتدأ أن يكون قبل الفاعل [...] والأشبه عندي أن تكون مرتبة المبتدأ قبل مرتبة الفاعل.④

［语法学家对起语和主语，两者哪个地位在前持不同意见。一些人认为主语的地位在起语前……另一些人则认为起语的地位在主语前……我认为最可能的答案是起语的地位在主语前。］

在标题中出现 ترتيب、رتبة 或 مرتبة 的章节里，阿拉伯语语法学家讨论的内容往往是词类、句法结构或语法范畴的地位。⑤ 不过，也有例外的情况

---

① رتبة 表"地位"，见 الإيضاح, الزجاجي: 135; العضدي, الفارسي: 27, 151; علل ابن الوراق: 254; المقتصد, الجرجاني 1: 209, 211, 229-230, 305, 444; الإنصاف, الأنباري 1: 68, 162, 163; ابن عصفور, 199; شرح ابن هشام 3: 338; التذييل, أبو حيان 4: 370; شرح 1: 235, 255, شرح ابن يعيش 2: 15, 16; شرح السيوطي, همع 2: 28, 94, 1: 230. مرتبة 表"地位"，见 الأصول, ابن السراج 1: 93; الزجاجي, الإيضاح: 67, 83, 127, 135; الجرجاني: 64; المقتصد, الفارسي, العضدي 1: 212, 229-230, 332, 408; ابن 156; مفتاح, السكاكي 2: 15; شرح ابن عصفور 229-230; الحلل, البطليوسي: 189; شرح الأستراباذي 2: 663; شرح ابن يعيش 1: 235, 237, شرح 4: 107, 345, البسيط, أبي الربيع.

② رتبة 表"底层结构"，见 البسيط, ابن أبي الربيع 1: 277; التذييل 2: 258, التذييل 3: 351, ابن 272, 242 ,240 :1 شرح ابن عقيل 309; قطر, ابن هشام 169-170; شذور, ابن هشام 2: 562; مغني هشام, السيوطي, همع 1: 229. مرتبة 表"底层结构"，见 الأصول, ابن السراج 2: 238; البسيط, ابن أبي الربيع 1: 588, البسيط 2: 679; شرح ابن عصفور 2: 13-14. 本书中出现的"底层结构"和"表层结构"，均只表示它们在阿拉伯语语法传统中的概念，与转换生成语法中的深层结构（deep structure）无关。关于底层结构与深层结构的比较研究，参考 Gruntfest, 1984; Versteegh, 1994: 286-289。

③ 对于在文中首次出现的阿拉伯语语法学家，本书按"中文译名（阿语名，生卒年）"的格式进行标注。

④ الحلل, البطليوسي: 144-145, 147.

⑤ 如：名词、动词和虚词，哪个地位在前（الاسم والفعل والحرف، أيها أسبق في المرتبة والتقدم）（الزجاجي, الإيضاح: 83）。

存在。比如，伊本·吉尼（ابن جني, 941-1002）在《特征》（الخصائص）中以"因临时情况导致句子成分违背其（原本）顺序"（باب في نقض المراتب اذا عرض هناك عارض）为题设立了一章。他在该章中讨论了若干与宾语和述语提前有关的现象。① 另一个例子来自艾斯特拉巴齐。在分析主语和宾语的位置关系时，他以"主语和宾语之间的顺序"（الترتيب بين الفاعل والمفعول）作为章节的标题。②

尽管"语序"一词本身很少被直接提及，但语法著作中关于语序现象的描述并不少见。语法学家在讨论语序问题时呈现以下几个特点。首先，他们的论述分布在关于句子成分和语法结构的不同章节中，且侧重点不尽相同。其次，在对句子语序进行解释时，语法学家采取不同的研究视角，使用多种分析手段。再次，语序现象常被语法学家当做例子，作为说明语法结构的特征，或验证其在阿拉伯语语法体系中的地位的手段。因此，本书的研究目标包括两个方面。第一，建立阿拉伯语语法传统关于句子语序的理论框架。该目标关注语序问题本身，旨在阐明与语序有关的概念和规则，厘清语法学家论述语序问题的脉络。第二，揭示阿拉伯语语法传统的理论特点。该目标关注的是语法学家的研究方法和分析手段，旨在剖析阿拉伯语语法传统中的核心思想和基本原则。

第二节　研究范围

一、研究对象

作为对一段历史时期内阿拉伯语语法研究活动和成果的统称，阿拉

---

① ابن جني, الخصائص 1: 293.
② الأستراباذي, شرح 1: 190.

伯语语法传统这一概念在时间上很难得到精确的定义。①一方面，尽管《西伯威书》（كتاب سيبويه）被普遍认为是第一部完整的阿拉伯语语法著作，但在西伯威（سيبويه，765-796）之前就已经有人开始对这门语言进行研究。另一方面，关于该传统具体在何时终结，也尚无确切的定论。一些学者认为，十九世纪的阿拉伯文学复兴运动（النهضة）使西方的语言学思想逐步进入阿拉伯语语言学界。同时，这一时期的学者和思想家要求制定简化的规定性阿拉伯语语法以便用于教学。这些现象标志着阿拉伯语语法传统的终了。②

本书选择自西伯威开始至苏尤提（السيوطي，1445-1505）为止的约七百年时间里出现的阿拉伯语语法和语言学著作作为一次文献（primary sources）③，对其时间范围的划定主要依据的是邵基·戴伊夫（شوقي ضيف）的《语法流派》（المدارس النحوية）一书中的观点。戴伊夫把阿拉伯语语法学派按时间顺序分为巴士拉派、库法派、巴格达学派、安达卢西亚学派和埃及学派。其中，苏尤提是他介绍的最后一位埃及学派的语法学家。④另外，博阿（Bohas）等人也指出，在苏尤提之后，阿拉伯语语法理论鲜有创新，并逐渐走向衰退。⑤

本小节以时间为线索，从语料、阶段性特征、著作类型、语法学家的研究方法和研究目标五个方面对八世纪末至十五世纪末这段时期内阿

---

① 阿拉伯语语法传统在标准阿拉伯语中的表述包括古代阿拉伯语语言研究（الدراسات اللغوية العربية القديمة）、古代语法（النحو القديم）、阿拉伯语语言遗产（التراث اللغوي العربي）等。它在英语中一般被称作阿拉伯语语法传统（Arabic grammatical tradition）、阿拉伯语语言学传统（Arabic linguistics tradition）或中世纪阿拉伯语语法理论/传统/思想（medieval Arabic grammatical theory/tradition/thoughts）。
② Bohas et al., 1990: 16-17; Versteegh, 1997a: 1.
③ 这类文献即指中世纪阿拉伯语语法学家关于阿拉伯语的研究成果。本书参考的二次文献（secondary sources）指现代学者对一次文献所做的分析和研究。
④ 参考ضيف，1992。
⑤ Bohas et al., 1990: 16.

拉伯语语法研究的历史脉络进行简要梳理。

在现存最古老的综合性阿拉伯语语法著作《西伯威书》中,西伯威毫不吝啬地引用他的同辈和老师的观点。哈利勒·本·艾哈迈德（الخليل بن أحمد, 718-786）与尤努斯·本·哈比布（يونس بن حبيب, 713-798）是西伯威引用最多的两位学者。两人的名字在《西伯威书》中分别出现了608次和217次。①哈利勒是《西伯威书》得以问世的最为重要的贡献者。②一方面,他为西伯威提供了大量的语言材料。《西伯威书》中一些未找到出处的材料也被认为是从哈利勒那里获得的。③并且,在对《西伯威书》与哈利勒所著的《艾因书》（كتاب العين）的比较研究中还发现,两本著作中明确标明引用哈利勒的段落在内容上是一致的。④另一方面,西伯威继承了哈利勒对于众多语言现象的看法和见解,内容涉及句法、词法和音系三个方面。尽管西伯威有时也会反对哈利勒的观点,但他在《西伯威书》中采取的研究视角和使用的分析工具都直接或间接地受到哈利勒的影响。⑤至于尤努斯,西伯威在《西伯威书》中多次提到曾向他询问具体的语法问题,他还引用尤努斯对语言使用进行评估的若干术语。⑥此外,西伯威还会把尤努斯和哈利勒的观点放在一起做比较。有时他会指出自己支持其中的哪一方,有时则会对两人的观点进行反驳。⑦卡特（Carter）指出,在《西伯威书》中被提到名字的众多阿拉伯语研究者中,只有哈利勒和尤努斯可以真正被视作为西伯威提供有价值的材料和理论主张的老师。⑧

---

① Carter, 2004: 21, 22.
② Carter, 2004: 28; Baalbaki, 2008: 17.
③ Talmon, 2003: 5-6.
④ Talmon, 1997: 215-259.
⑤ Carter, 2004: 30-31; Baalbaki, 2008: 16-17.
⑥ سيبويه, كتاب 2: 63, 120, 205, 227, 414, سيبويه, كتاب 3: 339, 355。
⑦ سيبويه, كتاب 2: 227, سيبويه, كتاب 3: 51, 439。
⑧ Carter, 2004: 25.

西伯威对前人观点的频繁引用证明了语法研究活动在他之前就已经存在。但由于这一时期现存的资料中提供的有关当时的阿拉伯语语法研究者的观点、理论和方法的信息较为稀缺且缺乏连贯性,所以没有足够的证据表明语法研究此时已经形成一套相对完整的体系。而西伯威的功绩在于他把前人使用的材料,以及他们提出的方法论原则与分析手段融合成一个有意义的整体。他是第一位从句法、词法和音系三个层面全面地研究阿拉伯语的语法学家。他所著的《西伯威书》之所以被普遍视作第一部真正意义上的阿拉伯语语法著作,是因为基于连贯且统一的理论框架对阿拉伯语进行的近乎详尽的描述和分析直到《西伯威书》中才首次出现。[1]

西伯威对阿拉伯语采取的是描述性研究。他把语言视作一种发生在说话者和听话者之间的社会行为,对八世纪贝都因人的口语进行了记录和描写。[2]西伯威在《西伯威书》中重点关注的是由说话者发起的言语行为对听话者产生的效果。这种研究视角体现在他重视分析说话者和听话者在具体语境中扮演的语用角色,以及说话者在说出话语前对话语能否实现自己的交际意图所进行的心理层面的思考。[3]西伯威将话语视为说话者进行的一系列操作形成的结果,每一步操作都同时包含形式和语义两个相互不可分割的层面。说话者采取怎样的操作取决于他想表达的内容,它决定了最后的话语具有怎样的形式,实现怎样的语义值。这种从句法—语义层面对阿拉伯人的话语做出的分析是《西伯威书》中最具独创性的内容之一,也是使西伯威在研究方法上区别于后来的语法学家的主要原因。[4]

---

① Carter, 1990: 122; Versteegh, 1997a: 30; Carter, 2007: 184.
② Carter, 1990: 122; Levin, 2007a: 4-5.
③ Carter, 2004: 57.
④ Bohas et al., 1990: 38-48.

绪 论

为阿拉伯语语法传统奠定基础理论框架的主要是《西伯威书》中形态—句法层面的内容。在分析阿拉伯语的句法结构、形态和语音时，西伯威使用了诸如实证语料（سماع）、类比（قياس）、理据（علة）、变因（عمل）和假定（تقدير/تمثيل）等分析工具。其中，变因理论可以被简单地概括为：一个成分（支配者，عامل）通过支配另一个成分（被支配者，معمول）对它产生形态或句法功能上的影响。西伯威在《西伯威书》中对变因理论做出了精确的描述，并将其连贯地应用于从单个音素到完整话语的各个语言单位。以变因理论为首的各种分析工具及与之相关的理论原则被后来的语法学家悉数采纳。①尽管其中的一些思想和方法是西伯威从他的前辈那里继承来的，但西伯威在运用它们时展现出的准确性、系统性和连贯性是他们未曾达到的。这是他为语法科学在阿拉伯世界的形成做出的重要贡献。②

西伯威及其《西伯威书》在阿拉伯语语法发展史中的权威性是毋庸置疑的。③弗斯戴（Versteegh）指出："毫不夸张地说，整个阿拉伯语语言学传统就是对《西伯威书》进行的一场大规模评注。"④卡特表示，《西伯威书》的存在使得阿拉伯语语法几乎在诞生之初就在描述充分性上达到了顶峰。⑤欧文斯（Owens）甚至以西伯威为界把阿拉伯语语法传统分成两个阶段。西伯威本人代表了第一阶段，他的《西伯威书》为阿拉伯语语法的后续发展奠定了根基。⑥

另一个体现《西伯威书》权威性的方面在于它基本确定了语法研究

---

① Baalbaki, 1995: 129.
② Baalbaki, 2008: 32.
③ 但这并不表示西伯威的理论和方法从未受到其他语法学家的质疑。伊本·麦道（ابن مضاء، 1116—1196）对变因、类比等分析工具的批驳或是其中最具代表性的。
④ Versteegh, 1997a: 29.
⑤ Carter, 1990: 118.
⑥ Owens, 1984: 26.

所需要的语言材料。①值得指出的是，与西伯威同时代的若干学者以《古兰经》为研究对象，从语法的角度对它做出了详细的注解。这类作品在本质上属于《古兰经》经注。它们虽然不是《西伯威书》那样系统研究阿拉伯语语法的著作，但却在一定程度上为语法学家扩充了语料范围。库法派学者法拉（الفراء, 761-822）的《〈古兰经〉释义》（معاني القرآن）是这类著作中的典型。尽管法拉在术语的使用和一些语法问题的看法上与西伯威有所不同，但他运用的分析手段与西伯威在《西伯威书》中所用的是一致的。②

约至九世纪末，语法学家的著作中就已很少出现新的材料了。③语法研究的大部分材料已经被西伯威及其同时代的语法学家限定，语料范围在语法研究的早期就已趋于封闭。后来的语法学家在语料上鲜有创新。④在九世纪最为重要的语法学家之一穆巴里德（المبرد, 825-899）的著作《要略》（المقتضب）中已很少能见到《西伯威书》中未出现的材料。⑤

"阿拉伯人的话"（كلام العرب）一词常被语法学家用来表示他们的研究对象。⑥尽管该词在字面上指阿拉伯人的口头用语，但在严格意义上，

---

① Baalbaki, 1995: 129; Owens, 2015: 101.

② Carter, 1990: 124.

③ Baalbaki 1995: 129; Guillaume 2007: 177. 需要指出的是，像伊本·马立克（ابن مالك, 1203-1274）和他的评注者那样大量使用圣训（حديث）作为语料的情况在阿拉伯语语法传统中属于例外。圣训的传述者有时不是阿拉伯人，且他们对先知言论的记录有时不是逐字逐句的，因此大部分语法学家没有把圣训视为可靠的语言材料（Bohas et al., 1990: 18; Suleiman, 1999: 17）。

④ 欧文斯指出，伊本·塞拉吉（ابن السراج, 875-929）使用的语料与伊本·希沙姆（ابن هشام, 1309-1360）使用的基本相同（Owens, 1984: 26）。

⑤ Owens, 1988: 4.

⑥ 该词在早期的语法著作中就已出现，如سيبويه الكتاب 4: 249; الفراء, معاني القرآن 3: 266。它在安巴里（الأنباري, 1119-1181）的作品中有两种用法。一种与非阿拉伯人的话相对，另一种指除《古兰经》和穆罕默德的言行（سنة）之外的传输语料（نقل）（الأنباري, الإغراب: 81, 83）。

在语法著作中被大量使用的是《古兰经》和古代诗歌两种书面材料。语法学家引用的《古兰经》例句主要来自奥斯曼定本，但七世纪与八世纪出现的其他不同读本（قراءات）的《古兰经》有时也被语法学家采用，它们之间存在方言上的差异。古代诗歌的范围集中在伊斯兰教创立前和创立初期。后期的语法学家引证的诗歌与西伯威引证的是相同的。①第三种语料被苏尤提概括为可靠的阿拉伯人所说的阿拉伯语，②主要指生活在沙漠的贝都因人说的话。他们因不与其他民族混居，且未受到城市人口的影响，故而保留了语言的纯正性和准确性。但伊斯兰教的对外扩张带来的与非阿拉伯人的频繁接触，导致这类语料至穆巴里德时期就已基本不被继续采纳。③根据伊本·吉尼的说法，在他所生活的时代（十世纪下半叶）几乎已找不到操纯正阿拉伯语的贝都因人。④

以上三种材料在语法传统中被称为实证语料（سماع）。⑤除此之外，为了说明和解释规则，语法学家还使用他们自己创造的句子。这类非实证语料在语法著作中出现的次数可能并不比实证语料少。⑥早期的语法学家使用的句子常被后来的语法学家沿用，且其中的大部分都已在《西伯威书》中出现。⑦

在使用语料的目的上，语法学家在讨论常见、基本的现象和规则时倾向于使用他们自己创造的句子。ضرب زيد عمرا（宰德打了阿穆尔）或是

---

① Owens, 1988: 21.
② السيوطي, الاقتراح: 47.
③ Owens, 1988: 20.
④ ابن جني, الخصائص 2: 5.
⑤ سماع 本意为"听"。它既表示收集到的实证语料，也表示收集语料的过程（Suleiman, 1999: 16）。
⑥ Bohas et al., 1990: 19; Guillaume, 2007: 177.
⑦ 例如，西伯威使用的 كانت زيدا الحمى تأخذه（宰德发烧了）سيبويه, الكتاب 1: 70）一句在约七百年后苏尤提的著作中仍被作为例句使用（见السيوطي, همع 2: 92）。

其中最典型的代表。这些例句连续、大量、反复地出现在语法学家的著作中，使得它们几乎拥有与实证语料相同程度的可靠性。而实证语料则更多被用来当作少见或争议现象的例证（شواهد）。语法学家会拿出《古兰经》经文或诗句来证明某种现象在阿拉伯人的话中确实存在，这往往暗示它们与常见用法有所区别，或难以通过基本的规则得到解释。①这些不常见或不规则的现象并不被语法学家视作根据常规现象建立的语法规则的反例。相反，他们花费大量笔墨去阐明非常规现象也能通过他们构建的理论得到解释。这是因为语法学家对阿拉伯语的研究基于一个重要的信念。他们相信阿拉伯人依靠本能和天性说话。他们知道句子成分的位置，也明白话语形成的原因。②因此，阿拉伯人的话构成了一个连贯、有序、和谐的系统。语言使用中的每一处细节都能在这个系统中找到它的位置和存在的理由。

语料的封闭性和固定性决定了语法学家对阿拉伯语的研究在整体上属于共时研究。他们采用归纳法从他们收集到的语料所反映的语言现象中推理出语法规则。③虽然他们引证的材料中包含方言变体，但这并不是他们研究的重点。语法学家聚焦的对象就是以书面材料为代表，区别于非纯正土语的"标准"阿拉伯语。④并且，尽管不少语法学家（尤以波斯人多见）的母语不是阿拉伯语，但他们的著作中几乎找不到任何与其他语言进行比较的痕迹。所以，他们的研究视角是非共性的。

从西伯威至穆巴里德，中间包含若干《古兰经》语法评注在内的十

---

① Bohas et al., 1990: 19; Guillaume, 2007: 177.
② الإيضاح, الزجاجي: 66.
③ 但他们的研究方法不完全是归纳的。
④ 以词尾元音符为标志的格位变化是古典阿拉伯语最显著的特征之一。宰加吉（الزجاجي，892-952）指出，阿拉伯人在说话时不使用尾符。语法学家对待口语与古典语言这一重要差别的态度是强调为何需要学习格位（الزجاجي, الإيضاح: 95）。他们并不关心这种不同对语法研究带来的影响。

世纪前的语言研究著作构成了阿拉伯语语法传统的初期阶段。①这一时期的语法学家的主要兴趣不是制定关于阿拉伯语的一般规则或基本原则，而是描述和分析特殊、少见的语言现象。并且，他们在论述时常把分属不同类别的语言现象以相对随意的顺序放在一起进行讨论。②但这并不表示这一阶段的语法研究缺乏理论性，因为显然可以从西伯威、法拉和穆巴里德的著作中归纳出抽象的、具有普遍性的概念和规则，只是他们通常不以一种明确、正式的方式对这些概念和规则做出定义和说明。③比如，《西伯威书》中出现的一些句法概念并不是纯粹的、术语化的，许多描述和表达是基于西伯威本人对语言的观察得出的，并在很大程度上需要依赖阿拉伯语母语者的直觉才能理解。④因此，这段时期的研究没有形成一个关于阿拉伯语语法的成熟、规范的论述模型。并且，正是这种相对直观的、非正式的语法研究范式使得关于同一语言现象的不同，甚至相互冲突的观点得以共存，并都被视为对它的合理解释。这为以巴士拉派和库法派之间的争论为代表的语法学家间的辩论和对抗提供了土壤。⑤

在研究对象得到确定，理论雏形与主要问题已由前人描绘和提出后，十世纪的语法学家开始对语料进行编排和重组，并着手为语法研究构建一套规范、系统的论述框架。这一方面是因为他们的前辈对语言现象的描述和分析没有以主次分明的、成体系的形式呈现，另一方面则是因为语法研究在这一时期受到来自希腊哲学、逻辑学、法学等科学的显著影响。

---

① 关于这段时期内出现的其他著作，参考Carter, 1990: 123-125; Baalbaki, 2008: 24-30; Baalbaki, 2013: 95。
② Bohas et al., 1990: 5.
③ Bohas et al., 1990: 6.
④ Peled, 1999: 57.
⑤ Owens, 1988: 8; Bohas et al., 1990: 6.

希腊科学著作的翻译和流通为语法学家带来新知识,他们创造的语言学概念和范畴中开始包含逻辑学、哲学的内涵。比如,类似动词性(فعلية,表示作为动词的性质)、时空性(ظرفية,表示作为时空语的性质)的抽象名词开始出现在语法学家的论述中。

对言语行为的理解和研究重心从本质上为语用的、体现说话者交际意图的话语(كلام)转变为与逻辑学中的命题(proposition)相近、具备可证伪性的句子(جملة)。①

不过,外部科学对语法研究的影响不仅仅局限于概念和原理。在古希腊逻辑学进入阿拉伯—伊斯兰世界后,逻辑学家和语言学家开始争夺语言研究的主导权。②逻辑学家以及这段时期的一些哲学家与法学家对语法学家在阿拉伯语研究领域中的权威性提出了挑战,这使得后者开始思考一门科学所应具有的范式和标准。语法学家意识到任何一门科学都需要建立在牢固的理论基础上。语法科学的权威性必须客观地从语言本身的逻辑结构中形成,而不是主观地从语言研究者的个人声望或地位中获得。③为此,语法学家一边从外部科学中吸收新的思想和方法,一边开始有意识地维护语法作为一门新科学的独立性。④他们的做法可以概括为两类相辅相成的语法研究实践。

第一类实践是根据明确的原则和规则,将阿拉伯语语法编写成一套系统的描述性理论。穆巴里德的学生伊本·塞拉吉所著的《语法基础》(الأصول في النحو)被认为是最早为语法研究构建完整论述框架的作品。⑤他在该书中制定了四条关于词类和句子成分的论述顺序,分别是:

---

① Carter, 2007: 186.
② Versteegh, 1997a: 50.
③ Carter, 2007: 185.
④ Bohas et al., 1990: 8-9; Carter, 1990: 127.
⑤ Bohas et al., 1990: 10; Carter, 1990: 128; Owens, 1988: 4, Owens, 2015: 101.

（1）先讨论词的分类和句子的组成，后讨论语音；（2）对三种词类的分析次序为名词居首、动词随后、虚词最后；（3）主格成分先于宾格成分，宾格成分先于属格成分；（4）先分析主语，再分析宾语和其他宾格成分，名词的同格成分（定语、强调语、同位语和并列语）放在最后。① 在章节组织上，伊本·塞拉吉把关于某个主题，或某个章节中的主要、基本的问题与次要、附属的问题区分开，根据主次关系先后对相关现象进行论述。这种每一个大类中包含小类，小类中又包含子类的详尽的分类方式使得不同语法范畴和不同类别的语言现象之间的等级关系变得明确。并且，它还使一种结构或句子成分在语法体系中的地位可以通过它在书中所处的具体位置得到判断。②

伊本·塞拉吉在《语法基础》中建立的论述框架被后来大部分的语法学家接受并采用。由他所开启的语法描述"标准化"进程至十世纪末已基本完成。③后人对伊本·塞拉吉的框架做出细微的调整和进一步细化，使其逐步发展成语法著作的经典论述模式。需要指出的是，《语法基础》与《西伯威书》或《要略》的主要不同在于章节的安排与论述形式，在内容、术语和方法上，伊本·塞拉吉几乎完全参照西伯威。因此，这三本著作在本质上都属于同一种著作类型——描述性语法。④

除了为语法研究奠定基本的描述框架，伊本·塞拉吉的另一个贡献在于他在《语法基础》中对两种理据做出了区分：

(2) واعتلالات النحويين على ضربين: ضرب منها هو المؤدي إلى كلام العرب، كقولنا: كل فاعل مرفوع، وضرب آخر يسمى علة العلة، مثل أن يقولوا: لم صار الفاعل مرفوعا والمفعول به منصوبا [...]⑤

---

① Owens, 1988: 4, 28-29.
② Bohas et al., 1990: 11.
③ Owens, 1990a: 53; Guillaume, 2007: 176.
④ Owens, 1988: 15; Suleiman, 1999: 12.
⑤ ابن السراج, الأصول 1: 35.

［语法学家的探因分为两类。一类直接指出阿拉伯人的话（应该是怎样的），比如"每个主语都是主格的"（这样的话）。另一类被称为理据的理据，比如"为什么主语是主格的，宾语是宾格的"（这样的话）……］

虽然伊本·塞拉吉没有直接把第一种探因称为理据，但从"理据的理据"（علة العلة）一词中或许能够推断，他把前一种类型的探因视为与后一种不同的理据。前者是规定性的，它是对语法事实的描述，是说话者说出正确的阿拉伯语所需遵守的规则。后者是解释性的，它是语法学家对话语的正确性进行解释所依据的原则，通过对这些原则的分析，可以揭示阿拉伯人的话语中蕴藏的智慧（حكمة）。①

伊本·塞拉吉可能是第一位对语法规则背后的理由与依据做出具体陈述的语法学家，②尽管他并没有在《语法基础》中重点讨论他所说的理据。以伊本·塞拉吉对两种不同性质的原则做出区分为开端，之后的语法研究据此形成两种类型。一种是对阿拉伯人的话进行描述，另一种则是对阿拉伯人的话为何是这样做出解释。③后者成为这一时期（及之后）的语法学家所投身的第二类语法研究实践——对理据的探寻。

"理据"（علة）一词及与其同根的词根"探因"（تعليل）早在《西伯威书》中就已出现，西伯威的老师哈利勒曾使用这种手段对语言现象进行描述和解释。④不过，第一位详细研究理据的语法学家可能是伊本·塞拉吉的学生宰加吉。他在其所著《语法理据说明》（الإيضاح في علل النحو）一书的"导言"中表示，尽管在他之前已经有语法学家对理据展开研究，但他是第一位专门以理据为对象撰写著作，并对与之相关的

---

① ابن السراج, الأصول 1: 35.
② Carter, 1990: 128.
③ Owens, 1988: 4.
④ Suleiman, 1999: 43; Baalbaki, 2008: 57.

绪 论

所有问题进行研究的语法学家。①宰加吉在《语法理据说明》中创造并定义了三个层面的理据。第一层理据是教学理据（علة تعليمية），它是对阿拉伯语学习者需要知道并遵守的语法规则的说明。比如，在 إن زيدا قائم （宰德站着）一句中，إن 赋予它的名词زيد宾格格位，赋予它的述语قائم主格格位。这种规定性的理据对应上文中伊本·塞拉吉提到的第一种类型的探因。第二层理据是类比理据（علة قياسية），它指的是对规则的解释。比如，إن 之所以使它的名词处于宾格地位，是因为它与及一物的动词相像。后者赋予它的宾语宾格格位，所以إن可以赋予它的名词宾格格位。这种理据与伊本·塞拉吉所说的"理据的理据"相对应，它的作用是为语法规则提供解释和理由。第三层理据是辩证理论理据（علة جدلية نظرية），它表示对规则的解释予以进一步论证、推论。比如，إن与及一物动词之间的相似性体现在哪里？它与哪些具体的及一物动词相似？②相比前两种理据，辩证理论理据往往更容易引起语法学家之间的争论。

对理据的分层表明语法学家对于描述语言现象、制定语法规则以及对现象和规则进行解释，三者之间的差异有清晰的认识。说话者或阿拉伯语学习者只需要知道教学理据就可以说出正确的阿拉伯语。语法学家则需更进一步，对教学理据中包含的原则和规则做出解释，并对自己的观点加以论证。为此，他们开始提出各种问题，比如"名词、动词和虚词中的哪一个词类地位最高"、"为什么格位变化体现在词尾，而不在词首或词中"、"为什么单数主格名词词尾用元音u表示"等。为了回答这些问题，语法学家提出的理据经常是理论的、抽象的，有时甚至会寻找语言外的，如生理学上的原因。③与早期的语法学家借助变因理论解释句子成分的语法地位，或从说话者的动机、交际意图等语用和心理层面

---

① الزجاجي, الإيضاح: 38.
② الزجاجي, الإيضاح: 64-65.
③ Versteegh, 1997a: 53.

分析话语相比，语法学家对类比理据和辩证理论理据的探寻一方面从横向扩展了语法解释所涉及的层面；另一方面，这种尝试表明语法学家不再仅仅关注语言现象本身。他们开始寻找语言现象背后的理性和逻辑，开始关注和探讨语法科学的建立所依赖的理论和方法论问题，这在纵向上拓宽了语法科学的理论深度。

宰加吉提出的三种理据影响了同时代的语法学家。这一时期出现了不少专门讨论理据的著作，包括伊本·瓦拉格（ابن الوراق, ?-981）的《语法理据》（علل النحو）、法里西（الفارسي, 900-987）的《阿斯卡里亚问题》（المسائل العسكرية）和伊本·吉尼的《特征》等。这些作品详细列举和论述了各种句法与词法现象的原则和理据，它们的目标是在前人构建的理论体系下对语法范畴、规则、分类和方法等内容做出解释。其中，伊本·吉尼在《特征》中对阿拉伯语研究涉及的众多层面进行了全面探析。这部著作中阐述的理论思想深邃丰富，非寥寥数语所能概括。整体上，伊本·吉尼的目标是为所有阿拉伯语语言学问题找到一个统一的组织原则。[①]除了讨论语言现象的理据外，他还在书中探讨了与阿拉伯语研究有关的方法论和认识论层面的问题。与伊本·塞拉吉的做法不同，伊本·吉尼为每个章节设立一个特定的主题，并任意挑选多个彼此之间看似不存在关联的语言现象。随后，他借助阿拉伯语自身的内部逻辑，对每一种现象与章节主题之间的关系做出论证，以此勾勒出该主题的全貌。伊本·吉尼希望通过这种方式证明，阿拉伯人的话是一个有序、和谐的整体，阿拉伯语中的每一个现象都可以与其他现象建立直接或间接的关联。[②]

描述框架的建立与理论深度的提升使得阿拉伯语语法研究在十世

---

① Carter, 1990: 131.

② Bohas et al., 1990: 12-13.

纪末、十一世纪初逐步发展成一门自觉的科学,并建立了属于自己的牢固的理论基础。如果说以西伯威为代表的早期语法学家确立了语法研究所要描述的对象,提出了研究的主要方法和分析手段,那么这一阶段语法学家的贡献在于他们把材料、方法和规则进行了整理与编纂,使阿拉伯语语法研究形成了一套在内容上具备不同理论层级,在形式上更为规范、统一的论述体系。

从十一世纪开始,阿拉伯语语法传统逐步迈入成熟期。语法学家首要关心的是保护、巩固和延续十世纪同人的研究成果。① 这段时期涌现出两种类型的语法著作:教学语法与对前人作品的评注。

在西伯威去世的几十年后,半岛上就已经出现教学活动的迹象。至九世纪中后期,阿拉伯人已经能够开设正式的阿拉伯语教学课程,语法教材也很快开始流通。② 进入十世纪后,一些语法学家开始撰写纯粹用于教学的语法著作,如伊本·塞拉吉的《语法摘要》（الموجز في النحو）、宰加吉的《语法汇总》（الجمل في النحو）、法里西的《说明》（الإيضاح）和伊本·吉尼的《阿拉伯语中的闪光》（اللمع في العربية）等。这些作品都遵循同一种写作模式,即把阿拉伯语句法、词法和语音规则以尽可能简单的方式呈现。

不过,阿拉伯语语法传统中知名度更高、流传度更广的教学语法著作直到十一世纪才陆续出现。此时,语法研究的理论基础和论述体系相比十世纪更加坚实、完备,这为语法学家创作更为成熟、更适合于教学的语法著作提供了条件。形式上的完善是这一时期新的教学语法著作的主要特点。一方面,语法学家需要对前人提出的理论与规则进行提炼。他们在定义概念和描述规则时会选择最为准确且精简的措辞,

---

① Bohas et al., 1990: 14.
② Carter, 2007: 184.

并尽可能避免重复。另一方面，针对不同层次的教学著作会体现不同的叙述风格和理论深度。①有时，语法学家还会尝试新的编排方式。比如，伊本·巴巴沙兹（ابن بابشاذ, ?-1077）把他的《入门评注》（شرح المقدمة）一书分为十个章节。前三章依次讲名词、动词和虚词，第四至第七章讨论主格、宾格、属格和切格成分，第八至第十章分别探讨支配者、同格成分和字母的书写规则。②这样的编排方式使得不同主题的章节之间在语言学上的关联显得不那么自然，更多是出于教学便利的考虑。③另一位语法学家朱尔加尼（الجرجاني, 1009-1078）在《百种变因》（العوامل المائة）中根据两分法的原则，把阿拉伯语中的语法现象按照支配者的种类分为一百个类型。④这种分类方式同样是为了对语法理论进行简化以便于教学。

十三世纪至十四世纪见证了阿拉伯语教学语法著作的繁荣期。伊本·哈吉布（ابن الحاجب, 1174-1249）、伊本·马立克和伊本·希沙姆等几位语法发展史后期的重要语法学家创作了多本体裁各异（包括散文、诗歌）、聚焦不同主题、适用于多个级别的教学语法著作。而阿拉伯语语法传统中最为著名的语法教材或许是伊本·阿朱鲁姆（ابن آجروم, 1273-1323）所著的《阿朱鲁姆》（الآجرومية）一书。这位来自摩洛哥的教师把阿拉伯语句法规则归纳成一本语言精简、内容易懂的语法手册。该书是最早在欧洲出版的阿拉伯语语法教材之一。同时它还在埃及被广泛使用，甚至在当地成为语法的代名词。⑤

与教学语法著作类似，评注类著作同样并非后期语法学家的首创。

---

① Carter, 2007: 188.
② ابن بابشاذ, المقدمة: 483-490.
③ Carter, 1990: 133.
④ الجرجاني, العوامل: 155-157.
⑤ Carter, 1990: 134; Carter, 2007: 189.

在十世纪时，西拉菲（السيرافي, 897-978）与鲁曼尼（الرماني, 909-994）就已经著书对《西伯威书》进行评论。这类作品之所以在阿拉伯语语法传统的中后期才开始大量出现，很可能是因为必须有足够的文本积累才能为评论和注解提供空间。① 最先成为语法学家评注对象的是十世纪出现的那些篇幅较短的教学语法著作。比如，朱尔加尼撰写了《〈说明〉简评》（كتاب المقتصد في شرح الإيضاح）一书对法里西的《说明》进行了分析和评论。巴特尤西与伊本·艾比·拉比厄（ابن أبي الربيع, 1203-1289）分别撰写著作对宰加吉的《语法汇总》做出详细的注解。欧克巴里（العكبري, ?-1064）所著的《〈闪光〉评注》（شرح اللمع）顾名思义是对伊本·吉尼《阿拉伯语中的闪光》一书的评论和注释。

除了十世纪的著作外，十一世纪后诞生的众多教学语法著作和概要（تلخيص）类作品也被语法学家拿来作为评注的对象。伊本·哈吉布撰写了两部短小精炼的初级语法教材。一部名为《充足》（الكافية），讨论句法规则；另一部名为《有效》（الشافية），探讨词法问题。与伊本·哈吉布同时期及其之后的语法学家对这两部作品的内容进行了大量细致的分析、注解和补充。另一位语法学家伊本·马立克以其创作的语法教学诗《伊本·马立克千联诗》（ألفية ابن مالك）闻名。他以诗歌的形式对阿拉伯语句法、词法和语音规则进行了描述。从教学角度而言，这种体裁或许更方便学生记忆。在众多对《伊本·马立克千联诗》所做的注解中，有不少成为阿拉伯语语法传统中的重要著作，尤其是伊本·阿齐勒（ابن عقيل, 1298-1367）与乌什穆尼（الأشموني, 1435-1495）的两本评注。另外，除了给他人的作品作注外，语法学家有时还会评注自己的著作。例如，伊本·希沙姆创作了适用于初级、中级和高级语法教学的三部著作。他的高级教学语法著作《阿拉伯人的话的知识中的黄金根源》（شذور الذهب

---

① Carter, 1990: 132.

（في معرفة كلام العرب）正是他本人对其所著的中级教学语法著作《露珠与回声》（قطر الندى وبل الصدى）一书做出的评注。①

在解析前人的作品时，语法学家有时会与他们所评论的作者在某个问题上持有不同的见解。但在阿拉伯语语法传统的中后期，语法的基本原则和主要规则已很少被质疑。同时，对理据的不断挖掘使得关于某个现象的所有可能的解释都已被提出。这使得这一时期的语法学家常常只能通过同意或接受其他语法学家观点的方式来表达自己对某个问题的看法。②这也是为什么评注类著作的篇幅一般较长。因为在讨论某个具体问题时，评注者会罗列出所有相关材料和观点，并详细阐述自己为什么支持某个观点，反对另一个观点。并且，为了进一步证明自己的立场，他们还会对所有可能想到的反对意见逐一讨论和反驳。这样的论述形式使得这类作品中常常可以见到对于某种现象、某一结构、某条规则，甚至是整个语法体系在语言研究发展过程中完整的、细致的梳理。这在很大程度上增强了阿拉伯语语法理论的延续性和同质性。

整体而言，进入十一世纪后的阿拉伯语语法传统已不再属于各种思想层出不穷的创新阶段。对前人理论和方法的继承和积累是这一时期的语法著作的主旋律。③但这并不表示中后期的语法学家除了根据自己的写作目的对作品的论述形式进行调整外，只会对前人已经创造的知识进行归纳和重复。在这段时期中，仍然有一些语法学家提出了新的研究方法和语言学观念。

第一种创新是对语义的重视。在阿拉伯语语法传统中，很少有语法学家明确地从语义的角度对阿拉伯人的话进行研究。对于大部分语法学家而言，意义只是话语的形式表达所带来的必然结果，其语义层面的内

---

① شذور ابن هشام: 7; Owens, 1988: 16; Bohas et al., 1990: 14.
② Bohas et al., 1990: 15.
③ Bohas et al., 1990: 14.

容是不言而喻的。①但是，随着阿拉伯语语文学与修辞学的发展，一些语法学家受到了这些语言学相关学科的影响。他们不再满足于单纯从形式层面对语法进行研究，开始把目光聚焦到句子的语义上。句法—语义的研究视角在两本著作中得到很好的诠释。在《奇迹例证》（دلائل الإعجاز）一书中，朱尔加尼把语言视作一种表达意义的交际系统，强调意义优于形式。任何形式上的变化都会带来意义上的变化。他认为，句子的意义是通过把词语构成有序的整体获得的。词语在句中出现是否合理，评判的标准不是它本身的含义，而是它与前后的词语在语义上是否搭配。只有当词和词相互联系起来后，才会形成有效的语言组织。②词语排序后构成的整体意义比单个词语本身的意义更为重要。另一位把语义作为研究核心的语法学家是伊本·希沙姆。他在《智者不需要阿拉伯人的书》（مغني اللبيب عن كتب الأعاريب）中重点对看似表示相同或相近含义的句子结构进行了区分。更为突出的是，伊本·希沙姆在这本著作中使用了将近一半的篇幅讨论阿拉伯语中的虚词。他在该书的上半卷中把虚词按照字母表顺序罗列，并对每个虚词都进行详解。而他关注的并不是这一词类在形式上作为支配者的作用，而是每个虚词具体的含义和它们在交际中发挥的语义和语用功能。

另一个值得提及的领域是安巴里和苏尤提两位语法学家对阿拉伯语语法原则（أصول النحو）的研究。苏尤提在其所著《语法原则建议》（الاقتراح في أصول النحو）一书中大量引用安巴里在《语法原则的证明中的闪光》（لمع الأدلة في أصول النحو）中提出的观点。这两本著作的研究对象与描述性语法或教学语法完全不同。后两者关注语言使用的具体规则和细节，安巴里和苏尤提把这类研究称为语法学（علم النحو）。而他们所探

---

① Versteegh, 1997b: 228.
② 如الجرجاني, دلائل: 55.

究的语法原则指的是语法的整体证明（أدلة النحو الإجمالية）。①安巴里认为语法证明包括传输语料、类比和连续推论（استصحاب الحال）三种类型。②苏尤提在参考伊本·吉尼的观点的基础上增加了第四种类型——共识（الإجماع）。③他与安巴里探讨的是关于语料传输、语法推理和语言研究的方法论问题。比如，哪些方言允许被视为语言材料？类比是否可以应用在非常规的语言现象上？实证语料与类比作为语法证明时，谁的优先级更高？理据的建立有哪些方法？两人的研究目标是对整个阿拉伯语语法体系做出方法论和认识论层面的解释，以及说明语法理论和原则背后的逻辑。

二、研究内容

为了解读语法学家如何分析阿拉伯语句子语序，本书将回答如下问题。首先，语法学家主要讨论了哪些和语序有关的现象？这些现象背后是否存在逻辑上的关联，以使中世纪语法著作中关于语序问题的理论框架得以借此建立？其次，语法学家在讨论句子语序时采取了怎样的研究视角？运用了哪些分析手段？如何从语法学家使用的不同研究方法，和他们以此得出的有关句子语序的各种结论中归纳并展现阿拉伯语语法传统的理论特点和主要思想？

在此之前，有必要先说明本书的研究重点。首先，本书研究与句子主要成分有关的语序现象。将此概念置于阿拉伯语语法传统的语境下，本书关注的句子成分集中在动词、主语、宾语、起语和述语上。这五个成分之间的位置关系是全书着重分析的对象。一些句子的次要成分，如

---

① الاقتراح, السيوطي :21؛ 80: الإغراب, الأنباري.

② الإغراب, الأنباري :81.

③ الاقتراح, السيوطي :21-22.

状语、区分语、时空语等也会在部分章节中有所涉及。这是因为这些成分与它们的支配词之间的语序能够反映不同种类的支配词的特点，这些特点往往决定了句中被支配的主要成分，如主语和宾语可以出现在哪些位置上。其次，本书对上述成分语序的分析是在句子层面进行的。名词短语的内部语序，如定语、同位语、连接名词等成分与它们修饰或限定的核心名词之间的位置关系不在本书的讨论范围内。再次，本书对阿拉伯语句子主要成分语序的分析集中在以陈述式简单句为主的句子上，这也是语法学家在论述语序问题时最常使用的例句类型。感叹句、呼唤句、起誓句、条件句等一些阿拉伯语中的特殊句型不在本书的研究范围内。一方面，这些句子通常包含两个以上的主谓成分。另一方面，这些句型中特有的工具词与句子主要成分之间的语序往往是固定的。最后，本书对语序的讨论不涉及阿拉伯语修辞学中的内容。尽管句子成分的语序变化是句式修辞（علم المعاني）中的一种常见手段，但阿拉伯语修辞学拥有自己的理论体系，它与本书研究的句法在阿拉伯语语言学领域中属于两个独立的分支学科。①

在构建语序问题的分析框架时需要从一个关于阿拉伯语语法传统的基本事实出发。中世纪语法学家对阿拉伯语的研究在整体上是形式的，大部分语法学家关注的重点是话语在形式层面的内容。②语法范畴的定义和语言规则的制定主要依据的是它们形式上的特点。③并且，几乎所有语法学家都受到同一种思想的影响：阿拉伯人的话中的每一个语法现象都可以找到一个原因对它做出解释，该原因通常可以用进行支配的句子成分与受它支配的句子成分之间的关系来表示。④

---

① Owens, 1988: 244.
② Versteegh, 1997a: 6; Baalbaki, 2007: 3.
③ Owens, 1998: 227.
④ Baalbaki, 1995: 130.

形式的研究视角在阿拉伯语语法传统中占据主导地位的原因，可能是语法研究需要满足当时阿拉伯社会的实际需求。更确切地说，它需要为阿拉伯语学习者遇到的问题提供有效、可行的解决方案。①语法研究的成果必须能够使标准阿拉伯语的语音、形态、句法和语义等内容得到正确的记录和忠实的传授。为此，最直接、有效的方法莫过于从阿拉伯语的表面形式入手，对现象和规则进行描述和归纳。②对于句法而言，最能够体现书面标准阿拉伯语和各种土语之间区别的特征便是单词的格位变化。作为解释词尾元音变化的基本原则，变因理论便自然地在语法体系中占据核心地位。随着围绕变因理论的讨论不断增多、内容不断翔实，语法研究在方法和视角上也越发趋于形式化。③

语法学家对句子语序的研究同样以形式层面的分析为主。大部分语序问题都能从支配词和被支配词的关系中找到相应的理论依据。与语序有关的规则，尤其是其中对句子成分位置的限定通常都是出于形式上的要求。因此，在建立语法学家关于语序问题的论述框架时，句子成分在语法关系、支配关系、形态特征等形式层面上的特点构成首要的参考依据。

不过，如上一小节中提到的那样，也有语法学家对阿拉伯语的研究是从功能视角进行的。弗斯戴总结了语法学家对"功能、意义"（معنى）一词的十六种处理方式，其中四种与本书讨论的语序问题相关。它们分别为：（1）语义与说话者意图之间的关系；（2）语义作为实现话语交际目的的手段；（3）底层结构中的句子含义；（4）句法结构的功能。④这些从功能层面对语序现象做出的解读通常以较为零散的形式出现在语

---

① Bohas et al., 1990: 49.
② Owens, 1998: 22-23.
③ Bohas et al., 1990: 50.
④ Versteegh, 1997b: 230, 231.

法学家的论述中，并常常集中在几个问题上，如宾语和述语的前置。像朱尔加尼那样以功能视角为中心剖析句子语序的研究者实为少数，而像西伯威那样关注说话者在交际过程中的心理及其起到的作用，聚焦句子语用目的的语法学家也同样不多见。

需要指出的是，功能与形式并不是两种对立的研究视角。一方面，一些形式层面的句法规则，语法学家对它们做出的解释可能是语义的、语用的。在对词类和语法结构进行类比时，语法学家有时也会同时考虑它们在形式和功能上的特点。另一方面，即使一些语法学家以功能角度为核心分析语序现象，但这并不表示他们对语序在形式层面的属性持反对意见。并且，这一小部分著作中对语序做出的功能解读尚不足以被归纳并形成一套完善、系统的理论体系。阿拉伯语语法传统中关于语序现象的核心框架仍然是从形式角度构建的。功能角度在这一框架中的作用主要是使对具体现象的解释更为充分，同时为语法规则的建立和语法结构在等级关系上的特点提供更合理的依据。

以描述性语法著作为基础，语法学家讨论语序问题的线索在整体上符合伊本·塞拉吉在《语法基础》中设定的描述框架。大部分语法学家都从词的分类和句子的组成入手展开他们的论述。这当中便包含一个关于句子语序的重要问题——基本语序。事实上，本书关于阿拉伯语基本语序的结论主要就是从语法学家对句子构成方式的分析中得出的。其中涉及的问题包括什么样的句子被视为合格、完整的句子，句子的必要成分是什么，句子必要成分的支配词是什么，它们的前后顺序是由哪些因素决定的等。弄清语法学家是否对句子基本语序做出过明确的描述是分析句子成分位置变化的前提。他们的讨论主要围绕起语与述语、动词与主语两组成分之间的位置关系进行。（受事）宾语（مفعول به）尽管不是句子的必要成分，但相比状语、时空宾语等其他宾格成分，它与动词在支配关系与语义上的关联更为紧密，因而时常与主语一起被纳入动词句基本语序的讨论之中。对于宾语的论述一般出现在动词和主语之后，这反映了语法学家先讨论主格成分，再讨论宾格成分的论述习惯。

句子主要成分的位置变化是紧跟在基本语序之后语法学家所讨论的内容。对此，他们通常采取两种论述方式。第一种是单独设立一个章节分析相关现象，最常见的章节名是"提前与后置"（التقديم والتأخير）。第二种是不单辟章节，而是分别在完成对起语和述语基本属性的描述后讨论两者的位置变化，在完成对动词、主语和宾语基本属性的描述后讨论三者之间的位置变化。伊本·塞拉吉采取的便是这样的方式。在研究方法上，对这两组成分语序的分析最能够体现语法学家采取的功能研究视角。在讨论述语和宾语的前置时，他们就情景语境、语言语境、预设、会话含义等诸多外部因素对句子语序产生的影响做出分析。其中，朱尔加尼对肯定句、否定句和一般疑问句语序的功能解读值得单独设立一节进行阐述。

除了起语、述语和主语三个主格的必要成分外，阿拉伯语中的另一些必要成分在句中以宾格形式出现，如إنّ类虚词的名词、كان类残缺动词的述语等。إنّ类虚词和كان类残缺动词作为附加到名词句上的成分，前者的名词和后者的述语都是句子不可或缺的部分。从句子构成的角度而言，它们比同样处于宾格地位的及物动词的宾语拥有更重要的地位。但是，语法学家却几乎从不在"提前与后置"一章，或是有关起语与述语，动词、主语和宾语的章节中讨论这些宾格成分，以及它们与句中其他成分的位置关系。这种论述模式的背后反映的是阿拉伯语语法传统中的一个重要思想：对句子成分支配词的严格区分。إنّ类虚词和كان类残缺动词的名词和述语，以及主动名词和词根的主语和宾语的支配词与一般的名词句和动词句中述语和宾语的支配词之间有着本质的不同。语法学家尤其注重对不同支配词引导的句子结构和语言现象分开进行论述。比如，动词句和名词句的组成不可一概而论，由إن类虚词和كان类残缺动词引导的句子不能与只由起语和述语构成的名词句放在一起讨论，主动名词、半主动名词和词根等名词性成分支配的宾格成分也不能和动词支配的宾格成分混为一谈。因此，本书的后半部分关注的是一般的名词句和动词句中的支配词之外的、其他类型的支配词所引导的句子的语序。

整体上，本书对阿拉伯语句子语序的研究遵循的是语法著作中先分析句子的基本结构，再探究其中存在的语序变化的论述思路。因此，全书讨论的和语序有关的现象可以大致概括为基本语序和语序变化两方面。第一章讨论句子的基本语序和句型。其中包括对句子的构成方式、句子的必要成分、名词句和动词句的成句方式、句子主格成分的支配词、语法学家划分句子类型的依据，以及基本语序的判断标准等问题的分析。全书的后三章讨论句子成分的语序变化，这三章的构建依据的是语法学家对支配词做出的区分。第二章分析的提前与后置现象集中在以健全动词为支配词的动词句中宾语的提前，和以起首结构（或起语）为支配词的名词句中述语的提前两类现象上。第三章讨论的是主要以名词性成分为支配词的句子的语序。它们包括时空语、介词短语、指示名词等具有动词含义的支配词，以及主动名词、被动名词、半主动名词和词根四个与动词类似、具有动词能力的支配词。第四章论述由كان类残缺动词和إن类虚词引导的句子的语序，其中涉及与两者同样附加在名词句之上，并起类似支配作用的虚词类似ليس的ما和否定全类的لا引导的句子结构。

另外，除了根据支配词的不同对章节进行划分，第二章至第四章之间的内在关联建立在本书对阿拉伯语支配词与被支配词位置关系的一个重要结论上。动词是支配作用的本原，其他词类和结构能起支配作用往往是基于它们与动词之间的相似性。这些类似动词的支配词与动词之间相似程度的差异，以及它们各自形态特点的不同在很大程度上决定了它们的被支配词在句中会产生怎样的语序变化。在第二章中，由健全动词支配的宾语在句中可以出现的位置相对而言是最多的。但在第三章中，不同的主格和宾格成分受到不同类型的支配词支配，它们允许出现在句子的哪些位置上受到不同程度的约束。在第四章中，一些成分的位置则因支配词的某些特点受到更为严格的限制。在一些情况下，它们之间甚至不允许发生语序变化。可以说，这三章的前后顺序在整体上体现的是支配词的支配能力由强到弱，以及被支配词允许出现的位置范围由大到小的等级差异。

最后，从基础的结构和现象过渡和延伸到分支、变化的结构和现象，这一论述思路不仅体现在全书从基本语序和句型出发对句子成分的位置变化进行讨论，书中第三章和第四章的内部结构同样遵循该思路。这两章首先对章节关注的支配词的定义、性质和特征进行分析，随后讨论它们所引导的句子与一般的动词句和名词句相比，是否也存在类似的基础结构和基本语序。在此基础上，再对句子成分产生位置变化的原因，不同结构在语序变化上呈现的差异，以及这些差异之间的关联和它们所反映的阿拉伯语语法传统的理论特点等问题进行论述。

第一章　基本语序和句型

第一节　引言

在对基本语序进行研究时，许多学者都采用语言类型学的视角。格林伯格（Greenberg）在他的论文中提出确定基本语序的三组标准，其中一组是带有名词性主语和宾语的陈述句中主语（subject = S）、动词（verb = V）和宾语（object = O）的相对语序。根据格林伯格的调查，VSO、SVO和SOV三种语序通常作为优势语序出现，VOS、OSV和OVS则极为少见。这使他得出了第一个关于语序的普遍现象：在带名词性主语和宾语的陈述句中，优势语序几乎总是主语处于宾语之前。[①]另外，格林伯格还发现，所有的VSO语言都有一些可替换的基本语序，其中最常出现的是SVO。在对一些语言进行调查后，他又提出一条普遍现象：所有以VSO为优势语序的语言，都可以把SVO作为可能或唯——种替换性的基本语序。[②]科姆里（Comrie）指出，格林伯格的研究基于两个重要的假设：（1）所有语言中都存在基本语序；（2）在任何语言的小句结构中，主语、宾语和动词都是相关成分。然而，这两种假设在逻辑上都不

---

① Greenberg, 1966: 77.
② Greenberg, 1966: 79.

是必要的，且两者都不能被视作绝对的语言共性。①

后来的学者对格林伯格的研究范式和他对基本语序的定义标准进行了修改。莱曼（Lehmann）根据动词与宾语的位置把语言分为VO语言和OV语言两种。他发现在很多语言中，如日语和希伯来语，主语并非句子的主要成分。②维纳曼（Vennemann）则把语言区分为VX语言和XV语言，X表示动词的补语。他将XV语言定义为在陈述式主句中，定式动词一般出现在句末位置的语言。未呈现出这种语序的语言则属于VX语言。③霍金斯（Hawkins）对语言类型的区分与前三者有较大区别。基于SVO语言在类型上体现的矛盾性，他认为动词的位置并非像格林伯格等人所认为的那样适合作为反映语言类型的指标。相对的，他认为前置词和后置词是更好的类型区分标准。④霍金斯的观点遭到霍普尔（Hopper）的反对。后者认为，动词的位置和形态在语言中往往是连接话语功能和小句结构的关键。相比名词性短语，动词是类型学更现实的分类基础。⑤

动词、主语或宾语的位置并非类型划分的唯一标准。或者说，对语言的分类并不一定要基于对（基本）语序的区分。李讷（Li）和汤普森（Thompson）就曾提出可以从话题与主语的突显程度对语言进行归类。两人将语言分为话题优先型、主语优先型、两者并重型和两者皆轻型。⑥除了划分标准上的创新，一些学者对基本语序这一概念也提出质疑。比如，米森（Mithun）在她的研究中指出，至少有三种语言没有基本语序。她把这些语言称为语用基础型语言（与句法基础型语言相对），并

---

① Comrie, 1989: 35.
② Lehmann, 1973: 51.
③ Vennemann, 1974: 350.
④ Hawkins, 1983: 115-116.
⑤ Hopper, 1986: 126.
⑥ Li & Thompson, 1976: 459.

指出在这些语言中，句子成分的语序体现的不是它们的句法功能，而是语用功能。并且，这些语言体现出表示新信息的成分前置于其他成分的倾向。①

在语言类型学的影响下，许多以阿拉伯语为研究对象的学者对阿拉伯语各种变体的基本语序提出了自己的见解。这其中，不少学者都将（现代）标准阿拉伯语和与其在语法上较为接近的古典阿拉伯语视为VSO语言。在判断基本语序时，学者们常用的几个标准包括频率、标记、语用中性和分布等。他们发现，在这两种阿拉伯语变体中，VSO是出现频率最高，形态标记程度最低，不表示特定语用功能，或在分布上受限制最少的语序。②另一些学者持不同意见。比如，阿卜杜（عبده）认为SVO是阿拉伯语动词句的基本结构。他指出，SVO在使用频率上并不低于VSO。并且，前者与后者一样在语用上不表示强调。③达尔格伦（Dahlgren）则认为，古典书面阿拉伯语在各种话语类型中都呈现严格的VO语序，并在VS/SV和SO/OS语序上表现出一定的灵活性。④霍勒斯（Holes）在确定现代标准阿拉伯语的基本语序时区分了动词句和无动词句。他引用阿古伊斯（Agius，1991：42-43）的调查结果，指出在动词句中出现频率最高的是VSCOMP语序，而在无动词句中则是SCOMP。⑤布鲁斯塔德（Brustad）对书面阿拉伯语基本语序的定义没有以动词和其他成分的位置作为首要依据。她参考了李讷和汤普森的类型分类，指出口头阿拉伯语和书面阿拉伯语都包含两种基本句型：由话题引导的句子和由动词、主语构成的句子。前者属于话题优先型，后者属于主语优先

---

① Mithun, 1992: 58-59.
② Bakir, 1979: 10-16; El-Yasin, 1985: 107, 110-112; Thalji, 1986: 111-118; Fehri, 1993: 19; Ingham, 1994: 38; Mohammad, 1999: 1, 49, 51; Badawi et al., 2004: 344; Peled, 2009: 82.
③ عبده, 1983: 41-44, 47-48.
④ Dahlgren, 1998: 210.
⑤ Holes, 2004: 251. COMP表示动词的补语。

型。她的结论是：口头阿拉伯语和书面阿拉伯语一样，都属于话题和主语并重的语言。①

  从上述对阿拉伯语基本语序进行的研究中可以看出，学者们在确定阿拉伯语的语言类型，对它的基本语序进行判断时，经常从动词、主语和宾语的位置出发。但有时，三者并不同时被纳入考量范围，甚至有完全不把它们作为参考对象的研究方式。更为重要的是，即使是在以动词、主语和宾语的语序为依据的研究中，学者们在定义基本语序时参考的标准也不完全相同。鉴于这些不同的依据和标准，以及一些学者对基本语序的概念提出的质疑，有理由认为：在对一种语言的语序进行研究时，对该语言是否存在基本语序的考察方式或许不应是演绎的、先验的。这一点对于本书，特别是本章想要解决的问题尤为重要。本书的研究对象不是古典阿拉伯语，而是一套基于对这门语言中各种现象的描述、分析和解释所建立的语法体系。既然对于语序的研究不应建立在"该语言中存在基本语序"这一前提上，那么在对关于某种语言的特定的语法理论进行研究时，则更不应先入为主地使用其他语言学理论中的概念和方法对其进行审视。因此，在对中世纪阿拉伯语语法理论中有关基本语序的观点进行解读前，有必要提出的疑问是：这一时期的语法著作中是否存在对句子语序的描述？如果存在，那么语法学家的讨论涉及哪些语言单位和语法关系？他们在论述句子语序时重点关注的是哪些句子成分之间的位置关系？对这些问题的回答是考查语法学家是否对基本语序做出过判断并进行定义的根本前提。为此，首先需要澄清的一个问题是语法学家如何理解句子这一概念。

---

① Brustad, 2000: 329-330, 361.

第二节　与基本语序有关的问题

一、كلام和جملة的历时变化

在表示语言中最大的语法单位句子（sentence）时，语法学家经常使用的两个单词是جملة和كلام。在阿拉伯语语法传统中，两者都可以指具有完整的语法结构，可独立存在并表达完整含义的核心句。对此，伊本·吉尼说道：

(3) أما الكلام فكل لفظ مستقل بنفسه، مفيد لمعناه. وهو ما يسميه النحويون الجمل.[①]

〔كلام指任何独立的、表达（完整）含义的字词（的组合），也即语法学家所说的جمل。〕

另一位语法学家扎马赫谢里（الزمخشري, 1074-1143）在为句子下定义时指出，句子必须由相互间存在主谓关系的两部分组成，组合的结果被称作جملة或者كلام。[②]

对于这两个单词何时产生用法上的重叠较难明确说明。塔尔蒙认为，جملة一词一直到十世纪还主要被用来指小句（clause）。之后，它才逐渐被语法学家用来表示句子。[③]卡特则认为，جملة一词自九世纪初就开始与كلام一起用来指句子。[④]事实上，在被共同用作表示句子的术语前，كلام和جملة两词都经历了历时的变化。两者在阿拉伯语语法传统初期具有各自不同的含义。

在《西伯威书》中，جملة一词一共出现了八次。西伯威没有把它当作语法术语使用，它在《西伯威书》中是表示其本意"合计、整体"的普通名词。相比之下，كلام一词在《西伯威书》中出现多达一千余次。根

---

① ابن جني, الخصائص 1: 17.
② الزمخشري, الأنموذج: 6, 7.
③ Talmon, 1988: 77.
④ Carter, 2007: 186.

据塔尔蒙的统计，كلام在《西伯威书》中主要表示两大类含义。第一类为言语（speech）和不同的言语形式，包括散文（与诗歌相对）、日常语言，和在实际使用中出现的言语序列或其中具有完整含义的某个片段。第二类为言语单位，具体可以指一段完整的话语、一句完整的句子，以及比句子小的言语片段（此时它不可独立存在，或不表示完整的含义）。①对于第二类含义，伊万尼（Iványi）指出，كلام在《西伯威书》中可以指包括词类、小句和句子在内的不同言语单位。此时它的含义相当于语料（corpus），指在语法学家讨论范围内的所有语言材料。②塔尔蒙在总结كلام一词的用法时指出，该词在《西伯威书》中的基本含义是言语。③它既可指一个语言群体共同表现的言语行为，也可指群体中的个体说出的具体的言语单位。كلام在《西伯威书》中没有被西伯威用来表示句法概念上的句子。④

جملة一词在另一位早期的语法学家法拉的著作《〈古兰经〉释义》中一共出现了四次。⑤在这四次使用中，جملة都表示在某个具体的句法位置上代替单个名词的词的组合。尽管从次数上看，法拉没有系统地使用该词，但它的含义已十分接近现代理论对小句的定义。⑥

第一位把جملة作为语言学术语使用的语法学家很可能是穆巴里德。⑦他与法拉一样也把جملة视为小句，并且比后者更为频繁地使用这一单

---

① Talmon, 1988: 82-86.
② Iványi, 2007b: 542, 544.
③ 这一用法得到后来语法学家的继承。比如，伊本·吉尼在定义句子时说道：句子指任何表达完整含义且可独立存在的言语（الجملة فهي كل كلام مفيد مستقل بنفسه）（اللمع, ابن جني: 30）。
④ Talmon, 1988: 88.
⑤ 见الفراء, معاني 2: 195, 333, 388。
⑥ Talmon, 1988: 93.
⑦ Iványi, 2007a: 536.

词。①更重要的是，穆巴里德还扩展了 جملة 的含义。在讨论何为主语时，他说：

(4) وإنما كان الفاعل رفعا لأنه هو والفعل جملة يحسن عليها السكوت، وتجب بها الفائدة للمخاطب.
فالفاعل، والفعل بمنزلة الابتداء والخبر.②

［主语是主格，因为它和动词构成了一句能被说完的句子，这个句子向听话者表达了完整的信息。因此，主语和动词（的组合）与起语和述语（的组合）拥有一样的地位。］

虽然穆巴里德此处强调的是主语的格位，及其与动词的组合所具有的地位，但从他把 جملة 视为可独立存在并表达完整含义的结构这一点来看，他已经用该词表示句子的意思了。

至于 كلام，尽管穆巴里德没有像西伯威那样大量使用该词，但他延续了后者的用法，保留了 كلام 作为言语的基本含义，并也用它来表示言语形式或言语单位。③只是穆巴里德提到的言语单位的范围比西伯威要小得多，他只用 كلام 指一段完整的话语。④

鉴于穆巴里德同时继承了西伯威和法拉对 كلام 和 جملة 两词的用法，并将 جملة 用来表示句子，塔尔蒙认为穆巴里德可以被视作连接早期语法学家和约十世纪起的中后期语法学家的桥梁。⑤ كلام 作为言语，和 جملة 作为小句的基本含义在阿拉伯语语法传统中得到了延续。并且，在表示句子的概念时，语法学家开始交替使用这两个单词。

不过，尽管 كلام 和 جملة 都可以指句子，但语法学家并不完全把它们当作同义词使用。除了基本含义的不同，这两个词还存在其他方面的差

---

① 见 المبرد, المقتضب 3: 130, المقتضب 4: 78, 123, 124, 125, 177, 347, 348。
② المبرد, المقتضب 1: 146.
③ 见 المبرد, المقتضب 3: 92, 95, 100, 174, 191, 213, 275, المقتضب 4: 126, 140, 187。
④ Talmon, 1988: 94.
⑤ Talmon, 1988: 95.

别。首先，جملة的本意是"合计、整体"。与它相对的词是مفرد，其本意为"单一、个别"。مفرد在阿拉伯语语法传统中指单词。更确切地说，语法学家用它来表示只包含一个词的句子成分。相应地，جملة表示包含一个词以上的句子成分。伊本·艾比·拉比厄指出，语法学家所说的单词指那些不是（词的）组合的结构（المفرد ما ليس بجملة）。①伊本·欧斯福尔（ابن عصفور, 1200-1270）在解释جملة的含义时用了مجموع（总和、全部）一词。他说：句子就是两个词的总和（الجملة تدل على مجموعهما）。②另一个把جملة视为词的总和的例子来自法里西。他把لم أره منذ عامين（我已经两年没看到他了）一句解读为由لم أره和منذ عامين两个جملة组成的句子。③句中表示时间的成分منذ عامين也被法里西称作جملة。此时，جملة不应被理解成小句或句子，译为词的组合更为恰当。

  语法学家对于مفرد和جملة的这一区别达成了较为一致的观点，两者的对比常出现在他们对述语种类的描述中。比如，扎马赫谢里指出述语包括单词（مفرد）和词的组合（جملة）两种。④对此，他的评注者伊本·叶伊什（ابن يعيش, 1159-1246）指出，述语原本是由单词充当的，词的组合是它的分支（المفرد أصل والجملة فرع عليه）。当词的组合做述语时，它代替单词出现在述语的位置上（نائبة عن المفرد واقعة موقعه）。⑤事实上，如果جملة在上述语境中被翻译成句子，并不会给语法学家的表述带来歧义。但他们在类似的讨论中总是使用جملة，而不是كلام。جملة具有词的总和的含义是使它区别于كلام的特征之一。在表达该含义时，两者不可相互替换。对此，朱尔加尼的描述提供了直接的证明。在名为"单词和句子"（باب

---

① البسيط, ابن أبي الربيع 1: 535.
② شرح, ابن عصفور 1: 95.
③ التعليقة, الفارسي 1: 23.
④ المفصل, الزمخشري: 49.
⑤ شرح, ابن يعيش 1: 229.

第一章　基本语序和句型

的一章中，他先是将两个单词的组合，如 خرج زيد 这样的结构称作 جملة 或 كلام。此时两词应当被理解成句子。但在几行后，朱尔加尼紧接着说道：词的组合出现在单词的位置上 (الجملة تقع موقع المفرد)。① 此时，جملة 表示的是与单个单词相对的含义。戈登伯格（Goldenberg）指出，在后一种语境中，用 كلام 代替 جملة 是不可想象的，也不会发生。②

كلام 和 جملة 的另一种不同出现在语法学家对它们做出的直接区分之中。在这种情况下，两者都具有表示句子的含义，但在指称范围上有所不同。以艾斯特拉巴齐的描述为例，他说：

(5) والفرق بين الجملة والكلام، أن الجملة ما تضمن الإسناد الأصلي سواء كانت مقصودة لذاتها أو، لا، كالجملة التي هي خبر المبتدأ [...] والكلام ما تضمن الإسناد الأصلي وكان مقصودا لذاته؛ فكل كلام جملة ولا ينعكس.③

［جملة 和 كلام 的区别在于，جملة 包含基本的主谓关系。它可以是独立的，也可以是依存的，（后者的例子）如做述语的句子……كلام 也包含基本的主谓关系，同时它又是独立的。所以，每个 كلام 都是 جملة，但反之则不然。］

根据艾斯特拉巴齐的观点，جملة 的范围比 كلام 更广，后者只能指可以独立存在的句子。但他并未指明句子可否独立的标准。与艾斯特拉巴齐持相同观点的语法学家伊本·希沙姆对此做出了更为明确的描述。他指出，كلام 是说话者有目的地说出的可以传达信息的话 (القول المفيد بالقصد)。所谓"可以传达信息"指的是这句话能被说完 (يحسن السكوت عليه)，可以独立存在。一个言语片段能被称为 كلام 的条件是它能传达信息，表达完整的含义。与之相比，جملة 还可以指那些不表达完整含义的句子。语法学家在对条件句 (جملة الشرط)、条件结句 (جملة الجواب) 和关系从句 (جملة

---

① الجرجاني, الجمل: 40.
② Goldenberg, 1988: 59.
③ الأستراباذي, شرح 1: 33.

（الصلة）的表述中使用的都是جملة，而非كلام。因为这些句子都不表达完整的含义，故而不能被称作كلام。所以，جملة的范围更宽泛（أعم），كلام的范围更精确（أخص）。①

至于哪位语法学家最先提出كلام和جملة在指称范围上的区别，塔尔蒙认为很难从一本单独的著作中找到确切的答案。②但从语法学家对两词异同的描述中可以确定的是，在阿拉伯语语法传统中，جملة和كلام不是完全对等的两个术语。当被用来指句子时，جملة和كلام只有在表示可以独立存在并表达完整含义的核心句时，两者之间才能互换使用。而且，即使在这种情况下，有的语法学家认为两者仍然存在差异。这种差异与其说在于它们具体用于表示怎样的言语片段，不如说在于语法学家对两者定义时采取的不同角度。كلام的核心要素是它所描述的部分可以表达完整含义，具有语义上的独立性。这种对语义的优先考量使得كلام十分接近命题的概念。③与之相比，语法学家对جملة的定义更倾向于形式的角度，即从句子成分的属性和它们的结构关系出发对句子进行分析。④在把جملة当作句子使用时，穆巴里德已经把动词和主语的组合视为句子的一种类型。⑤后来的语法学家在解释什么是جملة时更为直接地指出它是由何种成分构成的。伊本·塞拉吉和伊本·吉尼使用的是مركب（由……组成）一词，两

---

① ابن هشام, مغني 2: 431. 另外，伊本·吉尼和伊本·叶伊什也提到表示句子的术语在指称范围上的区别，但他们比较的对象是كلام和قول。伊本·吉尼指出，قول可以指表达完整含义的句子，也可指不表达完整含义的句子（تاما كان أو ناقصا）。任何كلام都是قول，但不是任何قول都是كلام（见 ابن جني, الخصائص 1: 17, 19）。伊本·叶伊什则表示，قول指人们说出的所有话语（جميع ما ينطق به اللسان），不管它表达的含义是否完整。并且，它的范围比كلام更广（见 ابن يعيش, شرح 1: 75-76）。从伊本·叶伊什的描述中可以推断，قول此处的含义更接近话语（utterance）。

② Talmon, 1988: 77.
③ Owens, 1988: 38; Versteegh, 1995: 214; Carter, 2007: 186.
④ Bohas et al., 1990: 57.
⑤ المبرد, المقتضب 1: 146.

人均指出句子可以由动词和主语，或起语和述语组成。①朱尔加尼和扎马赫谢里分别使用同根的两词مؤلف和ائتلف（由……结合）。②伊本·希沙姆则表示，句子指的就是动词和主语，以及起语和述语。③这种根据句子在形式层面的构成对其做出的释义解释了为何语法学家在表述阿拉伯语中最常见的两种句子类型——名词句（جملة اسمية）和动词句（جملة فعلية）时，使用的是جملة，而不是كلام。④

在阿拉伯语语法传统中，句子是语法学家进行句法分析的基本单位。⑤在讨论语序问题时，他们使用的例子大多是那些表达完整含义，且能独立存在的句子。所以，جملة和كلام在相关论述中一般都表示两者共同的含义。同时，语法学家倾向于从句子的形式结构出发，分析句子主要成分的句法功能和它们的位置关系。这也是下一小节所要讨论的对象。

二、句子的构成方式

语法学家在分析句子成分的语序前，首先做的是对阿拉伯语句子的主要成分进行定义，这体现在他们对句子主谓关系的描述上。在讨论相关问题时，语法学家经常使用مسند与مسند إليه两个术语。两者共同的根母س‒ن‒د暗示了它们之间相互依靠的关系，但这种依存关系在不同时期的语法学家的笔下有着不一样的解读。

以西伯威和穆巴里德为代表的早期语法学家以名词句结构为基础把

---

① اللمع, ابن جني: 30; 1: 64 الأصول, ابن السراج.
② الأنموذج, الزمخشري: 40 ;6: الجمل, الجرجاني.
③ مغني, ابن هشام 2: 431.
④ 从这一点出发，伊本·叶伊什的描述很好地反映了جملة和كلام之间的差异和关联。他说：الكلام（指那些表达完整含义的句子，它指的是所有这样的جملة所属的类别عبارة عن الجمل المفيدة, وهو جنس لها）。所以，每一个动词句和名词句都是كلام的一个种类（نوع له）。（شرح, ابن يعيش 1: 375）
⑤ Owens, 1988: 32; Bohas et al., 1990: 57.

مسند与مسند إليه视为表示句子必要成分的术语。两词在《西伯威书》中一共只出现过三次。① 西伯威明确指出：（1）مسند إليه与مسند两者相互依靠，是句子不可缺少的两个部分；（2）مسند对应起语，مسند إليه对应述语。至于动词和主语与两者的对应关系，则是通过推断得出的：

(6) وهو قولك: عبد الله أخوك [...] ومثل ذلك: يذهب عبد الله، فلا بد للفعل من الاسم كما لم يكن للاسم الأول بد من الآخر في الابتداء.②

［比如你说"阿卜杜拉是你的兄弟"……和它类似的如"阿卜杜拉要走"。动词需要名词，就像在起首结构中第一个名词需要另一个名词一样。］

引文中后半句可以理解为：在动词句中，动词需要一个名词才能成句，就像在名词句中起语需要述语才能成句。西伯威将动词和起语对应，将动词所需的名词和述语对应。尽管他没有直接使用"主语"一词，但从他的例句中可以看出，他所说的动词需要的名词就是它的主语。因此，可以推断在西伯威的理论中，动词和起语充当مسند，主语和述语充当مسند إليه。这一推论可以在西伯威的评注者西拉菲那里得到佐证。在对مسند和مسند إليه一章进行注解时，西拉菲对这两个术语提出四种理解方式，其中：

(7) الوجه الرابع: وهو أن يكون المسند هو الأول على كل حال، والمسند إليه الثاني على كل حال، فإن كان فعل وفاعل، فالفعل هو المسند والفاعل هو المسند إليه، وإن كان مبتدأ وخبرا فالمبتدأ هو المسند، والخبر هو المسند إليه.③

［第四种是：在任何情况下，مسند都是句中的第一个成分，مسند إليه都是句中的第二个成分。如果（句子）是动词和主语，那么动词是مسند，主语是مسند إليه；如果（句子）是起语和述语，那么起语是مسند，述语是مسند

---

① كتاب سيبويه, 1: 23, كتاب 2: 78, 126.
② كتاب سيبويه, 1: 23.
③ شرح السيرافي, 1: 173-174.

第一章 基本语序和句型

إليه。]

从西拉菲的这种理解方式中可以推测出，西伯威对مسند和مسند إليه分别表示名词句和动词句中的哪个成分是从语序的角度认定的。مسند是句中的第一个成分，مسند إليه是句中的第二个成分①。

穆巴里德在他关于مسند和مسند إليه的一章中没有对两词进行具体分析，只是在章节的开头提及两者之间的相互依靠性，并以动词句和名词句为例进行了简要说明。②他和西伯威都强调，مسند إليه和مسند两个术语表示的是阿拉伯语句子中的两个必要成分，两者之间相互依存。这种依存关系主要体现在句中先出现的成分需要其后的成分一同出现才能构成一个整的句子。两人的不同处在于，穆巴里德没有明确说明两者在句中对应何种成分，而西伯威则认为句中先出现的成分是مسند，后出现的成分是مسند إليه。

西伯威和穆巴里德之后的语法学家对مسند和مسند إليه提出了新的见解。尽管两词仍被视作表示句子必要成分的术语，③但他们并不像西伯威那样从语序的角度定义两者在句中相对应的成分，而是从句法功能的角度对两者做出解读。他们认为，句子的含义必须通过主谓关系表达。主语是被陈述的对象，谓语是对主语的陈述。④在阿拉伯语中，مسند表示句中承担谓语功能的成分，而مسند إليه则表示句中承担主语功能的成分。前者对应

---

① 对于述语前置于起语时，مسند和مسند إليه的对应情况是否发生变化，西伯威没有做出描述。

② المبرد, المقتضب 4: 126. 穆巴里德还把إن的名词和述语、كان的名词和述语、心意动词的两个宾语类比为名词句中的起语和述语，并将这三组成分都视为مسند和مسند إليه (المبرد, المقتضب 3: 95, 4: 126)。

③ 如الجرجاني, دلائل: 7。

④ 此处的主语不是فاعل，而是指在主谓结构中表示主题的成分。

述语和动词，后者对应起语和主语。①这种解读在上文西拉菲提出的四种理解方式的第二种中也得到了说明：

(8) أن يكون المسند معناه الحديث والخبر، والمسند إليه المحدث عنه [...] فالفعل حديث عن الفاعل، والخبر حديث عن الاسم، فالمسند هو الفعل، وهو خبر الاسم، والمسند إليه هو الفاعل، وهو الاسم المخبر عنه.②

［مسند的意思是谈论、信息，مسند إليه 的意思是被谈论的东西……所以动词是关于主语的谈论，述语是关于名词的谈论。مسند 是动词，它充当（句中）名词的谓语；مسند إليه 是主语，它是（句中）被谈论的名词。］

另外，مسند 的词根 إسناد 可以直接表示主谓关系。比如，苏尤提曾指出：（完整的）句子含义（فائدة）只有通过主谓关系（إسناد）才能实现，而它必须包括两个部分：مسند 和 مسند إليه。③塞凯基则认为，إسناد 指两个单词以能够让听话者获得（完整）信息（يفيد السامع）的方式形成的组合。④从这些语法学家对 إسناد 的描述中可以发现，阿拉伯语语法传统中的主谓关系既表示句子必须由承担谓语功能的 مسند 和承担主语功能的 مسند إليه 两者各自对应的成分组成，又说明只有这样的构句方式才能使一个句子表达完整的语义信息。⑤这延伸出与句子的构成方式存在密切关系的另一个概念：فائدة。

---

① المفصل, الزمخشري :146; الحلل, البطليوسي :189; دلائل, الجرجاني :301-302, 201-202; قطر, ابن هشام :48. 在西伯威和穆巴里德之后的语法著作中，语法学家一般都把述语和动词视为 مسند，把起语和主语视为 مسند إليه，但也偶有例外。比如，伊本·阿朱鲁姆就把述语称为 مسند إليه（الآجرومية :68），朱尔加尼则把起语视作 مسند，把述语视作 مسند إليه（المقتصد, الجرجاني 1: 216）。

② شرح, السيرافي 1: 173.

③ همع, السيوطي 1: 33.

④ مفتاح, السكاكي :86.

⑤ 关于 مسند、مسند إليه、إسناد，以及 مخبر به、مخبر عنه、إخبار、حديث、محدث عنه 等其他与阿拉伯语主谓关系有关的概念的详细研究，见 Levin, 1981; Goldenberg, 1988: 41-51。

第一章 基本语序和句型

现代学者对فائدة一词已进行过研究。弗斯戴把فائدة译为"交际价值"（communicative value），[1]博阿等人把الخبر فائدة译为"信息的内容"（the content of information）。[2]戈登伯格引用穆巴里德的描述：对听话者而言فائدة存在于句子的谓语中（كانت الفائدة للسامع في الخبر），[3]认为فائدة和إفادة、مفيد一样都表示话语在信息上对于听话者的有用性（informative usefulness）。[4]佩莱德（Peled）则从伊本·叶伊什对فائدة一词的使用出发，指出该词在阿拉伯语语法传统中既可表示交际价值、述谓（predication）等概念，也能作非语言学的解读，表示有用性、益处等。[5]谢哈托维奇（Sheyhatovitch）对فائدة一词进行了细致的研究。她把该词视为话语可否被接受的标准，对其作交际价值和完整信息（full message）两解。她认为，فائدة是一个语用概念。一个句子语用上是否能被接受可以通过两种方式判断：句子是否提供了新信息，和句子是否表达了完整的意义。提供新信息的句子具有交际价值，而完整的意义则通过传达完整的信息实现。与阿拉伯语的构句方式更相关的是谢哈托维奇的后一种解读。她指出，一个传达完整信息的句子包含所有听话者为理解说话者的交际意图所需要的成分。[6]她把فائدة解释为完整信息，是基于她发现该词在语法学家的论述中经常和以ك – م – ل，和ت – م – م为根母的表示"完全、完整"的单词一同出现。[7]

需要补充的是，فائدة表示完整信息、完整句义的含义，还直接体现在语法学家对阿拉伯语句子构成方式的描述中。除了上文提到的苏尤提的

---

① Versteegh, 1997b: 265.

② Bohas et al., 1990: 129.

③ المبرد, المقتضب 4: 126.

④ Goldenberg, 1988: 46.

⑤ Peled, 2009: 23.

⑥ Sheyhatovitch, 2015: 195.

⑦ Sheyhatovitch, 2015: 194-198.

观点，朱尔加尼指出句子构成的意义（或功能）就是传递信息（معنى أن الائتلاف الإفادة）。①伊本·叶伊什也多次指出فائدة与句子构成之间的关系。在关于词类的讨论中他提到：主谓关系的组成是指把一个单词和另一个单词组合起来，并使其中一个依附于另一个……如果其中一个单词与另一个单词之间形成的关系是谓语成分可出现在其中，且句义完整的话（就能形成主谓关系）（وتركيب الإسناد أن تركب كلمة مع كلمة، تنسب إحداهما إلى الأخرى اذا كان لإحداهما تعلق بالأخرى، على السبيل الذي به يحسن موقع الخبر، وتمام الفائدة [...]）。②他在论述名词句的组成时也用到了该词：起语和述语组成的句子是两者一起表达完整信息的句子。起语是信息表达的依托，述语是信息表达的载体，两者缺一不可（اعلم أن المبتدأ والخبر جملة مفيدة تحصل الفائدة بمجموعهما، فالمبتدأ معتمد الفائدة، والخبر محل الفائدة، فلا بد منهما）。③在论述主语对动词的必要性时，伊本·叶伊什同样提到了该词：动词是谈论、信息，因此必须有（成分充当）被谈论的对象使得它能被指派、依附，如果没有（这样的成分），那么动词便失去其用处了（الفعل حديث، وخبر، فلا بد له من محدث عنه، يسند ذلك الحديث إليه، وينسب إليه، وإلا عدمت فائدته）。④穆巴里德在他关于主语的一章中也有类似表述。⑤伊本·希沙姆在列举名词的特征时说：名词的第三个特征是被指派谓语，这指的是能使句子（和它一起）组成完整含义的成分被指派给它，不管被指派的成分是名词、动词还是小句（هو أن يسند إليه ما يتم به الفائدة، سواء كان المسند فعلا أو اسما أو جملة）。⑥而伊本·艾比·拉比厄的描述反映的是句子必要成分与表达意义的关系：承担谓语和主语功能的成分的本

---

① الجرجاني, المقصد 1: 93.
② ابن يعيش, شرح 1: 72.
③ ابن يعيش, شرح 1: 239. 伊本·希沙姆也类似地把述语定义为与起语一起表达完整意义的谓语成分。(ابن هشام, قطر: 202)。
④ ابن يعيش, شرح 1: 199.
⑤ المبرد, المقتضب 1: 146.
⑥ ابن هشام, شذور: 41.

质是在表达完整意义时两者互不可缺少（أصل المسند والمسند إليه ألا يستغني أحدهما عن الآخر في إفادة المعنى）。①从上述例子中可以得出，مسند和مسند إليه是构成句子主谓关系的两部分，两者在句中对应的成分之所以被视为句子的必要成分，是因为它们一起表达了完整的信息。语法学家通过建立إسناد和فائدة两个概念之间的联系，对阿拉伯语句子的构成方式做出了功能的解释。

在明确了一个句子通过句中的主语和谓语成分实现表达完整信息的交际目的后，语法学家对于这两种成分在句中由谁充当展开论述。上文的讨论已经表明，阿拉伯语句子的必要成分主要由动词、主语、起语和述语充当。②动词和主语，起语和述语代表的两种主要的构句方式在语法学家的叙述中也经常出现。③另外，除了从语法关系的层面说明句子的

---

① ابن أبي الربيع, البسيط :2 756.
② 除了مسند和مسند إليه，阿拉伯语语法传统中另一个表示句子必要成分的术语是عمدة。该词往往与表示句子非必要成分的فضلة一起出现。对于两词最简洁的定义可以在伊本·阿齐勒的作品中找到：عمدة指那些（句子）不能缺少的（成分），如主语；فضلة指那些（句子）可以缺少的（成分），如宾语（والعمدة: ما لا يستغنى عنه كالفاعل، والفضلة: ما يمكن الاستغناء عنه كالمفعول به）（ابن عقيل, شرح 2: 155）。عمدة与مسند إليه的主要区别在于：(1) عمدة可以指句中的任意一个必要成分，而مسند إليه与句子必要成分间的对应关系是一对一的；(2) عمدة一般指名词性成分，动词本身不是عمدة（أبو حيان, التذييل 3: 242）。对于后一种区别，伊本·艾比·拉比厄以动词为中心定义了عمدة和فضلة。他说：عمدة指动词在结构上要求出现的所有成分，且它们不能被省略。而فضلة指动词在结构上不要求的那些成分，它们不是必要的（ما يطلبه الفعل ببنيته فهو عمدة ولا يجوز حذفه وكل ما لا يطلبه الفعل ببنيته فهو فضلة، ويستغني عنه）（ابن أبي الربيع, البسيط 1: 272）。关于عمدة和فضلة的其他描述，见ابن أبي الربيع, البسيط 1: 259-260; أبو حيان, التذييل 3: 242-244; ابن يعيش, شرح 1: 203; ابن عصفور, شرح 1: 161）。可以看到，عمدة和مسند إليه本身并不是句子的必要成分，而是对在句中实际充当必要成分的语法结构的统称。另一点需要指出的是，"主语是句子的必要成分"这样的表述是不够严谨的。在阿拉伯语语法传统中，主语的必要性仅仅是相对于动词而言。在由起语和述语构成的句子中，主语完全可以不出现。本章的后文将表明，语法学家对于动词和主语、起语和述语这两组概念的区分在他们对语序和句型的描述中也得到了体现。
③ المبرد, المقتضب 1: 138; ابن السراج, الأصول 1: 64; الفارسي, العضدي 43; الجرجاني, المقتصد 1: 274; ابن البطليوسي, الحلل :150. مغني 2: 431; ابن هشام, اللمع 30; جني.

构成方式，语法学家还从词类的角度列举了句子可能出现的形式。他们的观点可以概括为：在陈述式简单句，即只包含一个主语和谓语成分的句子中，一个句子可以由两个名词，或一个名词和一个动词两种方式组成。两个动词、两个虚词、一个名词和一个虚词、或一个动词和一个虚词，都不能组成完整的句子。这是因为名词在句中既能充当主语，又能充当谓语，因此两个名词可以成句。而动词只能充当谓语，因此需要一个名词作为句子的主语才能成句。虚词既不能充当主语，也不能充当谓语。①因此，后四种词类组合无法构成句子的原因是其中缺少可以充当主语或谓语的词类。②

可以看到，不管是从语法关系还是从词类的角度对句子的构成方式进行描述，其本质都归结于句子成分在句中承担的语法功能。语法学家把句中承担主语和谓语功能的成分视为句子的必要成分。这种对句子构成方式的认识是他们对句子成分的语序进行描述的基础。本节的第三和第四小节将表明，语法学家对句子语序所做的分析主要集中在句子的必要成分上。正因如此，这些分析才有理由能被视作语法学家对句子的

---

① 关于虚词不能做主语或谓语的描述，见 الجرجاني, 1: 76; ابن يعيش شرح, 1:33; السيوطي همع, المقتصد 1: 82, 94-95。

② 关于词类与句子构成的描述，见 المقتصد, الجرجاني: 7-9; العضدي, الفارسي: 104; العسكرية, الفارسي, 1: 81-82, 93-96; السيوطي همع, 87-88; قطر, ابن هشام 1: 43; التذييل, أبو حيان: 11; الكافية, ابن الحاجب 1:33。其中，法里西提到一种例外情况：呼唤句可以由一个虚词和一个名词构成，如（喂！宰德）يا زيد (9 :الفارسي, العضدي)。阿布·哈扬（أبو حيان، 1256-1344）和苏尤提在他们的论述中都引用了法里西的观点。后者指出，呼唤虚词ي在句中实际占据了动词أدعو或أنادي（我呼唤）的位置（سد مسد الفعل وهو أدعو أو أنادي）（أبو حيان, التذييل 1: 43; السيوطي همع 1: 34）。可见，在苏尤提看来，呼唤句的本质是由一个动词和一个名词组成的。朱尔加尼同样认为ي在呼唤句中替代了动词的位置（قام مقام الفعل）。他还指出，使用ي而不使用动词أدعو的原因是前者（يا عبد الله）更能表现呼唤的语用目的，而后者（أدعو عبد الله）可能会让听话者以为说话者只是想表达呼唤的意愿，或在陈述这一事实（الجرجاني, المقتصد 1: 95）。

基本语序进行的描述。他们主要选取的是语法关系的角度，即从动词、主语、起语和述语在句中的位置着手说明阿拉伯语句子成分的语序模式。而他们之所以没有选择从词类的角度，或使用مسند、مسند إليه等表示句子主语和谓语成分的术语对语序问题进行描述，很有可能是因为，相比后两者，语法关系对句子成分的指称要明确得多。

三、动词和主语、主语和宾语的位置关系

阿拉伯语中，名词和现在式动词在词尾呈现不同的格位。语法学家需要对格位变化产生的原因进行解释。他们把决定名词和现在式动词格位的因素称为支配词，把受到其影响而在词尾体现出格位变化的成分称为被支配词。两者之间的关系构成了阿拉伯语语法传统中的一条基本原则——变因理论。[1]

在分析句子必要成分的语序时，语法学家遵循变因理论中一条重要的句法规则：支配词的位置（或地位）在被支配词前（مرتبة/رتبة العامل قبل المعمول）。[2]类似的表述还包括支配词本质上处于被支配词前（العامل فأصله التقدم على معموله）；[3]被支配词跟在支配词后（المعمول تبع للعامل）；[4]支配词应当出现的位置在被支配词前（حق العامل أن يكون قبل المعمول）。[5]在阿拉伯语语法传统中，主语的主格地位是由动词支配的。因此，动词作为支配词，出现在它所支配的成分主语之前。伊本·叶伊什对动词和主语在变因理论中的语序做出了解释：

---

[1] 关于变因理论的研究，见Peled, 1992a; Levin, 1995。
[2] شرح الأستراباذي, 1: 229; شرح ابن يعيش, 1: 201, 202; شرح 4: 345.
[3] التذييل 3: 266; أبو حيان 236; مفتاح السكاكي.
[4] المقتصد الجرجاني, 1: 68; الإنصاف الأنباري, 1: 304.
[5] البسيط 1: 587; ابن أبي الربيع 149; الحلل البطليوسي, 1: 222; شرح ابن يعيش.

(9) اعلم أن القياس في الفعل، من حيث هو حركة الفاعل، في الأصل، أن يكون بعد الفاعل؛ لأن وجوده قبل وجود فعله، لكنه عرض للفعل أن كان عاملا في الفاعل والمفعول، لتعلقهما به، واقتضائه إياهما، وكانت مرتبة العامل قبل المعمول، فقدم الفعل عليهما لذلك، وكان العلم باستحقاق تقدم الفاعل على فعله، ومن حيث هو موجده ثانيا، فأغنى أمن اللبس فيه عن وضع اللفظ عليه، فلذلك قدم الفعل.①

[动词实质上是主语（导致）的行动，按照标准它应该出现在主语后，因为主语的存在先于动词的存在。但是动词是主语和宾语的支配词，主语和宾语和它有关，它也需要主语和宾语，且支配词的位置在被支配词前，因此动词提到两者之前。然而，之前提到主语在动词前的理由，是因为主语使得动词（表示的动作）存在。（在两者相矛盾的情况下，）由于主语和动词的组合在语义上不会产生歧义，使得两者在字面上（的语序）不需要满足这一要求，因此动词提到了主语前。]

伊本·叶伊什的这段话可以理解为：尽管在语义层面，主语作为充当施事的成分应该出现在表示动作的动词前。②但在决定主语和动词的语序时，支配词在被支配词前的句法规则更强势，具备优先性，因此它击

---

① شرح ابن يعيش, 1: 202.
② 伊本·瓦拉格也提到，主语表示事件的发起者，但他用此说明主语应该在宾语前（علل ابن الوراق: 269）。

败了语义层面的规定。①与伊本·叶伊什持相似观点的是艾斯特拉巴齐。后者虽然没有直接说明动词和主语在语义层面担任的角色，但他同样在

---

① 伊本·叶伊什没有说明为何表示施事的主语本质上应当在表示行为的动词前，但他的观点可以从象似性原则的角度进行解释。该原则将句子成分的排列顺序视为事件发生的先后顺序。主语通常是施事，它作为事件或行为的发起者应当最先出现，其后应该跟随表示事件或行为的动词。宾语一般表示受到事件或行为影响的成分，应该出现在动词后（Krupa, 1982: 641-642）。然而，从象似性角度得出的SVO语序并没有被语法学家广泛讨论。这一方面是由于在阿拉伯语语法传统中，动词和主语的位置关系受到变因理论的严格制约。另一方面则是由于主语这一概念在该理论体系中兼具多个角度的含义。
伊本·希沙姆在对主语的释义中提到，主语可以是动作的来源（واقع منه），如ضرب زيد عمرا（宰德打了阿穆尔）中的زيد；也可以是动作的施动者（قائم به），如علم زيد（宰德知道了）中的زيد。随后他指出，مات عمرو（阿穆尔死了）中的عمرو同样被称为主语（ليس معنى كون الاسم فاعلا أن مسماه أحدث شيئا）。这说明主语并不一定是事情发生的名词（ابن هشام, قطر: 302, 304）。伊本·希沙姆此处讨论的是主语承担的语义角色。主语在前两个句子中均做施事，在第三句中做感受者（experiencer）。他还提出，ضُرب زيد（宰德被打了）中的代主语زيد不能被视为主语（ابن هشام, قطر: 303）。伊本·马立克和阿布·哈扬对此持相同意见（التذييل, 6:179；شرح ابن مالك, 2:106），但伊本·叶伊什的观点与他们不同。他从主谓关系的角度出发，指出代主语被指派谓语成分后，与主语一样受其支配成为主格。主语并不一定是使动作存在，或对动作产生影响的成分（ليس من شرط الفاعل أن يكون موجدا للفعل، أو مؤثرا فيه）（伊本·叶伊什此处用مفعول一词表示代主语，这种用法可能来源于《西伯威书》，见سيبويه, كتاب 1: 41-42）（شرح ابن يعيش, 1: 200）。但是，伊本·叶伊什之后又提到，مات زيد（宰德死了）和سقط الحائط（墙倒了）两句中，زيد和الحائط是代替主语的主格名词，两者不是真正的主语（لم يكونا فاعلين في الحقيقة）（شرح ابن يعيش, 4: 307）。此时他对主语的语义角色做出了限定，这与他在讨论代主语时扩展主语语义角色的做法有所不同。
从上述语法学家对主语所做的形式和语义层面的分析中可以得出的结论是：阿拉伯语语法传统中的主语（فاعل）首先是一个句法功能概念，它表示在出现动词或类似动词成分的句子中承担主语功能的成分。但它与主谓关系中的主语（subject）之间又有所区别。后者除了可以由فاعل充当外，还能指名词句中承担主语功能的成分起语。而فاعل是必须和动词一同出现的概念，它的"主语性"是相对动词而言的。这体现了它作为一个语法角色区别于句法功能的重要特征。同时，由于主语在句中可以承担不同的语义角色，只是在阿拉伯语语法传统中，表示语义角色的词语并未术语化。因此，语法学家在一些语境中便将فاعل当作一个语义概念使用。

解释两者的语序时强调形式层面的支配关系优于语义关系（اعتبر هذا الأمر اللفظي أعني العمل، وألغي الأمر المعنوي أعني تقدم المحكوم عليه على الحكم）。①

其他语法学家对于动词在主语前的语序也进行了描述。比如，扎马赫谢里在关于主语的一节中提到：被指派给主语的动词或类似动词的成分总是在它之前……主语在本质上跟在动词后（الفاعل هو ما كان المسند إليه من فعل أو شبهه، مقدما عليه أبدا […] والأصل فيه أن يلي الفعل）。②艾斯特拉巴齐也使用了"أصل"一词描述两者的关系：主语本质上在动词后（أصل الفاعل أن يلي الفعل）。③朱尔加尼和伊本·艾比·拉比厄甚至把动词在主语前的语序写入对于动词和主语做出的形式层面的定义中。前者说道：所有能被指派给名词且在名词前，并且其本身不允许被指派任何成分的词就是动词。不满足这些条件的词就不是动词（كل لفظ جاز أن يسند إلى الاسم مقدما عليه ولم يجز أن يسند إليه شيء فهو فعل، وكل ما لم يحصل فيه هذه الشرائط فليس بفعل）。④后者则指出：语法学家所说的主语指的是所有动词或起动词作用的名词出现在它们之前，并以动词或主动名词的形式被指派给它们的单词（الفاعل عند النحويين: كل كلمة تقدمها فعل أو اسم جار مجرى الفعل، وأسند إليه على طريقة فعل أو فاعل）。⑤艾斯特拉巴齐还提出另一个关于动词在主语前的观点。他从词类构句的角度出发，指出由于动词需要名词才能成句，而名词不需要动词就能成句，因此：

(10) فأرادوا في الجملة المركبة منهما تتميم الناقص بالكامل، وقصدوا أيضا الإيذان من أول الأمر أنها فعلية، فلو قدم الفاعل لم تتعين للفعلية من أول الأمر، إذ يمكن صيرورته كمالا باسم آخر.⑥

[他们想在由动词和名词构成的句子中，用完整的（指名词）补全

---

① الأستراباذي, شرح 1: 229.
② الزمخشري, المفصل. 44.
③ الأستراباذي, شرح 1: 188.
④ الجرجاني, المقتصد 1: 78.
⑤ أبو حيان, البسيط 1: 261. 相似定义见 ابن هشام, قطر: 302, 303; ابن مالك, شرح 2: 105; التذييل 6: 176.
⑥ الأستراباذي, شرح 1: 230.

第一章 基本语序和句型

残缺的（指动词），并想在（句子的）一开始就表明句子是动词句。而如果主语提前了，句子的动词句特征就不从开头就显现了。因为可以用另一个名词与它构成完整的句子。〕

事实上，动词（必须）在主语前的语序可以被视作阿拉伯语语法传统中的主流观点。很多语法学家都指出，主语不允许提到动词前。① 主要的反对声音来自库法派。他们把 قام زيد 的底层结构视为 زيد قام。换言之，他们认为在 قام زيد 中，زيد 是提前的主语，قام 是后置的动词。因此，他们也允许类似 قام الزيدون 的表达。② 巴士拉派的语法学家对此予以强烈反驳。他们的理由主要包括：（1）如果动词和主语的语序倒置后，两者在句中的句法地位不发生变化，那么就应当说 قام الزيدان/الزيدون。但阿拉伯人并不使用这样的表达，而说 الزيدان قاما、الزيدون قاموا。这说明动词和名词的句法地位发生了变化。الزيدان 和 الزيدون 此时在句中不再是主语，而是起语；（2）除了通过并列的方式，如 قام عبد الله وزيد，动词在句中只能支配一个主语。③ 如果在 زيد قام أخوه 中 قام 是后置的动词，并支配 زيد 的主格地位。那么如何解释 قام زيد أخوه 中 أخو 的主格地位呢？这表明两句中的 زيد 均不是主语，它们的主格地位不由动词支配。④

除了上述两个原因，巴士拉派的语法学家对于主语不允许提到动词前还给予了其他解释，其中的一个观点值得进一步分析。一些语法学家指出，在包含主格连接代名词的动词中，主格连接代名词做动词的主语。比如，穆巴里德把 قمت 中的 تاء 视为与 قام زيد 中的 زيد 句法地位相同的成

---

① 如 أسرار, الأنباري: 79. الأصول, ابن السراج 2: 222, 228; البسيط, ابن أبي الربيع 1: 272;
② 272-273 :1 البسيط, ابن أبي الربيع 1: 159, 161; شرح, ابن عصفور
③ علل, ابن الوراق 4: 128; المقتضب, المبرد: 235.
④ 本章的第三节将说明，主格名词支配词的不同是语法学家区分名词句和动词句的根本依据。另外，关于库法派允许主语提前的总结，见 Abdul-Raof, 2001: 100。关于语法学家对库法派的观点做出的反驳，见 ابن أبي 83-84; أسرار, الأنباري 4: 128; المقتضب, المبرد البسيط, الربيع 1: 273。

分。①这类动词反映的现象是主语是动词的一部分（الفاعل يتنزل منزلة الجزء），两者可以被视作一个整体。对此，他们提到最多的解释是：主格连接代名词与动词相连时，动词中的最后一个根母读静符，如ضَرَبْتَ、ذهبْتُ中的باء，以避免出现四个动符连读的情况。与之相区别的是宾格连接代名词。它和动词相连时，动词的最后一个根母不变为静符，如ضربَكَ中的باء。这是因为宾格成分本质上是与动词分开的（في نية الانفصال）。语法学家认为主格连接代名词的这一特征反映出动词与主语是一个整体。②伊本·叶伊什对此指出，一方面，动词不可脱离主语而存在，主语是动词的一部分。当主格连接代名词黏着到动词上时，它出现在动词词尾，而不应出现在动词之前。这就好比一个单词中的其他字母不能提到该单词的第一个字母前一样（كما لا يجوز تقديم حرف من حروف الكلمة على أولها）。③另一方面，伊本·叶伊什从主谓关系的角度解释了动词中的主格连接代名词。他认为：

(11) لا فرق بين إسناد الفعل إلى الفاعل الظاهر، وبين إسناده إلى المضمر، من جهة حصول الفائدة. واشتغال الفعل بالفاعل المضمر كاشتغاله بالظاهر [...] فاذا قلت: ((ضَرَبْتُ))، كانت التاء في محل مرفوع، لأنها الفاعلة.④

［从实现完整句义的角度，把动词（作为谓语成分）指派给明显的主语和指派给主格代名词是没有区别的。动词与代词主语之间的关系和它与明显主语之间的关系是一样的……比如你说ضَرَبْتُ（我打了），该动词中的تاء处于主格地位，因为它是主语。］

从伊本·叶伊什的描述中可以推论出，阿拉伯语中的动词可以同时

---

① المبرد, المقتضب 4: 237.
② 关于主语是动词一部分的这一解释，见الجرجاني, المقتصد 1: 328-329; الأنباري, أسرار: 79-81; البطليوسي, الحلل: 95。关于主语是动词一部分的其他解释，见الأنباري, أسرار: 81-83; البطليوسي, الحلل: 96-97。
③ ابن يعيش, شرح 1: 202-203.
④ ابن يعيش, شرح 1: 204.

充当句子的主语和谓语。当一个动词包含主格代名词时，无论这个代名词是连接的（متصل）还是隐藏（مستتر）的，该动词都同时承担句子的主语和谓语功能。包含主格连接代名词的动词对于理解动词和主语的语序的意义在于：首先，主格连接代名词位于动词最后是对动词—主语语序的又一次印证。其次，包含主格连接代名词的动词可以单独成句。在形式上，这个句子只由一个动词构成。但实际上应把它视为由动词和名词构成的句子。它所体现的动词—主语的语序和由一个不包含主格代名词的动词与一个明显主语构成的句子所体现的语序是一样的。①

上文表明，语法学家对于动词和主语语序的分析，主要是从形式层面进行的。鉴于动词和主语之间支配词与被支配词的关系，他们根据支配词的位置在被支配词前的基本原则，提出在阿拉伯语中，动词必须在主语前。但是，这一原则却不适合用于分析主语和宾语的语序。一方面，主语和宾语的格位都由动词支配，两者之间不存在支配关系。另一方面，支配词在被支配词前的原则在句法层面主要适用于解释句子必要成分之间的位置关系。但是，宾语并不是句子的必要成分。那么，语法学家在描述主语和宾语的语序时是否也以某个原则为依据？主语和宾语的位置关系是否也像动词和主语那样呈现出明显的倾向呢？

中世纪的语法著作中并不缺少关于主语和宾语语序的描述。从句子

---

① 阿拉伯语语法传统中把形态上不包含主语的动词称为فعل فارغ，这一概念早在《西伯威书》中就已经出现（سيبويه, كتاب 1: 33）（佩莱德就西伯威对该词的使用进行了详细的分析，见Peled, 1999: 69-70）。伊本·塞拉吉和朱尔加尼也使用这一术语（ابن السراج, الأصول 2: 228; الجرجاني, المقتصد 1: 328）。阿布·哈扬则指出（ما أسند إليه الفعل 被指派动词的成分）和（ما فُرغ له الفعل 动词为其而清空的成分）的意思相同，均指与动词构成主谓关系的主语（أبو حيان, التذييل 6: 179）。花剌子模（الخوارزمي, 1160-1220）还把فارغ的概念扩展到主动名词中，他指出：在غلامُه ضرب زيد（宰德，他的仆人打了）中，动词ضرب中不存在（主格）代词，这种动词称为فارغ……而在ضارب غلامُه زيد中，ضارب中也不存在（主格）代词（الخوارزمي, شرح 2: 160）。（[...] فاذا قلت: زيد ضارب غلامُه لم يبق فيه ضمير）（فاذا قلت: زيد ضرب غلامُه لم يبق فيه ذلك الضمير يسمى فارغا）

必要成分和非必要成分的角度，伊本·叶伊什和伊本·艾比·拉比厄都提到，主语作为动词的必要成分一般出现在非必要成分宾语前。① 语法学家在描写主语和宾语的语序时，经常使用حد、أصل、وجه等在字面上表示 "基本" "标准" 含义的词。早在《西伯威书》中，西伯威就用حد اللفظ来说明主语在宾语前属于形式的标准（كان حد اللفظ أن يكون فيه مقدما）。② 西拉菲对该短语做了进一步说明：

(12) وليس يريد بقوله "حد اللفظ" أن يكون تقديم الفاعل هو حد اللفظ الذي لا يحسن غيره،
وإنما نريد بحد اللفظ: ترتيبه وتقديره.③

［西伯威说的 "形式的标准"，并不是指这种标准规定主语（必须）在（宾语）前，而其他形式都是不正确的，而是想用 "形式的标准" 来表示（主语在宾语前）在（表层结构的）顺序上和底层结构中都有体现。］

其他语法学家也用类似的词语来说明主语和宾语的位置关系。穆巴里德使用了حق一词：主语应当出现的位置是在宾语前（يكون الفاعل حق واعلم أن الوجه قبل المفعول）。④ 宰加吉使用的是وجه：主语在宾语前是标准（تقديم الفاعل على المفعول）。⑤ 出现频率最高的词是أصل。比如，伊本·瓦拉格提到：本质上，动词的主语在它的宾语前（الأصل في الفعل أن يكون فاعله قبل مفعوله）。⑥ 伊本·艾比·拉比厄指出，宾语可以提前，可以出现在（动词和主语）中间，也可以出现在最后。本质上它应该处于最后（اعلم أن فاعل

---

① ابن يعيش, شرح 1: 203; ابن أبي الربيع, البسيط 1: 272.
② سيبويه, كتاب 1: 34.
③ السيرافي, شرح 1: 263.
④ المبرد, المقتضب 2: 67.
⑤ الزجاجي, الجمل: 10. 佩莱德认为وجه此处与西伯威所用的حد اللفظ表示相近的意思（Peled, 2009: 60）。
⑥ ابن الوراق, علل: 235.

第一章 基本语序和句型

（المفعول يأتي مقدما وموسطا ومؤخرا. والأصل فيه التأخير）。[1]塞凯基认为，主语在本质上处于宾格成分，以及像状语、区分语那样处于宾格地位的成分之前，（كالفاعل فأصله التقدم على المفعولات، وما أشبهها من: الحال والتمييز）。[2]朱尔加尼在他的论述中同时用到أصل和نية两个单词：宾语允许提到主语前，比如"ضرب زيدا عبد الله"（中的زيد），但本质上不是这样……宾语的地位在主语后。如果你在形式上把宾语提前了，它原本在底层结构中是后置（于主语）的（ويجوز تقديم المفعول على الفاعل، نحو ضرب زيدا عبد الله، وليس بالأصل [...] ومرتبة المفعول بعد مرتبة الفاعل. فاذا قدمته في اللفظ كان مؤخرا في النية والتقدير）。[3]

从语法学家的分析中可以看到，他们对主语和宾语位置关系的描述是直截了当的。他们把主语在宾语前视为一种理所应当的基本语序，并允许宾语前置于主语。值得指出的是，有一类现象促使他们对主语—宾语的语序做出了更为详细的解释。

在阿拉伯语中，主语一般体现主格词尾，宾语体现宾格词尾。但并不是所有名词都是变形名词（اسم معرب）。当句子的主语和宾语都是定形名词（اسم مبني）时，两者在句中的句法关系便无法从形式上得到区分。伊本·吉尼在《特征》中说道：

---

[1] ابن أبي الربيع, البسيط :1 276.
[2] السكاكي, مفتاح: 236.
[3] الجرجاني, المقتصد 1: 330, 332. 关于主语在宾语前的其他描述，见ابن يعيش, شرح 2: 320; ابن عصفور, شرح 2: 13. 其中，伊本·叶伊什从代词的角度论证了主语在宾语前的语序。即当主格连接代名词和宾格连接代名词同时与动词相连时，前者必须在后者前，如ضربته、ضربتك、ضربني等。他认为，主格代名词与动词相连时出现在其他代词之前再一次说明主语是动词的一部分。因为它改变了动词的结构，与动词融为一体，就像动词词型中的一部分（اذا كان يغير بناءه حتى يختلط به، كأنه من صيغته）（ابن يعيش, شرح 2: 320）。

(13) فإن قلت: فقد تقول ضرب يحيى بشرى، فلا تجد هناك إعرابا فاصلا، وكذلك نحوه، وقيل: اذا اتفق ما هذه سبيله، مما يخفى في اللفظ حاله، ألزم الكلام من تقديم الفاعل، وتأخير المفعول، ما يقوم مقام بيان الإعراب.①

［如果你提出：可能有人会说 ضرب يحيى بشرى（叶海亚打了布希拉），在类似这样的句子中找不到区分句子成分的格位信息。那么我会回答：如果遇到这种句子的含义在字面上不能体现的情况，句子的主语必须在前，宾语必须在后。这样（的语序）可以代替格位分析表明句子的含义。］

伊本·吉尼的观点十分明确：当一个句子中的名词词尾不能反映它们在句中的句法地位，且句中也没有其他句法标记或语义特征可以帮助辨析句义时，为了使句义明确，必须认为主语在前，宾语在后。他紧接着指出，如果句子有其他形态标记能够帮助区分句子的主语和宾语时，如 ضرب يحيى نفسَه بشرى、ضرب البشريين اليحيون、كلّم هذا هذا、ضربتُ هذا هذه、أكل العاقل معلى بشرى，或者句子的语义关系能够反映句子的句法关系时，如 يحيى كمثرى（叶海亚吃了生梨），那么句子主语和宾语的位置仍能发生变化。②

伊本·吉尼的描述中出现了阿拉伯语语法传统中的一个重要概念——格位标识（إعراب）。语法学家从两个层面对这一概念进行了界定：（1）格位标识的目的是明确句义；（2）格位标识是连接形式和功能的手段。对于第一个层面，伊本·瓦拉格指出：إعراب的本意是"说明、阐明"。对话语进行说明、阐明就是指阐明它的意义……如果不对名词做格位标识，它们的意义会混淆（产生歧义）……因此需要通过格位标识消除歧义（أصل الإعراب هو الإبانة، والإعراب إنما يدخل في الكلام للإبانة عن المعاني）

---

① ابن جني, الخصائص 1: 35.

② ابن جني, الخصائص 1: 35.

第一章 基本语序和句型

①宰加吉则提到：如果对话语进行格位标识是为了区分意义，那么每一种意义都应对应一种可以证明它的格位标识。除非格位标识消失了，否则意义便不会消失（فلو كان الإعراب إنما دخل الكلام للفرق بين المعاني، لوجب أن يكون لكل معنى إعراب يدل عليه لا يزول إلا بزواله）。②而朱尔加尼在《奇迹例证》中对إعراب的描述则多了一丝文学色彩：字面的意义是封闭的，直到格位标识将它打开。字面的目的是隐藏的，直到格位标识将其揭示。格位标识是反映话语优劣的标准，也是判断句义正误的准则（كان قد علم أن الألفاظ مغلقة على معانيها حتى يكون الإعراب هو الذي يفتحها، وأن الأغراض كامنة فيها حتى يكون هو المستخرج لها، وأنه المعيار الذي لا يتبين نقصان كلام ورجحانه حتى يعرض عليه، والمقياس الذي لا يعرف صحيح من سقيم حتى يرجع إليه）。③至于格位标识作为连接形式和功能的手段，则体现在它与变因理论的关系上。对此，宰加吉指出，对话语进行格位标识是为了区分主语和宾语、从属和所属、正次和偏次等不同句子成分。区分的方法就是通过名词和现在式动词词尾不同的读音符辨别它们在句中的意义（或功能）。造成词尾不同的原因则是它们受到支配词的支配。④此外，除了上文提到的一种解读，朱尔加尼在他的另一部作品中也对格位标识进行了释义。在这种解读中，他在格位标识、明确句义和支配作用三者之间建立了关联。他从إعراب一词的本义出发，指出它拥有澄清意义（إيضاح المعاني）和消除错义、避免模糊（إزالة الفساد ورفع الإبهام）两方面的含义。随后他说：

---

① الوراق, ابن: علل: 142-143.
② الزجاجي, الإيضاح: 70.
③ الجرجاني, دلائل: 28.
④ الزجاجي, الجمل: 260-262.

(14) فان الإعراب في الحقيقة معنى لا لفظ. ولهذا قال: الإعراب: أن تختلف أواخر الكلم لاختلاف العوامل [...] وليس الاختلاف بلفظ، وإنما هو معنى [...] فإن اختلاف الحركة وكونها مرة ضمة، وأخرى فتحة وثالثة كسرة ليدل هذا الاختلاف على معان مختلفة، إعراب.①

[格位标识实际是意义/功能（的概念）而不是形式（的概念）。因此，格位标识是指单词词尾因支配词的不同而产生不同……这种不同不是形式的不同，而是意义的不同……（词尾）动符有时标合口符，有时标开口符，有时标齐齿符，这些不同所表明的意义上的不同才是格位标识。]

在强调格位标识是以词尾符号的不同为手段对意义做出区分后，朱尔加尼以 مررت بزيد、رأيت زيدا、جاءني زيد 三个句子为例，提出格位标识的三个要素：单词在格位上需体现出不同，这种不同出现在单词的词尾，并且是由支配词的不同导致的。②

可以看到，格位标识是阿拉伯语语法传统中区分句法关系，说明句子成分之间支配关系的手段。句子中的哪个成分充当主语，哪个成分充当宾语，一般可以通过格位标识得出。但是，当这一手段失去作用时，主语和宾语的区分就需要通过其他方式进行，比如上文中伊本·吉尼提到的句子其他成分的形态标记，或句子的语义特征。艾斯特拉巴齐把前一种方式称为字面语境（القرينة اللفظية），把后一种方式称为意义语境（القرينة المعنوية）。③当这些手段也无法辨别主语和宾语时，语序便成了最

---

① الجرجاني, المقصد 1: 98.

② الجرجاني, المقصد 1: 97-100. 朱尔加尼还指出，虽然 من زيد、من الرجل、من ابنك、من 中也体现出了尾符的变化，但这种变化不是由支配词带来的，因此它不属于格位标识的范畴（الجرجاني, المقصد 1: 99）。有关格位标识在阿拉伯语语法传统中的地位与作用的分析，参考 المهيري, 1993: 55-63。

③ الأستراباذي, شرح 1: 190-191.

第一章 基本语序和句型

后的依靠。①主语—宾语的语序此时变成像格位标识那样用来明确意义，避免句子产生歧义（أمن اللبس）的工具。一些语法学家对主语—宾语语序的这一作用进行了描述。他们指出，主语和宾语只有在不会造成歧义的条件下才允许发生提前与后置。当两者的语序变化会对理解句子含义造成影响时，主语必须在前，宾语必须在后。②伊本·叶伊什提出，如果（句子成分）不存在格位标识（上的不同），就不存在提前和后置的变化空间（لم يوجد من الاتساع بالتقديم والتأخير ما يوجد بوجود الإعراب）。③

至此，可以发现语法学家对主语和宾语的语序既进行了直接的描述，又从格位标识的角度把主语在前、宾语在后的语序视为一种明确意义、体现两者各自句法地位的手段。结合语法学家提到的动词必须在主语之前的观点，和此处主语前置于宾语的倾向，似乎可以推断，在阿拉伯语语法传统的理论框架中，动词—主语—宾语，至少在动词句中，反映了一种基本语序。然而，在中世纪的语法古籍中几乎找不到任何类似的描述。伊本·叶伊什的说法：动词的位置应该在首位，主语的位置应该在其后，宾语的位置应该在最后（فإذا رتبة الفعل يجب أن يكون أولا، ورتبة الفاعل أن يكون بعده، ورتبة المفعول أن يكون آخرا），属于较为少见的对三者间语序的直接表述。④而即使是这样的措辞，也只是说明动词、主语和宾语之间的一种较为常见或常规的位置关系，并没有直截了当地表明这种位置关系就是

---

① 伊本·艾比·拉比厄列举了五种区分主语和宾语的手段，分别是格位标识、主语或宾语的同格成分、动词的阴性标志、语义、主语—宾语的语序（البسيط ,ابن أبي الربيع 1: 279-280）。

② 271 :علل ابن الوراق; 97-98 :الحلل البطليوسي; 245-246 :2 الأصول ,ابن السراج; 118 :3 المقتضب ,المبرد; 2: 259-260 همع ,السيوطي; 1: 163, 164 شرح ابن عصفور; 1: 337 شرح ,الأستراباذي; 4: 297 شرح ,ابن يعيش.

③ شرح ,ابن يعيش 1: 196-197.

④ شرح ,ابن يعيش 1: 203.

阿拉伯语中的基本语序。①另外，从语法学家对三者间语序的分析中可以归纳出一个特点。他们普遍把动词和主语，主语和宾语的语序分开进行论述。这种情况下，动词在主语前、主语在宾语前这两种语序倾向是相对明确的。而他们之所以选择这样的论述方式，很可能是由于动词和主语的语序可以通过支配关系得到明确的界定，而主语和宾语的语序在句法上没有受到这样严格的限制，因此需要借助其他角度对两者的基本语序进行说明。

在结束这一小节的讨论前，有必要提到一个关于主语与宾语语序的特殊观点。伊本·吉尼在《特征》中提出，宾语提到主语前在阿拉伯语中很常见（المفعول شاع وكثرة تقدمه على الفاعل）。他在论述时引用法里西的观点，后者指出：宾语在主语前是一种独立的（语序）模式，就像主语在宾语前那样，尽管主语在前更常见，كما）إن تقدم المفعول على الفاعل قسم قائم برأسه، كما(。②伊本·吉尼指出，由于这种常见性，宾语在主语前可以被视为它本身的位置。即使宾语后置了，它在本质上也是位于主语前的（حتى إنه اذا أخر فموضعه التقديم）。对此，他以حاتم بنُ عديٌّ ربُّه جزى（安拉奖励了阿蒂亚·本·哈蒂姆）这个句子为例，认为该句的底层结构是جزى عدي بن حاتم ربُّه。换言之，伊本·吉尼认为宾语—主语的语序同样可以被视作一种基本语序。他明确地表示：由于宾语提前的现象持续发生且常见，以至宾语在前和主语在后都代表了本质（基本语序）يصير تقديم المفعول لما استمر وكثر كأنه هو الأصل، وتأخير الفاعل كأنه）
هو الأصل أيضا(。③

伊本·吉尼的观点在阿布·哈扬和苏尤提那里得到了呼应。前者同

---

① 对此，一个可能提出的质疑是，为什么当同时涉及动词、主语和宾语的语序时，语法学家很少选择用أصل、حد等词进行说明？
② ابن جني, الخصائص 1: 295.
③ ابن جني, الخصائص 1: 294-297.

样指出，宾语提前因为常见而被视为本质（فجعل لكثرته كالأصل），①后者则对两人的观点进行了总结。②不过，伊本·吉尼的观点与大部分语法学家的意见相左。他们并不像伊本·吉尼那样认为宾语—主语的语序也能被视为基本语序。根据他们的观点，由于جزى ربُهٗ عدي بن حاتم一句的表层结构体现的是动词—主语—宾语的基本语序，所以它的底层结构和表层结构在语序上是相同的，这便导致该句在表层和底层结构中都出现了后指代词，这种情况是语法学家普遍不允许的。伊本·叶伊什就对伊本·吉尼的观点提出了反对意见。他明确指出后者的分析与大众相反（خلاف ما عليه الجمهور），并认为该句中的代词هاء实际指代的是动词的词根（جزاء جزى رب الجزاء）。③通过这种解读，伊本·叶伊什避免了代词后指的问题。④

四、起语和述语的位置关系

起语与述语的基本语序粗看之下似乎是不言而喻的。起语（مبتدأ）的根母ا – د – ب暗示了它是句子的开端，位于句首。这一点在西伯威对起语的定义中就能得到证明：起语指所有句子以它开头，并建立在它之上的名词（فالمبتدأ كل اسم ابتدئ ليبنى عليه كلام）。⑤在描述起语和述语的位置关系时，西伯威说：起语在首位，建立在它之上的成分在其后……（两者语序的）标准是起语在前（فالمبتدأ الأول والمبني ما بعده عليه [...] الحد فيه أن يكون الابتداء

---

① التذييل, أبو حيان 2: 265.
② همع, السيوطي 1: 230-231.
③ شرح, ابن يعيش 1: 203.
④ 关于伊本·吉尼就宾语前置于主语所做的分析，参考Peled, 1992b: 105-109; Peled, 2009: 62-63。
⑤ كتاب, سيبويه 2: 126.

（فيه مقدما）。①

　　西伯威的描述中有两点需要注意。第一，西伯威把述语称为مبني عليه（建立在起语上的成分）；②第二，ابتداء（起首结构）一词被西伯威用来表示起语。后一种用法也出现在其他语法学家的描述中。比如，穆巴里德也曾把ابتداء用作起语之意：主格是根本，没有主格成分不能成句，如起语和述语，动词和主语（中都因有主格成分而能成句）（الأصل الرفع，）（وهو الذي لا يتم الكلام إلا به، كالابتداء والخبر، والفعل والفاعل）。③他的另一处表述是：句中承担主语和谓语功能的两个成分相互不可或缺，比如قام زيد，起语和述语（المسند والمسند إليه هما ما لا يستغني كل واحد من صاحبه. فمن ذلك: قام زيد، والابتداء وخبره）。④

　　西伯威之后的语法学家也讨论了起语和述语的语序问题。同在描述

---

① سيبويه, كتاب 2: 126-127. 黛耶（Dayyeh）对该句中的أول一词进行了分析。她认为西伯威并没有用أول表示具体的位置，而是用它表示地位或状态。在西伯威对起语的另一处描述中，他把起语的首要地位与数词、定指性做了类比：起语是首要的部分，就像"一"是第一个数词，泛指（的地位）在确指前那样（فالمبتدأ أول جزء كما كان الواحد أول العدد، والنكرة قبل المعرفة）（سيبويه, كتاب 1: 24）。根据这种解读，黛耶认为起语并不一定是位于句子开头的单词，而是指句子构建的基础。只是作为这种基础，起语的标准、常态（حد）是位于句子的开头，但并非一定如此。（Dayyeh, 2019: 113-114）。这一观点可以在其他语法学家的描述中得到验证。比如，朱尔加尼在对起语和述语进行定义时就明确指出，起语并不是因为第一个被说出才是起语，述语也并非在起语后被提到才是述语。起语之所以为起语，是因为它承担主语的功能，句子的意义为它而确定（لأنه مسند إليه ومثبت له المعنى）。而述语之所以为述语，是因为它承担谓语的功能，句子的意义通过它而确定（لأنه مسند ومثبت به المعنى）（الجرجاني, دلائل: 189）。另外，起语并不一定位于句首不仅不会推翻起语—述语的语序作为基本语序的存在，还能从反面印证这一点。在起语允许后置、述语允许提前的情况下，起语在前、述语在后的语序本身已经作为一种初始或常规的状态，被用来解释两者语序上的变化。

② 对عليه مبني—词的研究，见Levin: 1985b。

③ المبرد, المقتضب 1: 383。

④ المبرد, المقتضب 4: 126. 其他用ابتداء表示起语的例子，见المبرد, المقتضب 3: 113; الفارسي, العسكرية: 126, 127; الفارسي, العضدي: 43。

第一章 基本语序和句型

动词和主语，主语和宾语的语序时一样，他们也使用أصل、حق等词来说明起语在述语前是基本语序。① 朱尔加尼直接指出，述语的位置在起语后。即使述语提前了，它原本的位置也是在其后（النية به التأخير）。② 稍有不同的是伊本·欧斯福尔的表述。他说：如果两个名词都是主格，其中一个必然会跟在另一个之后。而起语出现在述语前，就像被跟随的成分在跟随它的成分前（فإن كانا مرفوعين لم يكم بد من أن يكون أحدهما متبوعا والآخر تابعا）。（والمبتدأ مقدم على الخبر والمتبوع أيضا مقدم على التابع）。③

另一个证明起语在前，述语在后是更为常见的语序的观点是：当起语和述语都确指时，在前的成分被视为起语。如果说主语和宾语无法通过格位区分时，一般认为主语在前。那么当起语和述语无法通过定指性分辨时，即在两者都为确指（或在极少时候都为泛指）的情况下，一般认为起语在前。伊本·叶伊什对这两种情况进行了比较：

(15) وإذا كان الخبر معرفة كالمبتدأ، لم يجز تقديم الخبر، لأنه مما يشكل ويلتبس، إذ كل واحد منهما يجوز أن يكون خبرا ومخبرا عنه، فأيهما قدمت كان المبتدأ، ونظير ذلك الفاعل والمفعول إذا كانا مما لا يظهر فيهما الإعراب، فإنه لا يجوز تقديم المفعول، وذلك نحو: ضرب عيسى موسى.④

〔如果述语也和起语一样是确指的，则不允许提前述语，因为这会造成歧义。在起语和述语都能充当句子的谓语和主语时，在前的成分是起语。类似的情况是当主语和宾语无法通过格位标识分辨时，宾语不允许提前，比如ضرب عيسى موسى（伊萨打了穆萨）（这样的句子）。〕

可见，起语—述语的语序此时和主语—宾语的语序类似，在发生形态标记无法对两者进行区分的情况时，起到确定句法地位和阐明句义的

---

① الأستراباذي, شرح 1: 229, 248; السكاكي, مفتاح: 86。
② الجرجاني, المقتصد 1: 302. 朱尔加尼认为述语应当在起语后的原因是，如果听话者不知道被陈述的对象是什么，那么述语作为陈述的内容便没有意义（لم يستفد من الخبر شيء）。
③ ابن عصفور, شرح 2: 15.
④ ابن يعيش, شرح 1: 247-248.

作用。一些语法学家甚至把这一现象归入起语必须在述语前的情况。①不过，后期的语法学家在对他们的观点进行评论时提出了不同见解。比如，艾斯特拉巴齐和伊本·阿齐勒分别对伊本·哈吉布和伊本·马立克的描述进行了补充。两者引用两个相同的例子，指出在可以明确知道起语（和述语）的语境中（قيام القرينة المعنوية الدالة على تعيين المبتدأ），起语可以后置于述语。第一个例子是أبو حنيفة أبو يوسف（阿布·哈乃斐像阿布·尤素福），第二个例子是بنونا بنو أبنائنا（我们的孙辈就像我们的儿辈）。如果说话者想把阿布·哈乃斐比作阿布·尤素福，把孙辈比作儿辈，那么两个句子中的أبو يوسف和بنونا都可被视作提前的述语。他们认为，在本体和喻体明确的情况下，起语并不一定要在述语前。②

至此，似乎可以得出起语在述语前是语法学家所认定的一种基本语序。但在中世纪语法著作中，语法学家除了对起语和述语的位置关系进行描述外，还花费大量笔墨分析两者间的支配关系。相较于起语在前、述语在后的语序，他们在什么是两者的支配词这一点上存在更多的分歧。对此，下文将试图论证：尽管语法学家在起语和述语支配词的问题上各执一词，但他们（主要指巴士拉学派）的观点仍能和上文中提到的支配词的位置在被支配词前这条规则在总体上保持一致。只是，对这一规则的理解需要做出一点改变，以使起语—述语的语序可以从支配关系的角度得到解释。

在讨论巴士拉派的观点之前，先来看库法派对该问题的见解。这一学派的语法学家认为，起语和述语相互支配。这显然与支配词在被支配词前的规则相矛盾。因为如果起语和述语分别是对方的支配词，那么两者中的任意一个都应该处于另一个之前。这导致一个名词在句中的位

---

① أبو :16؛ الكافية, ابن الحاجب :87-89؛ ألفية, ابن مالك :1: 353, شرح, ابن عصفور :2: 521؛ مغني, ابن هشام؛ كما التذييل, حيان 3: 336, 338.

② 1: 233-234. شرح, ابن عقيل 1: 257-258؛ شرح, الأسترآباذي

第一章 基本语序和句型

置既应该在前，又应该在后。伊本·叶伊什把这种情况称为不可能的（محال）。①他提出的另一个理由是：如果起语和述语已经相互支配，那么在إنّ类虚词、كان类残缺动词和ظنّ类心意动词附加到名词句结构上后，它们就不应再对两者进行支配了。但事实是这些成分仍对两者起支配作用。②伊本·马立克的观点则与伊本·叶伊什的第一个理由类似。他指出：如果起语和述语是相互支配的关系，那么它们在句中的初始位置（رتبة أصلية）都是在对方之前。因此，صاحبها في الدار（房主在屋子里）和في داره زيد（宰德在他家里）两个句子都应被允许。但语法学家普遍不允许前一个句子，这说明述语在前并不是它的初始位置。③

相比之下，巴士拉学派的观点更为复杂。尽管他们普遍认为起首结构（ابتداء）是起语的支配词，但对于这一术语究竟表示什么概念存在不同意见。该词在《西伯威书》中可以得到两种解读。西伯威首先用ابتداء表示一种句子结构。他把إنّ类虚词和كان类残缺动词引导的句子都称作处于起首结构地位（بمنزلة الابتداء）的句子。④随后他又指出，如果名词句中原本的起语受到其他支配词支配，如句子由منطلق عبد الله（阿卜杜拉离开了）变成رأيت عبد الله منطلقا（我看见阿卜杜拉离开了），那么起语便不再是起语。在有这些支配词存在的情况下，句子便不再是起首结构了，除非

---

① ابن يعيش, شرح 1: 222.——محال 一词在《西伯威书》中指形式和意义上都不正确的表达，如سآتيك أمس（我昨天将去你那儿）(سيبويه, كتاب 1: 25)。伊本·叶伊什此处所用的محال则应取其字面意。

② ابن يعيش, شرح 1: 222.

③ ابن مالك, شرح 1: 272. 关于库法派的观点及他们提出的理由，见الأنباري, الإنصاف 1: 44-46; أبو حيان, التذييل 3: 264-265. 阿布·哈扬在他的作品中对起语和述语的支配词进行了十分详细的总结。他在最后指出自己支持库法派的观点。原因是他认为支配词在本质上应该是字面的（أصل العمل إنما هو للفظ），而巴士拉派语法学家提出的起语的支配词都是意义的（أبو حيان, التذييل 3: 266-270）。

④ سيبويه, كتاب 1: 23.

把它们舍弃（لا تصل إلى الابتداء ما دام مع ما ذكرت لك، إلا أن تدعه）。① 而在第二种解读中，西伯威明确地把ابتداء视为起语的支配词（ارتفع المبتدأ بالابتداء）。②

  后来的一些语法学家接受了西伯威的观点，但他们对起首结构做了进一步说明。莱文（Levin）在他的研究中指出，语法学家并不认为起语因出现在句首而处于主格地位，而是因为这一位置赋予了起语一些语法特征，这些特征使起语成为主格。莱文提到两种语法特征：（句首的位置使得）起语不受其他支配词的影响，和起语（作为句子的主语）被指派谓语成分。③他的观点基本概括了语法学家对起首结构的解释。起语不受其他支配词影响在阿拉伯语语法传统中的表达是"无字面或明显的支配词"（التعري من العوامل اللفظية/الظاهرة），如动词、介词、إنّ类虚词、كان类残缺动词等。一些语法学家对起首结构作此解，并把这一特征视为起语处于主格地位的原因。④至于起语被指派谓语成分，则是从主谓关系的角度为起语设定的一种功能。起语因该功能成为主格的观点则要追溯到阿布·伊斯哈格·宰加吉（أبو إسحاق الزجاج, 855-923）。他认为由于起语必须要求述语对其进行陈述、谈论，这一功能支配了起语的主格地位。⑤

---

① سيبويه, كتاب 1: 24. 正是基于这种描述，本书中把ابتداء一词译为起首结构。
② سيبويه, كتاب 1: 23-24, 81; كتاب 2: 127.
③ Levin, 1995: 222-223.
④ ابن 47-48: المفصل, الزمخشري 29: العضدي, الفارسي 2: 456; شرح السيرافي 4: 126; المقتضب, المبرد 1: المقتصد, الجرجاني 11; الجمل, الجرجاني 64; العوامل, الجرجاني 29; اللمع, ابن جني 263; علل الوراق 1: شرح, ابن عصفور 145-146; الحلل, البطليوسي 1: 46; الإنصاف, الأنباري 67-68; أسرار, الأنباري 214; 340, 356; التذييل, أبو حيان 1: 223; شرح, ابن يعيش 3: 261-262. 语法学家为了解释无字面支配词可以作为起语的支配者打了一个巧妙的比方：如果有两件一样的白衣服需要将它们区分开，只需把其中一件染成黑色。新染的黑色可以作为区分的标记，此时原来没有标记的白衣服也成了一种标记。无字面支配词好比没有标记的白衣服，因此也能作为一种支配成分（الإنصاف 1: 46; أسرار, الأنباري 68; علل, ابن الوراق 263）。
⑤ شرح, ابن يعيش 1: 223; 146; الحلل, البطليوسي 264; علل, ابن الوراق. 巴特尤西同样认为起语的主格格位是由它的功能支配的，但他把这种功能归结为说话者对起语的关注和重视（البطليوسي, الحلل 147:）（المعنى الرافع له عناية المتكلم واهتمامه）。

伊本·欧斯福尔对起首结构的描述言简意赅，他说：

(16) الابتداء هو جعل الاسم أول الكلام لفظا أو تقديرا، معرى من العوامل اللفظية لتخبر عنه.[①]

［起首结构让名词在表层或底层结构中位于句首，使其无字面支配词，并被陈述。］

这句话清晰地展示了关于起首结构和起语的三个要点：（1）起首结构使名词不受字面支配词的影响；（2）受起首结构支配的名词（即起语）并不一定在表层结构中位于句子开头（可以后置）；（3）该名词需被指派谓语成分。

至于述语的支配词，语法学家的观点主要分为三种：述语由起首结构支配，述语由起语支配，以及述语由起语和起首结构共同支配。[②] 其中，安巴里和伊本·叶伊什均认为述语的支配词是起首结构，但后者并不直接支配前者，而是通过起语对其进行支配（بواسطة المبتدأ）。[③] 较为特殊的是伊本·欧斯福尔的观点。他认为述语的支配词和起语一样，也是无字面支配词。但他没有直接把起首结构称为述语的支配词。[④]

从上述对起语和述语支配词的总结中可以看到，起语和述语的支配词可以都是起首结构。在阿拉伯语语法传统中，起首结构被定义为意义（或抽象）支配词（عامل معنوي）。它的特点是在语音层面无表现形式（لا حظ اللسان فيه）。[⑤] 或者说，起首结构在句子的表层结构和底层结构中都不出现。对于这样的支配者，有理由认为没有必要将其纳入支配词在被支

---

① شرح ابن عصفور, 1: 340.

② 关于述语支配词的讨论，见 كتاب سيبويه, 2: 127; المقتضب المبرد, 4: 12, 126; شرح السيرافي, 2: 457; العوامل الجرجاني, 64; اللمع ابن جني, 29; علل ابن الوراق, 263; المفصل الزمخشري, 48; شرح ابن يعيش, 1: 355-357; شرح ابن عصفور, 1: 46-47; الإنصاف الأنباري, 76; أسرار الأنباري, 1: 11; الجمل, 1: 223-224; التذييل أبو حيان, 3: 257-261, 264.

③ شرح ابن يعيش, 1: 224, 229; الإنصاف الأنباري, 1: 46-47; أسرار الأنباري, 76.

④ شرح ابن عصفور, 1: 357.

⑤ العوامل الجرجاني, 64; المقتصد الجرجاني, 1: 213.

配词前这一规则的解释范围。而真正对该规则形成"威胁"的是另外两种观点,即把起语的支配词视为起首结构,把述语的支配词视为起语;和把起语的支配词视为起首结构,把述语的支配词视为起语和起首结构。伊本·吉尼注意到这一问题,他认为:

(17) فليس في الدنيا مرفوع يجوز تقديمه على رافعه. فأما خبر المبتدأ فلم يتقدم عندنا على رافعه؛ لأن رافعه ليس المبتدأ وحده، إنما الرافع له المبتدأ والابتداء جميعا، فلم يتقدم الخبر عليهما معا، وإنما تقدم على أحدهما وهو المبتدأ. فهذا لا ينتقض. لكنه على قول أبي الحسن مرفوع بالمبتدأ وحده، ولو كان كذلك لم يجز تقديمه على المبتدأ.①

[这世上不存在主格成分能提到使它成为主格成分(的支配词)前的情况。而述语并没有提到它的主格支配词前,因为它的支配词不只是起语,而是起语和起首结构。述语并没有提到两者之前,只是提到其中的起语前。这是无异议的。但阿布·哈桑认为述语的支配词只是起语。若如此,那么述语便不允许提到起语前了。]

伊本·吉尼没有把起语和起首结构视作一个整体对述语进行支配,而是将两者拆开进行解读。这帮助他解释了在述语的支配词是起语和起首结构时,述语作为被支配词没有完全提到它的支配词前,从而使得起语和述语的语序变化在这种情况下仍在支配词在被支配词前这条规则的解释范围内。而伊本·吉尼未能解释的是述语的支配词是起语的情况。他直接指出,此时起语和述语的语序若仍需符合他提出的主格成分不能提到它的支配词前的规则,那么述语便不允许提到起语前。然而,这与实际的语言使用情况不相符。

事实上,正是由于述语可以提到起语前,对述语的支配词持其他观点的语法学家便认为起语不应做述语的支配词。②但若对支配词的位置

---

① ابن جني, الخصائص 2: 385.
② التذييل 3: 258; أبو حيان, شرح 1: 357; ابن عصفور

在被支配词前这一规则重新进行解读，即不把它视为一条绝对的、强制性的规则，而是把它理解为关于支配词和被支配词在句中位置的倾向：支配词在句中倾向于出现在被支配词前。或者说，支配词的本质（或初始位置）是在被支配词前。此时，当把述语的支配词视为起语，述语可以提到起语前的现象仍能得到解释。因为当支配词不被要求必须位于被支配词前时，述语提到其支配词起语前的现象便不再受到制约。同时，这种新的解读较之之前还拥有更强的解释力。它可以将句子的非必要成分也纳入其中，为动词倾向于出现在宾语、状语、区分语等成分前的现象也提供理论上的依据。如果要为这一新的解读提供证据，那便是语法学家在描述支配词和被支配词的位置关系时，没有使用类似不允许（لا يجوز）、禁止（امتنع）等"强烈"的词语对两者的位置关系进行严格地限定，而是选择أصل、حق等更为"温和"的表达。在这样的语境下，起语—述语、动词—主语的语序都能被视作符合支配词在被支配词之前这一倾向的基本语序。唯一的区别在于，动词和主语间的支配关系相比起语和述语间的更为明确，所以动词—主语的语序在支配关系中受到的约束更严格，以至动词在主语前的倾向在中世纪阿拉伯语语法理论中成为一条基本原则。

五、基本语序的判断标准

在上文有关动词和主语、主语和宾语、以及起语和述语语序的讨论中，أصل、حد、حق、وجه和نية都曾被用来表示这三对成分基本的、标准的位置关系。西伯威在描述宾语和动词的语序时，把宾语建立在动词之上也称为حد。①西拉菲对此解释道：西伯威所说的حد，就是指宾语位于（动

---

① سيبويه, كتاب 1: 80.

词）后是基本、是标准（هو الأصل والوجه. يعني: تأخر المفعول هو الأصل والوجه）①。由此可以推断，当这些词被语法学家用来描述句子成分的语序时，它们所表达的意思是相近的。这其中最常见的是أصل。

巴尔贝基在他的研究中提出了أصل一词在《西伯威书》中可能表示的五种含义。其中和语序有关的一种是：أصل表示标准的、常态的、在实际使用中出现频率更高的结构。②佩莱德则认为，أصل代表无标记（unmarked）的结构，与有标记的（marked）相对。③在佩莱德之前，欧文斯对阿拉伯语中的标记现象已经做了研究。④他把أصل释义为无标记的、基本的，把فرع释义为有标记的。另外，欧文斯还把حق一词也放在标记现象中进行解释。他引用弗斯戴对حقوق一词的解读，指出句子成分在未标记的状态下拥有某些"权利"，在一些特殊情况下它会获得其他"权利"，此时它成为有标记的成分。⑤

根据现代学者对أصل等词的解读，结合上文提到的中世纪语法学家对语序问题的相关描述，可以得出：动词—主语、主语—宾语和起语—述语的语序是阿拉伯语中三种基本的、无标记的语序。但这样的结论似乎显得过于简单，就好像这三种语序模式在阿拉伯语语法传统中被视为基本语序，是因为语法学家就是这么描述的。它没有揭示语法学家之所以

---

① شرح السيرافي, 1: 372. 莱文把西伯威所用的حد الكلام和وجه الكلام理解为话语的普通形式（the ordinary way of speech）（Levin, 1979: 211）。

② Baalbaki, 1988: 164. 巴尔贝基还提到西伯威把وجه、حد和أصل作为近义词使用的例证（见سيبويه, كتاب 3: 270, 274）。三词同时和表示"违背、偏离"的معدول عن一同出现，表示一种现象与它的标准或基本不相符（Baalbaki, 1988: 167）。另外，巴尔贝基把وجه解释为两种可能的话语中更好的那个（the better of two possible utterances（Baalbaki, 1988: 167）。

③ Peled, 2009: 54.

④ Owens, 1988: 199-226.

⑤ Owens, 1988: 200; Versteegh, 1978: 262. 后者把حقوق释义为句子成分在形态和句法位置上具备的特征。失去这些特征，或被（暂时）赋予其他特征必须得到解释。

把它们称为أصل，把它们视为基本语序，是基于何种标准。

在对语法学家的分析做进一步审视后，有两种标准可以被归纳。首先是频率（frequency）标准。①伊本·吉尼在论述宾语—主语的语序时，指出这样的现象出现得多（ساع وكثرة），因此也可被视作一种基本语序。②同时他也承认，相对而言，主语在宾语前更为常见。不过，语法学家在描述阿拉伯语的基本语序时，很少直接指出动词—主语、主语—宾语和起语—述语的语序在数量上占据优势，或是出现频率更高。在这一方面，语法学家几乎无一采用定量的、统计的研究方法。在他们的著作中很难捕捉到定量分析的痕迹。认为他们在判断基本语序时采用了频率标准，也只是通过他们在论述时所用的كثر、شاع等词中推测得出的。

另一个标准是语用中性（pragmatic neutrality），或语用无标记（pragmatically unmarked）。③当主语和宾语、起语和述语两组成分各自之间无法通过格位或定指性区分，且句中无其他形态标记或语义特征可以把它们相区别时，这两组名词性成分必须被视为主语—宾语、起语—述语的语序。这一现象在现代学者定义阿拉伯语的基本语序时常被提及，但他们主要关注的是主语—宾语的语序，并将其视为阿拉伯语是VSO语言的有力证明。④其中，法赫里（Fehri）和穆罕默德（Mohammad）都把VSO语序视为语用上更中性的语序。⑤埃尔·亚辛（El-Yasin）的分析更为具体。他指出，当句中的两个非代词型名词性成分无法通过格位区分，

---

① 关于频率标准，见Steele, 1978: 587; Givón, 1991; Dryer, 1995。
② الخصائص, ابن جني 1: 295.
③ 关于语用中性标准，见Dryer, 1995; Smith, 1997: 10。
④ Bakir, 1979: 14-16; El-Yasin, 1985: 112; Thalji, 1986: 116-118; Fehri, 1993: 19-20; Mohammad, 1999: 49. 阿卜杜的观点有所不同。他认为，在格位标识无法分辨主语和宾语的情况下，主语在宾语前只能说明SO语序相比OS语序占优势。动词的位置此时是无关的（عبده, 48）。
⑤ Fehri, 1993: 19-20; Mohammad, 1999: 49.

且它们在定指性上相同，并且在句子不存在语义焦点（semantic focus）或不表达语义对比（semantic contrast）时，VSO语序被视作必须的语序（obligatory order）。①不过，与频率标准一样，语用中性标准在语法学家的论述中也并未得到十分直观的体现。西伯威在讨论宾语前置于主语（如ضرب زيدا عبد الله）和宾语前置于动词（如زيدا ضربته）的情况时都用到اهتمام（重视）和عناية（关注）两词。他认为说话者把他们认为更重要、更受关注的成分（即此处的宾语）提前了。两个句子原本的语序是ضرب عبد الله زيدا和ضربت زيدا。②从西伯威的描述中可以推测，当句中的主语位于宾语前时，句子在语用上不表示强调。但西伯威的例子仅限于说明主语—宾语的语序相对于宾语—主语在语用上更为中性，并没有涉及起语和述语的情况。同时，这种推测是逆向的，即通过宾语提到主语前时是为了表达对宾语的强调推断出宾语在主语后时句子不表示对宾语（或主语）的强调。这样的论证显然缺乏说服力。因此，与其把主语—宾语、起语—述语视为语用无标记的语序，不如根据语法学家的描述，把这两种语序视为在缺少格位标识或定指性区别的情况下，对句子成分的语法关系进行标识的手段。换言之，主语—宾语和起语—述语的语序模式和主格与宾格、确指与泛指一样，可以作为确定句法地位的一种形式标记。通过这种方式使得这两组语序被视为基本语序。

事实上，语法学家在分析句子主要成分的基本语序时并没有特意关注它的判断标准。无论是频率标准还是语用标准，都只能在他们的论述中以一种间接的、隐晦的方式推论得出。这反映出阿拉伯语语法传统在分析和解释基本语序时与现代理论，特别是类型学理论之间的不同。相对于展示从语料中归纳得出的数据和结果，语法学家更注重把句子主要

---

① El-Yasin, 1985: 112.
② سيبويه, كتاب 1: 34, 80-81. 西伯威提出的الاهتمام والعناية被后来的语法学家反复引用，这一原则与语序的关系将在第二章第二节中做更具体的分析。

成分的语序放在支配关系的框架中进行考察，并通过句法规则的限制和句子成分之间的语法关系在语法体系中各自拥有的地位说明它们在语序上呈现的倾向。这在他们论述动词和主语、起语和述语、主语和宾语三组成分的位置关系时都得到了体现。同时，在解释起语—述语、主语—宾语的基本语序时，他们把这两种语序视为明确句法关系的一种手段，以弥补其他形态或语义手段的不足对理解句义可能造成的影响。这种解读基本语序的方式尽管在一定程度上与语用中性标准相关，但它反映的不是判断基本语序的标准，而更多地是体现这两种语序本身在阿拉伯语语法理论中的优势地位。

第三节　句型

一、名词句与动词句

从上文关于基本语序的论述中可以发现，语法学家在分析该问题时，把动词和主语的位置关系与起语和述语的位置关系分开进行讨论。这种论述形式在他们分析阿拉伯语的句子类型时也得到体现。它反映的是阿拉伯语语法传统对于句子主格成分支配词的严格区分。

伊本·塞拉吉在讨论五种主格的名词时把主语列为其中的第三种，他说：

(18) الاسم الذي يرتفع بأنه هو الذي بنيته على الفعل الذي بني للفاعل [...] ومعنى قولي: بنيته على الفعل الذي بني للفاعل، أي: ذكرت الفعل قبل الاسم، لأنك لو أتيت بالفعل بعد الاسم لارتفع الاسم بالابتداء.①

［主语作为主格的名词，是你构建在动词之上的成分，而该动词又是为主语所构建的……我所说的"主语是构建在动词之上的成分，而该

---

① ابن السراج, الأصول 1: 72-73.

动词又是为主语所构建的"，意思是你先说动词，再说这个名词。因为如果你把动词放在名词后，这个名词就因起首结构而成为主格了。]

伊本·塞拉吉的描述可以理解为，当一个主格名词在句中做主语时，它的支配词必须是动词，且该名词必须位于作为其支配词的动词后。如果它提到动词前，它的主格支配词便成了起首结构，此时它便不能再被称作主语了。因此，"主语"一词在阿拉伯语语法传统中已经包含了由动词支配其主格，和位于动词之后这两层内涵。①伊本·塞拉吉在同一部著作中随后重申了主语不能前置于动词的规则：

(19) الفاعل لا يجوز أن يقدم على الفعل اذا قلت: ((قام زيد)) لا يجوز أن تقدم الفاعل فتقول: ((زيد قام)) فترفع زيدا بقام ويكون قام فارغا.②

[主语不允许提到动词前。如果你说 قام زيد（宰德站起来了），然后把主语提前（使句子）变成 زيد قام，并认为زيد因为قام成为主格，且قام中不包含主格代名词。这种说法是不允许的。]

动词位于主语前是因为它是主语的主格支配词，两者一起构成动词句。如果动词和主语发生语序上的倒置，那么倒置后位于句首的主格名词便不再是主语，动词也失去了对它的支配作用。此时这个句子便不能被称为动词句了。因此，زيد قام 在阿拉伯语中之所以不被视作动词句，不是由于位于句首的成分不是动词，其原因是句首主格名词的支配词不是动词。

另一位语法学家宰加吉从名词句的角度说明名词句与动词句主格成分支配词的不同。他指出：在名词句中，述语可以提到起语之前，但若该述语是动词时则不允许。因为当你把做述语的动词提到起语前时，起

---

① 参考朱尔加尼和伊本·艾比·拉比厄对主语的定义（الجرجاني, المقتصد 1: 78; ابن أبي الربيع, البسيط 1: 261）。

② ابن السراج, الأصول 2: 228.

第一章 基本语序和句型

语便因该动词而成为主格,起首结构的作用便消失了。[1]换言之,不能将قام زيد视为是把قام زيد中的述语قام提前的结果。因为在قام زيد一句中,قام不再是(提前的)述语。两个句子的成句方式完全不同:前者由动词和主语组成,后者由起语和述语组成。这种不同的根本原因是句中主格成分的支配词发生了变化,这一变化带来的结果便是两个句子在句型上的区别。

不过,宰加吉此处只说明做述语的动词的主语和起语在指称上一致的情况。قام زيد中قام的主语——由隐藏的主格代名词هو所指称的对象就是起语زيد。他并没有分析做述语的动词的主语和起语在指称上不一致时的情况,如قام زيد أخوه(宰德,他的兄弟站起来了)。安巴里对此做出了解释:

(20) من شرط الفاعل ألا يقوم غيره مقامه مع وجوده، نحو قولك: ((قام زيد)) فلو كان تقديم زيد على الفعل بمنزلة تأخيره لاستحال قولك: ((زيد قام أخوه، وعمرو انطلق غلامه)) ولما جاز ذلك دل على أنه لم يرتفع بالفعل، بل بالابتداء. والوجه الثاني: أنه لو كان الأمر على ما زعمت لوجب ألا يختلف حال الفعل، فكان ينبغي أن يقال: ((الزيدان قام، والزيدون قام)) كما تقول: ((قام الزيدان، وقام الزيدون)) فلما لم يقل إلا: ((الزيدان قاما، والزيدون قاموا))، دل على أنه يرتفع بالابتداء دون الفعل.[2]

[主语的条件是当它在句中出现时,其他成分不能占据它的位置。比如你说قام زيد(宰德站起来了),如果你认为زيد提前后的句子和它位于动词后的句子是等同的,那么你便不能说قام زيد أخوه(宰德,他的兄弟站起来了),或انطلق عمرو غلامه(阿穆尔,他的仆人离开了),但这样的句子却是允许的。这证明了(这两个句子以及قام زيد中)句首名词的主格格位不是由动词,而是由起首结构支配的。第二点是,如果事情是你所声称的那样,那么动词的(支配)情况便没有区别,即应该允许说الزيدان

---

[1] الزجاجي, الجمل: 37.
[2] الأنباري, أسرار: 83-84.

قام（两个宰德站起来了）和 الزيدون قام（宰德们站起来了），就像可以说 قام الزيدان和قام الزيدون那样。但事实是前两种表达是不允许的，应当说 الزيدان قاما和الزيدون قاموا。这（也）证明了（这两个句子以及 زيد قام 中）句首名词的主格是由起首结构支配的，而非动词。]

例（20）中的第一句话应当理解为：在一个出现主语的句子中，该主语不能被另一个与其指称不同的成分代替。因此，如果把 قام زيد 中的 زيد 视为主语，那么类似 قام زيد أخوه 的表达是不允许的。因为该句中 زيد 和 أخوه 在指称上不同，两者不能同时做主语。而在实际语言使用中这样的句子却是合乎语法的，这说明在 قام زيد أخوه 中，只能有一个主语——أخوه。句中的 زيد 不是主语，它的主格格位不由动词支配，而由起首结构支配。当 زيد 被理解为起语而非主语时，这个句子便不与"主语不能被与其指称不同的成分代替"的规则相矛盾了。

安巴里在例（20）中还提到了主语与动词的一致关系。他指出，如果 قام زيد 中的 زيد 是主语，那么当其变成双数或复数时，句中的 قام 应该与 قام زيد 中的 قام 一样，在主语发生数的变化时保持单数形式。但事实却是 زيد قام 中的 قام 需和 زيد 一样变成双数或复数。安巴里认为，两个句子在一致性上展现的不同证明了 زيد 在 قام زيد 与 زيد قام 中的不同句法地位。这是两个句子分属不同句型的又一个证明。①

动词与主语的支配关系以及动词前置于主语的规则对于理解动词句和名词句的区别有直接关系。动词句中的主语由动词赋予其主格，而名词句中的起语由起首结构赋予其主格。动词句与名词句中主格名词支配词的不同是两种句型最重要的区别之一。②但是，支配词的不同并不是决

---

① 相同观点见الجرجاني, المقتصد 1: 327, 328。
② 莱文认为，一些由类似动词的成分支配主格名词的句子也可被视作动词句。他还指出，中世纪语法学家对名词句和动词句的区分是建立在变因理论的基础上，纯粹从语法角度做出的（Levin, 1985a: 118, 123-124）。

定句子类型的唯一因素。譬如，不能说当一个句子中出现由动词支配的主格成分时，这个句子就是动词句。一个明显的反例便是安巴里提到的 زيد قام أخوه。该句中的 أخوه 由动词支配，但这个句子却是名词句。那么，还有什么因素会对句子类型的定义产生影响呢？

朱尔加尼在对句型进行描述时说道：

(21) فالكلام لا يخلو من جملتين: إحداهما: اسمية ك: زيد أخوك، وتسمى جملة من المبتدأ والخبر. والثانية: فعلية كقولك: خرج زيد، وتسمى جملة من فعل وفاعل. والمقصود بالاسمية أن يكون الجزء الأول اسما، وبالفعلية أن يكون الأول فعلا.①

[话语分两种句型：一种是名词句，如 زيد أخوك（宰德是你的兄弟）。这种句子由起语和述语组成。第二种是动词句，如 خرج زيد（宰德出去了）。这种句子由动词和主语组成。所谓名词句即（句子的）第一部分是名词，所谓动词句即（句子的）第一部分是动词。]

朱尔加尼此处用第一部分（الجزء الأول）来表示位于句首的成分，但他没有对该词做进一步分析，也没有回答类似"任何位于句首的成分是否都能决定句子的类型"这样的问题。实际上，如果对该问题的回答是肯定的，那么为何在中世纪的语法著作中不见有语法学家把虚词句定义为阿拉伯语中的一种句子类型呢？这一问题在伊本·希沙姆那里得到了解释，他使用的是另一个词——صدر:

(22) انقسام الجملة إلى اسمية وفعلية وظرفية. فالاسمية هي: التي صدرها اسم [...] والفعلية هي: التي صدرها فعل [...] والظرفية هي: المصدرة بظرف أو مجرور [...] مرادنا بصدر الجملة المسند والمسند إليه، فلا عبرة بما تقدم عليهما من الحروف [...] والمعتبر أيضا ما هو صدر في الأصل.②

[句子分为名词句、动词句和时空句。名词句即开头的成分是名词……动词句即开头的成分是动词……时空句则由时空语或介词短语

---

① المقصد, الجرجاني 1: 93.
② مغني, ابن هشام 2: 433-434.

开头……我们说的句子开头的成分指的是句中承担谓语和主语功能的成分，它不包括位于两者前的虚词……另外，开头的成分还指它在底层结构中位于句子开头。]①

伊本·希沙姆明确地指出，在确定句子类型时，只有مسند与مسند إليه在句中所对应的成分才可以被视为位于句首的成分。上文已经论证，阿拉伯语句子中充当مسند——句子谓语部分的成分是述语和动词，充当مسند إليه——句子主语部分的是起语和主语。伊本·希沙姆认为，如果句首的成分不在句中承担这两种功能，则它不影响对句子类型的判断。这也是为什么他把فأيّ آيات الله تنكرون、كيف جاء زيد وفريقا كذبتم وفريقا تقتلون等句子视为动词句。②因为أيّ、كيف、الله、فريق在句中分别做状语和宾语，这些成分不是句子的主语或谓语。尽管它们都是名词，但三个句子却都是动词句。同时，宾语和状语作为句子的次要成分，在底层结构中位于句子的主要成分主语和谓语后。在阿拉伯语语法传统中，句子的底层结构反映的是句子主要成分的基本语序动词—主语（—宾语）、起语—述语。这是这三个句子被视作动词句的另一个理由。另外，根据伊本·希沙姆的观点，只有当句首的成分在句中做主语或谓语时，它才能成为判断句子类型的依据。这也是为何他将虚词排除出了能够决定句子类型的句首成分。因为在阿拉伯语中，虚词本身既不能承担主语功能，也不能承担谓语功能。

基于伊本·希沙姆的分析，阿拉伯语中句首成分的词类与句子类型并没有直接关系。以名词开头的句子不一定是名词句，以虚词开头的句子并不被称作虚词句。能够成为判断句子类型的句首成分必须是句中做

---

① 时空句的问题将在下一小节中讨论。在描述句型时用到صدر、الأول、الجزء等表句首成分词语的其他语法学家包括伊本·欧斯福尔和安巴里（شرح ابن عصفور 1: 345; الأنباري, أسرار: 73）。

② ابن هشام, مغني 2: 434.

第一章 基本语序和句型

主语或谓语的成分。因此，如果把句子主格成分的支配词和句首成分的句法功能相结合，可以就阿拉伯语语法传统中名词句与动词句的区别，以及对这两种句型进行划分的依据得出一条结论：名词句与动词句的本质区别在于，在前者中承担主语功能的成分起语，由起首结构支配其主格；在后者中承担主语功能的成分主语，由句中承担谓语功能的动词支配其主格。由于起语和主语，述语和动词分别充当各自句型中的主语和谓语，当四者中的任意一种位于句首时，它们都能成为决定句子类型的因素。而由于在动词句中，主语只能位于动词后，因此动词句中位于句首且能决定句子是动词句的成分只能是动词。宾语、状语、虚词等无法承担句子主语或谓语功能的成分或词类虽然可以（有时甚至必须）位于句首，但它们并不能决定句子的类型。①

不过，在对阿拉伯语句型进行讨论时，还有一种相对特殊的成分需要单独进行分析——动词。上文提到，在阿拉伯语中，ذهبتْ和ذهب既能被视为动词，也能被视为包含主格代名词的动词句。而动词中的一些后缀既可被视作名词，也可被视作虚词。这导致一个句子可以被解读成两种句型：

(23) نحو ((قاما أخواك)) فإن الألف إن قدرت حرف تثنية كما أن التاء حرف تأنيث في ((قامتْ هند)) أو اسما وأخواك بدل منها فالجملة فعلية، وإذا قدرت اسما وما بعدها مبتدأ فالجملة اسمية قدم خبرها.②

［比如 قاما أخواك（你的两个兄弟站起来了）。如果你把 قاما 中的 ألف 视作表示双数的虚词，就像把 قامتْ هند 中的 تاء 视为阴性标志那样的

---

① 阿布·哈扬和苏尤提对此提供了大量例证。比如，他们把إن!、类似ماليس引导的句子，和以不充当动词被支配词的条件名词为首的句子视为名词句；把条件虚词引导的句子，动词前有表示将来的虚词سـ、سوف的句子，以及做动词被支配词的条件名词为首的句子视为动词句（见أبو حيان, التذييل 4: 26; السيوطي, همع 2: 13-14）。

② ابن هشام, مغني 2: 436.

话，这个句子是动词句。或者你把这个ألف视为（代）名词，并把其后的أخواك视为它的同位语，这个句子也是动词句。如果你把ألف视为（代）名词，并把其后的أخواك视作起语，这个句子便是述语提前的名词句。]

伊本·希沙姆认为，قاما中的ألف既可以被理解为表示双数的虚词，又可以被理解为做主语的代名词。这一观点在《西伯威书》中就已经出现。西伯威的表述十分简洁，他指出：ألف是代名词和双数的标志，它的地位类似于قلتُ和قالتْ中的تاء（لأنها علامة الإضمار والتثنية في قول من قال: أكلوني البراغيث، وبمنزلة التاء في قلتُ وقالتْ）。①西拉菲认为西伯威所说的代名词和双数的标志并不是同一种情况下的两种解读。在大部分阿拉伯人的话语中，قاما里قاما中的ألف是代名词。但在那些说أكلوني البراغيث（跳蚤把我吃了）的人的话语中，该ألف是双数标志。因为这些人把أكلوني البراغيث中的واو视为复数标志。②因此，ألف在大部分阿拉伯人的话语中的地位相当于قلتُ中的主格代名词تاء，而在那些说أكلوني البراغيث的人的话语中，它的地位相当于قالتْ中的阴性标志تاء。③

事实上，أكلوني البراغيث这一语言现象在中世纪的语法著作中常被提及，一些语法学家把它称为"说أكلوني البراغيث的人的语言"（لغة أكلوني البراغيث）。④这种结构的语法特征是当主语为双数或复数时，动词不像往常那样保留单数形式，而是附着双数标志ألف和复数标志واو。此时，ألف和واو的作用类似阴性标志تاء。两者在句中做表示双数和复数的虚词，不做表示主语的代名

---

① سيبويه, كتاب 1: 19.
② السيرافي, شرح 1: 154.
③ 莱文指出，西伯威所说的أكلوني البراغيث لأنها علامة الإضمار والتثنية في قول من قال不能被理解为"在那些说أكلوني البراغيث的人的话语中，ألف是表示代名词和双数的标志"，而必须像西拉菲所解释的那样，把这个句子拆开理解（Levin, 1989: 49, 50）。
④ 如السيرافي, شرح 1: 154; ابن عقيل, شرح 1: 199; شرح 2: 85。其他语法学家对该现象的描述，见ابن أبي الربيع, شرح 2: 296-298; ابن يعيش, شرح 1: 271; البطليوسي, الحلل 1: 175; الجرجاني, المقتصد 1: 271; البسيط 202, 272; ابن الوراق, علل。

词。这是因为在变因理论中，动词不能同时支配两个主语。①不过，类似 أكلوني البراغيث 的表达在古典阿拉伯语中只占很小一部分。西伯威和伊本·阿齐勒都指出使用这种表达的阿拉伯人很少（قليلة）。②伊本·瓦拉格则分别用"不多"（ليس ذلك بالكثير في كلام العرب）和"例外、不正规"（على طريق الشذوذ وليس بمستقيم في كلامهم）形容这种用法。③但伊本·叶伊什的观点有所不同。他指出对于一些阿拉伯人，这种用法很常见（لغة فاشية لبعض العرب），并且在阿拉伯人的话语和诗歌中也很常见（كثيرة في كلام العرب وأشعارهم）。④

由于说 أكلوني البراغيث 的人把句中的 واو 视作虚词，把 البراغيث 视作主语，因此这个句子以及 قاما أخواك 等类似的句子属于动词句。而在大部分其他阿拉伯人的话语中，ألف 和 واو 一般被视作代名词。伊本·希沙姆在例（23）中对此提供了两种解读。第一种是把 أخواك 视为代名词主语 ألف 的同格成分——同位语，此时句子是动词句。第二种是把 قاما 视为提前的述语，把 أخواك 视为后置的起语，此时句子是名词句。但是，第二种解读与上文中宰加吉提到的动词做述语时不能提到起语前的观点相矛盾。这一问题将在下一章讨论述语提前现象时做更详细的解答。

---

① 见Levin, 1989: 47, 48。另外，伊本·叶伊什对阴性标志 تاء 为何不能做主语进行了解释。一方面，在 ضربتْ هند جاريتُها （辛德，她的邻居打了）一句中，جاريتُها 已经作为明显的主语处于主格地位。如果 تاء 也以代名词的形式做主语，那么动词便使两个主语处于主格地位，这是不允许的（الفعل لا يرفع فاعلين، أحدهما مضمر، والآخر ظاهر）。另一方面，如果 تاء 是代词主语，那么在 قامت هند （辛德站起来了）中，代词（在表层和底层结构中）出现在它所指代的对象前（قدمت المضمر على المظهر），这也是不允许的（ابن يعيش, شرح 2: 298）。伊本·叶伊什对于 تاء 的解释可类比为何在说 أكلوني البراغيث 的人的语言中，واو 和 ألف 只是虚词，而不是充当主语的名词。
② أكلوني البراغيث, شرح ابن عقيل 2: 85. 伊本·阿齐勒还提到哪些阿拉伯人说 سيبويه, كتاب 2: 40; 见 ابن عقيل, شرح 2: 80。
③ ابن الوراق, علل: 202, 272.
④ ابن يعيش, شرح 2: 296.

81

二、时空句

把时空句视为一种单独的句子类型的中世纪语法学家并不多见，而像伊本·希沙姆那样直接使用ظرفية جملة一词并对其做出定义的更是罕见。不过，伊本·希沙姆并不是第一个对时空句进行分析的语法学家，早在《西伯威书》中就有对类似هھنا عمرو和فيها عبد الله等被后来的一些语法学家视为时空句的句子做出的解读。西伯威认为，فيها عبد الله中عبد الله的主格支配词与当它位于فيها前时的支配词一样，都是起首结构。他把فيها称为占据了起语位置，并代替了起语的成分（يقع موقع الاسم المبتدأ ويسد مسده）。[①]西伯威的解释容易让人认为فيها عبد الله是عبد الله فيها语序倒置的结果，但他并没有在论述时这么说明。但就句中承担主语功能成分的支配词而言，عبد الله在فيها西伯威看来是一个名词句。

后来的语法学家对类似的结构也进行了分析，但他们所用的例句更多是类似عبد الله فيها的句子。其中最常见的观点是把فيها视为是假定了动词استقر或主动名词مستقر的结构。比如，伊本·塞拉吉将عمرو في الدار解释为عمرو مستقر في الدار。他把مستقر视为被省略的述语，把في الدار视为占据述语位置的介词短语，其主格地位由مستقر赋予。[②]而朱尔加尼则把زيد في الدار理解为زيد استقر في الدار，但他同样认为في是占据述语位置的成分，并由استقر赋予其主格地位。[③]把句中假定的成分解读为استقر或مستقر的不同点在于，استقر被视

---

① سيبويه, كتاب 2: 128.
② ابن السراج, الأصول 1: 63.
③ الجرجاني, المقتصد 1: 94, 275-277.

为句子，而مستقر被视为单词（مفرد）。①但无论把两者中的哪一个视为假定的成分，只要把زيد في الدار或في الدار زيد中的زيد视作起语，那么两个句子便都是名词句。

---

① 佩莱德认为，语法学家在类似زيد في الدار的句子中假定一个被省略的成分，是为了在句中的名词和其后的介词短语或时空语之间建立主谓关系（Peled, 2009: 152）。对此他借用伊本·塞拉吉的描述作为证据。后者指出，不管是زيد في الدار中的في الدار，还是زيد خلفك中的خلفك，都不能充当زيد的谓语（ليس بحديثه）。两者只是出现在述语的位置上（ابن السراج, الأصول 1: 63）。因此，需要在底层结构中假定一个成分作为真正的述语。而语法学家对于مستقر和استقر中的哪一个应被视为假定的成分持不同意见。西伯威把استقر视作زيد فيها和عبد الله فيها قائما中假定的成分，但未说明理由（سيبويه, كتاب 2: 87-89）。后来的语法学家对此进行了补充。安巴里指出，时空语和介词短语可以充当连接名词的结句（صلة），如زيد الذي في الدار و عمرو الذي عندك中的في الدار和عندك。而由于结句必须是句子（الصلة لا تكون إلا جملة），因此假定的成分应被视作استقر。这是因为استقر作为动词可以和它所包含的主格代名词构成句子，但مستقر作为单词则不行（الأنباري, أسرار 73-74）。在他的另一部作品中，安巴里同样把زيد أمامك و عمرو وراءك中假定的成分视为استقر，但他给出了另一个理由：句中时空语的宾格地位是由假定的成分支配的。支配作用本质上属于动词，主动名词也能起支配作用是因为它是动词的分支。既然在句中需要假定一个支配词，那么假定根本的支配词比假定支配词的分支更合适（تقدير ما هو الأصل في العمل، وهو الفعل، أولى من تقدير ما هو الفرع فيه وهو اسم）（الأنباري, الإنصاف 1: 246）。伊本·希沙姆对假定动词给予了相同的理由，但他指出假定主动名词也有理可循。在这类句子中，由于被省略的成分是真正的述语，而述语的本质是单独的名词（الأصل في الخبر أن يكون اسما مفردا）（ابن هشام, قطر :207）。因此也有语法学家据此把假定的成分视为主动名词مستقر，如伊本·塞拉吉和伊本·吉尼（الأستراباذي, شرح 1: 245؛ ابن جني, سر 1: 125؛ ابن السراج, الأصول 1: 63）。另外，伊本·欧斯福尔对假定的成分提出了语义上的要求。他认为只有当被假定的成分表达的是可以从字面上推理出的含义时它才可以被省略，并由时空语或介词短语代其作为述语。比如，如果说话者在زيد مستقر في الدار一句中想表达的含义是（宰德住/待在屋子里）时，مستقر才能被省略。因为句中的介词في是表示"容纳、包含"，具有"安定、稳定"的含义（لأن في للوعاء فمعناها موافق الاستقرار）。但如果说话者想表达的意思是زيد ضاحك في الدار（宰德在屋子里笑）时，ضاحك就不能被省略。因为从في الدار中无法推出这一含义（ابن عصفور, شرح 1: 347）（类似的观点见الأستراباذي, شرح 1: 244؛ ابن جني, سر 1: 125）。关于时空语和介词短语在句中充当述语、形容词、状语和结句等不同成分时，句中假定的成分应被视为استقر还是مستقر的分析，参考ابن أبي الربيع, البسيط 1: 547-549。

但是，并不是所有语法学家都认为这样的句子里含有假定的استقر或مستقر。库法派的语法学家认为，在زيد عندك的句子中不存在任何假定的成分。عندك的宾格格位是由于它与زيد在意义上的不同获得的（ينتصب على الخلاف/معنى المخالفة），它的支配词是抽象的。① 另一位语法学家法里西同样不赞同假定成分的观点，他在分析في الدار زيد一句时说道：

(24) ألا ترى أن الكلام وإن كان لا يخلو مما ذكرنا في الأصل، فقد صار له الآن حكم يخرج به عن ذلك الأصل.②

［尽管这个句子可以理解为我们提到的根本（形式），但现在有一种分析方式能使其与根本（形式）有所不同。］

法里西此处提到的根本形式即把في الدار زيد视为包含假定成分استقر或مستقر的结构，而他所说的新的分析方式就是对这种观点的驳斥。法里西对此展开如下论述：他首先指出，在إنَّ في الدار زيدا一句中，不能把استقر认为是假定的成分，因为إنَّ后不能直接跟动词。换言之，如果في الدار زيد被理解为استقر في الدار زيد，那么إنَّ便无法附加到该句上。但事实是إنَّ في الدار زيد是符合语法的句子，这说明في الدار不能作此解。同时，这个句子也不能被视为包含假定的名词性成分مستقر，因为这会使إنَّ跨过（يتخطى）（或无视）该假定的名词性成分对زيد其支配作用，这是不允许的。③

在论证了في الدار زيد中不含有任何假定成分后，法里西又指出，في الدار在该句中无法起到动词的作用。理由是في الدار زيد قائما是不符合语法的，但类似زيد قال قائما的句子却是允许的。④ 随后，法里西解释了في الدار زيد中

---

① الأستراباذي, شرح 1: 243-244; الأنباري, الإنصاف 1: 245-246. 佩莱德认为两者的不同指的是指称上的不同（Peled, 2009: 153）。关于把خلاف视为时空语宾格支配词的讨论，见 Talmon, 1993: 280.

② الفارسي, العسكرية: 105.

③ الفارسي, العسكرية: 105, 108.

④ الفارسي, العسكرية: 108.

主格格位的支配词。他提到，阿布·哈桑·艾赫法什（أبو الحسن الأخفش，?-830）把提前的时空语或介词短语作为其后充当主语的名词的主格支配词。①也即在في الدار زيد一句中，زيد的主格地位由介词短语في الدار赋予。而之前法里西已经排除了في الدار能够起到类似动词的作用，因此في الدار此处作为介词短语支配句中的主格成分意义重大。因为它与名词句和动词句中主格成分的支配词——起首结构和动词，有本质上的区别。正是出于此原因，法里西认为类似في الدار زيد的句子应该被视为除名词句、动词句之外的第三种独立的句型（قسم برأسه）。

尽管法里西把في الدار زيد视为一种单独的句型，但جملة ظرفية一词并未在他的论述中出现，他也没有为这种句型赋予任何名称。除了法里西，另一位对这类句子做出详细描述的语法学家就是上文中提到的伊本·希沙姆。他对جملة ظرفية做出了如下定义：

(25) والظرفية هي: المصدرة بظرف أو مجرور، نحو: أعندك زيد، أفي الدار زيد، اذا قدرت زيدا فاعلا بالظرف والجار والمجرور، لا بالاستقرار المحذوف، ولا مبتدأ مخبرا عنه بهما.②

［时空句由时空语或介词短语开头，比如أعندك زيد（宰德在你那儿吗），和أفي الدار زيد（宰德在屋子里吗）。如果你把زيد视为由时空语或介词短语支配，而非由省略的استقرار支配的主语，并且不把这些句子视为由زيد做起语，并由时空语或介词短语做其述语的结构，那么它们就是时空句。］③

伊本·希沙姆对时空句的定义较为严格。从他的描述中可以归纳出一个句子被视为时空句需要满足的三个条件。首先，该句子不能被视作含有假定的成分，如استقرار。其次，句中的时空语或介词短语位于充当主语的名词前，并作为后者主格成分的支配词。第三，该名词被视为主语

---

① الفارسي, العسكري: 108, 109. 此处的主语指的是主谓关系中的主语。
② مغني ابن هشام 2: 433.
③ 例（25）中伊本·希沙姆的两句时空句例句都由疑问虚词开头。这一现象涉及阿拉伯语语法传统中的依靠（اعتماد）原则，下文会对该原则做进一步分析。

（فاعل）。伊本·希沙姆的前两点与法里西的分析一致。两人的不同之处在于对句中承担主语功能的名词的理解。伊本·希沙姆把该名词称作主语（فاعل），而法里西认为该名词是句子主谓关系中的主语（محدث عنه）。[①]实际上，两位语法学家对该名词在表述上的区别反映了他们对时空语和介词短语在支配方式上持有不同见解。法里西明确指出时空语和介词短语不能起类似动词的作用，它们的支配作用与动词的支配作用并无关联。而伊本·希沙姆把句中做被支配词的名词称作主语，从中可以推断，他把时空语和介词短语的支配作用看作类似动词的支配作用。

在对时空句做出定义后，伊本·希沙姆还紧接着对扎马赫谢里的观点进行了批评。扎马赫谢里把 خالد في الدار 视为省略了 استقر 的句子，并把该句子称为时空句。[②]这与伊本·希沙姆（以及法里西）对时空句的理解相冲突。对后两位语法学家而言，时空句不能被视作省略了任何假定的成分。

从法里西和伊本·希沙姆对时空句的分析中可以看出，时空句一般由位于句首的时空语或介词短语，以及位于其后的在句中承担主语功能的名词构成。时空句与名词句、动词句的根本区别在于，时空句中句子主格名词的支配词是时空语或介词短语。两者在词类上与同样作为支配词的动词和起首结构不同。尽管法里西和伊本·希沙姆对时空语和介词短语在支配方式上的解读略有差异，但这并不妨碍他们把类似 زيد في الدار 的句子视为阿拉伯语中一种单独的句型。

不过，将时空语或介词短语视为支配词与阿拉伯语语法传统中对支配词的一般归类有所冲突。语法学家认为，支配词主要包括动词和虚词。主动名词、半主动名词等名词性成分也能作为支配词，这些成分往

[①] الفارسي, العسكرية :108.

[②] الزمخشري, المفصل: 49.

第一章 基本语序和句型

往被解读为包含动词的含义，因此可以像动词一样起支配作用。然而，大部分时空语既不是主动名词，也不是半主动名词。介词短语在形式上也不同于可以做支配词的独立介词。如果说伊本·希沙姆把时空语和介词短语视作支配词，是因为他认为两者的支配作用与动词相似。那么法里西的分析则完全切断了两者与动词的联系。事实上，在中世纪的语法著作中有关时空语和介词短语做支配词的确切描述并不多见，①更有一些语法学家反对两者能起支配作用。②这或许能够解释为什么大多数语法著作中并未提及 ظرفية جملة 这一概念，把时空句视作一种独立的句型也未能成为阿拉伯语语法传统中的主流观点。③

语法学家把句型分为名词句、动词句和时空句，是从支配关系的角度出发，对句子类型做出的语法层面的区分。而实际上他们也从句子的功能出发，把句子分为陈述句（جملة خبرية）、疑问句（جملة استفهامية）、祈使句（جملة إنشائية）等。本书之所以选择讨论语法学家从句法角度对句型

---

① 安巴里提到，巴士拉派和库法派对于 زيد عندك 中 زيد 的支配词持不同观点。大部分巴士拉派认为 زيد 在句中是后置的起语，由起首结构赋予其主格。而库法派以及两位巴士拉派的语法学家穆巴里德和阿布·哈桑·艾赫法什则认为 زيد 由时空语支配（الأنباري, الإنصاف 1: 51-52；الأنباري, أسرار: 71）。艾斯特拉巴齐和伊本·欧斯福尔也提到阿布·哈桑·艾赫法什的这一观点（ابن عصفور, شرح 1: 247-248；الأستراباذي, شرح 1: 158-159）。伊本·希沙姆则指出，时空语和介词短语在句中有可依靠的成分情况下可以起类似استقر那样的支配作用（ابن هشام, شذور: 419）。另外，塔尔蒙指出库法派语法学家法拉曾提到介词短语可以作为主格名词的支配词。他引用的例子均来自法拉的《〈古兰经〉释义》（Talmon, 1993: 279）。
② 如سيبويه, كتاب 1: 90（关于西伯威对时空语能否起支配作用的讨论，见Peled, 2009: 148-152; Levin, 2007b）；ابن عصفور, شرح 1: 159；الأنباري, الإنصاف 1: 52-55；السيرافي, شرح 2: 415。
③ 除了伊本·希沙姆和扎马赫谢里，其他明确使用 ظرفية جملة 这一术语的语法学家包括塞凯基和苏尤提（السكاكي, مفتاح: 86；السيوطي, همع 1: 37-38）。其中，苏尤提对句型的分类和判断标准几乎完全参照伊本·希沙姆的观点。另外，伊本·艾比·拉比厄没有使用 ظرفية جملة，但他认为把类似 عندنا زيد 和 في الدار زيد 的句子视为第三种句型是允许的（فإن جعل أحد من النحويين هذا قسما ثالثا فإنما فعل ذلك مسامحة）（ابن أبي الربيع, البسيط 1: 159）。

87

的分析，是因为从这种角度对句型进行解读可以和他们对基本语序的论述相结合，共同揭示阿拉伯语语法传统中的两个重要特点。首先，变因理论在决定句子类型和基本语序时都起到根本作用。虽然语法学家在描述起语—述语、主语—宾语的基本语序时涉及语义和语用层面的分析，但动词和主语的支配关系，以及起语和述语的支配词对于确定两组成分的位置关系所带来的影响更为显著。其次，语法学家从句法层面对阿拉伯语句子类型的区分可以视作他们对基本语序的补充说明。在确定句型时，句中主格名词的支配词与句首成分在句中是否充当主语或谓语是两个基本的判断标准。宾语、状语等在句中不承担主语或谓语功能的成分即使在表层结构中出现在句首，但在底层结构中，它们往往需要遵循支配词倾向于出现在被支配词前的规律，被安排到句子的主要成分之后。因此可以说，对句型的判断不能脱离对句子基本语序的认识。

第四节　小结

阿拉伯语语法传统中存在关于基本语序的描述，基于的前提是语法学家认为句子必须通过مسند和مسند اليه的组合才能构成。他们把两者视作表示句子必要成分的术语。两者在句中对应的成分分别承担句子的谓语和主语功能，它们所建立起的主谓关系因为能够使句子传达完整的信息，表达完整的意义，因而被视作句子不可缺少的两部分。从语法关系的角度出发，语法学家认为在句中充当主语的成分是起语和主语，充当谓语的成分是述语和动词。正是因为起语、主语、述语和动词被视为句子的必要成分，对于它们之间位置关系的描述才有理由被认为是关于阿拉伯语句子成分基本语序的分析。

对于何为句子的基本语序，似乎可以从出现أصل、حد、حق、وجه等词的描述中理所当然地得出结论，但这样的方法实则把一个相对复杂的问题过于简单化了。语法学家对基本语序的分析中包含了阿拉伯语语法传统中的若干重要概念和思想,这其中起决定性作用的是变因理论中支配词倾向于出现在被支配词前的规则。动词—主语的基本语序最能反映这一规则的重要性。动词作为主语主格格位的支配词,在阿拉伯语中总是位于主语前,主语不允许前置于动词。并且,动词—主语的语序在主语是明显名词和主格连接代名词的情况中都得到了论证。库法派允许主语提前在阿拉伯语语法历史中是相对次要的观点。相比而言,语法学家对起语和述语的支配词存在更多争议。起语的支配词一般被认为是起首结构,述语的支配词可以是起首结构、起语,也可以是两者的组合。不过,无论将述语的支配词视为三者中的哪一个,起语—述语的语序仍然反映了支配词在被支配词前的语序倾向。同时,起语在前,述语在后的基本语序还通过另一种方式得到说明。在两者无法通过定指性进行区分,并且句中没有其他形态标记或语义特征帮助区别它们时,语法学家把起语—述语的语序视为确定两者句法地位,从而达到明确句义的语法手段。这一点在他们对主语—宾语的分析中同样得到了体现。而主语倾向于出现在宾语前的另一个原因,是主语作为句子的必要成分,在阿拉伯语语法体系中的地位高于句子的非必要成分宾语。

语法学家对动词—主语、起语—述语和主语—宾语三组基本语序的判断所依据的标准与现代语言学理论,特别是类型学理论之间有明显的不同。后者在判断基本语序时经常采用的频率、标记度、语用中性等标准在语法学家的描述中只能非常隐晦地感受到。如果说中世纪阿拉伯语语法理论中的确有关于基本语序的描述,那么通过这些描述所得出的结论并不完全适合从现代理论的角度出发进行解释。相对于说明基本语序的判断标准,语法学家更注重把这一问题放在支配关系的框架中进行讨论,并通过句法规则的限制和句子成分的语法关系在阿拉伯语语法体系中的地位阐述它们在语序上呈现的倾向。

不过，语法学家对基本语序的论述中有一点与现代理论之间存在相似之处。那就是他们同样从动词、主语和宾语三者相互间的位置出发对句子成分的语序进行考察，但这仅限于他们对动词句的分析。语法学家在分析基本语序时，往往把动词、主语和宾语的语序与起语、述语的语序分开进行论述。这种论述特点的背后反映的是他们对句子主格名词的两大支配词——动词和起首结构的区分。从这一事实出发，有理由认为动词-主语（-宾语）、起语-述语两种语序模式都代表了阿拉伯语中的基本语序。因此，在阿拉伯语语法传统的视角下，把古典阿拉伯语称为VSO语言或SVO语言显然不能概括阿拉伯语基本语序的全貌。[①]可以由两个名词组成的名词句在阿拉伯语语法传统中的地位与动词句一样重要。从语法学家的描述中并不能找到名词句或动词句是从对方那里派生出的观点。相反，他们在论述时特别注重对两者的区分。这既体现在他们对基本语序的分析中，也反映在他们对句型的讨论中。名词句与动词句最主要的区别之一便是句子主格名词支配词的不同。一些语法学家把

---

① 马洛吉（Marogy）与佩莱德两位学者都在他们的研究中提出不应把SVO语序视作阿拉伯语中的一种语序模式。马洛吉认为，SVO语序中的S——主语（subject）和阿拉伯语语法传统中的主语——فاعل不是相同的概念。并且，阿拉伯语语法传统把位于动词型述语前的句首名词称为起语，而非主语。因此，马洛吉在她的研究中提出了"主语-起语"的二分法（fāil-mubtada' dichotomy）作为对阿拉伯语两种基本语序的概括性区分（Marogy, 2010: 145-146）。而佩莱德则提议用"主语+谓语"（subject+predicate）的表述代替SVO表示阿拉伯语中的名词句结构，其中谓语所对应的述语可以是（非动词型）单词或短语，也可以是小句（Peled, 2009: 45, 135）。此外，卡特指出阿拉伯语中的SVO实际是一种复合名词句。句中的谓语V有自己的施事，但该施事并不一定与句子的主语S（即名词句的起语）相一致（Carter, 2017: 528）。结合三位学者的观点以及本章的论证，可以得出的结论是，虽然SVO在现代语言学理论中被广泛用于对一种语言的基本语序进行描述和归类，但若将其置于阿拉伯语语法传统的语境中，它并不能很精准地反映阿拉伯语名词句实质的构句方式。

时空语和介词短语视为有别于动词和起首结构的第三类支配词,并以此为依据将以它们开头并在句中充当支配词的句子称作时空句。

起语—述语和动词—主语(—宾语)的基本语序可以被视作名词句和动词句的主要特征。对动词句而言,由于动词和主语的位置相对固定,句子的基础结构相对容易判断。因此,动词句语序的变化主要体现在宾语位置的变动上。名词句的构句成分看似比动词句简单,但由于述语可以由单词、时空语、介词短语、小句等不同语言单位充当,对于名词句语序变化的解释实际比动词句更为复杂。这一点在一些语法学家把语序倒置的名词句视作时空句上已可见一斑。本书的下一章"提前与后置"将对名词句和动词句中的语序变化进行更细致地讨论。

第二章 提前与后置

第一节 引言

上一章中提到,在阿拉伯语语法传统中,支配词倾向于出现在被支配词前。动词—主语、动词—宾语和起语—述语的语序是这一倾向的具体体现。不过,被支配词出现在支配词前的情况在实际语言使用中也经常发生。语法学家一般用提前与后置(التقديم والتأخير)描述该类现象。

被支配词在支配词前的语序同样能够从支配关系的角度得到解释。朱尔加尼说:

(26) المعمول لا يقع إلا حيث يقع العامل، فلم تقل: زيدا ضربتُ إلا بعد أن جاز أن تبتدئ بضربتُ فتقول: ضربتُ زيدا.[①]

[被支配词只出现在它的支配词可以出现的位置上。你能说 زيدا ضربتُ,是因为首先能说 ضربتُ زيدا。]

动词在句中原本出现在宾语前的位置。正因如此,作为动词被支配词的宾语才允许出现在这个位置上。当宾语占据该位置时,动词便移动到宾语之后。朱尔加尼此处虽然只举了宾语提到动词前的例子,但宾语提到主语前(仍位于动词后)的情况也可以得到解释。即由于作为支配词的动词可以出现在主语前的位置,因此宾语作为动词的被支配词也能

---

① الجرجاني, المقتصد 1: 303.

第二章 提前与后置

出现在主语前这一位置上。起语和述语的位置变化同理。但是，朱尔加尼紧接着对المعمول لا يقع إلا حيث يقع العامل一句话做了进一步说明。他指出：被支配词只出现在它的支配词可以出现的位置上，并不表示被支配词必须或一定能出现在它的支配词出现的位置上。这句话的意思是：

(27) المعمول يجوز وقوعه حيث يقع العامل [...] أو يقال: يجوز وقوع المعمول في موقع العامل [...] فالعامل فوق المعمول في الرتبة فيختص بمواضع لا يقع فيها المعمول [...] ولا يكون للمعمول موضع يختص به دون العامل.[①]

［被支配词允许出现在支配词出现的位置……或：允许把被支配词放在支配词的位置上……支配词的地位高于被支配词，可以出现在被支配词不能出现的位置上……而不存在被支配词可以出现的位置，支配词却不能出现在该位置上（的情况）。］[②]

简言之，被支配词可以出现在它的支配词出现的位置上，但不是一定的。如在ضرب الزيدان中，动词ضرب作为主语الزيدان的支配词出现在其前，但الزيدان作为被支配词却不能出现在该位置上，الزيدان ضرب这样的表达是不允许的。不过，动词必须出现在主语前的语序尽管说明了被支配词并非一定能出现在支配词的位置上，它同时也使得朱尔加尼例（27）中的

---

① الجرجاني, المقتصد 1: 304, 305.
② 类似的表述见ابن جني, الخصائص 1: 391。另外，在例（27）中出现了两个表示位置的词，موضع与موقع。弗斯戴对阿拉伯语语法传统中表示相似意义的五个术语موقع、موضع、مقام、منزلة、محل进行了梳理。他认为，موقع一般指单词在句中出现的位置，或单词在句中出现的方式（وقع موقع كذا）（Versteegh, 1978: 263, 266）。موضع包含两种含义。一种含义与موقع接近，表示单词在句中实际的、具体的位置。朱尔加尼在例（27）中便是将两者作为这种含义使用。另一种含义则不表示单词的实际位置，而是指单词在句中承担的句法功能，或这种功能在句法体系中所占据的位置。它强调位置与功能之间的联系。譬如，词根在句中充当状语，获得状语的句法功能（يقع موقع الحال），此时它被当作状语使用，出现在状语在句中的位置上（يوضع موضع الحال）（Versteegh, 1978: 272-274）。منزلة、مقام和محل三者均拥有和موضع相似的含义，对这三个概念的分析见Versteegh, 1978: 269, 275-278。

最后一句话显得不是那么严谨。除了译文中的表述，这个句子也可以理解为：凡是被支配词可以出现的位置，它的支配词也能出现在该位置上。然而，主语作为被支配词可以出现在动词后的位置，但动词却不能占据该位置，从而迫使主语提前至动词原本在句中的位置。对此，朱尔加尼并没有做出解释。

另外，المعمول لا يقع إلا حيث يقع العامل 被解读为被支配词只出现在它的支配词可以出现的位置上。换言之，被支配词不允许出现在它的支配词不能出现的位置上。朱尔加尼和伊本·吉尼都用 القتال حين تأتي زيدا（你到宰德那里时就战斗）一句对此进行了解释。① 在这句话中，زيد 做 تأتي 的宾语，两者一起构成 حين 的偏次。由于偏次不能提到正次前，故 تأتي 不能出现在 حين 之前的位置。因此，作为 تأتي 的被支配词的 زيد 也不能出现在它的支配词 تأتي 不能出现的位置上，即 حين 之前。所以，当 زيد 仍做 تأتي 的宾语，而非 القتال 的宾语时，不允许说 القتال زيدا حين تأتي。不过，在"被支配词不允许出现在其支配词不能出现的位置上"这一解读下，动词和主语的位置关系仍然能被视为一个反例。主语可以出现在它的支配词不能出现的位置上——动词后的位置。鉴于这种情况，有必要就变因理论对支配词和被支配词位置关系的描写做如下解释。首先，"被支配词允许出现在支配词出现的位置"是语法学家为两者的位置变化所提供的一种句法层面的解释。它为宾语出现在动词前，宾语出现在主语前，以及述语出现在起语前提供了理论上的依据。这种依据是解释性的，而非限定性的。其次，"被支配词不允许出现在它的支配词不能出现的位置上"一般被语法学家用来限定宾格成分在一些结构中的位置。在这些结构中，宾格成分的支配词——动词或类似动词的成分在语序上往往也受到制约，从而导致宾格成分的位置也受到相应的限制。最常见的例子便是不

---

① الخصائص, ابن جني; 1: 303; المقتصد, الجرجاني 1: 391.

允许宾格成分提前，如上文中提到的زيد不能提到حين前的情况。其他例子包括أن的述语的宾语不可提到أن的名词前；状语的支配词做状语主的形容词时，状语不可提到其支配词或被形容词前等。本书的第三章和第四章将就其中的一些情况进行分析。本章重点讨论的是语法学家如何描述和解释动词句中宾语提前和名词句中述语提前的现象。本章试图揭示，语法学家对宾语提前和述语提前的分析主要从形式和功能两个层面进行。形式层面的分析体现在他们对宾语和述语必须前置的情况做出的描述，以及他们对代词和其所指对象位置关系的解读上。功能层面的分析则体现在他们从语义、语用和信息结构的视角对句子成分的提前做出的解释。这其中，朱尔加尼的观点因其特殊性和重要性，将做重点论述。

第二节　宾语的提前

一、宾语必须提前

宾语在动词句中一般位于动词和主语后。它可以提到主语前、动词后的位置，也可以同时提到主语和动词之前。语法学家对阿拉伯语中宾语提前现象的描述主要包括宾语必须提前，和宾语因语用原因需要提前两种。对于宾语必须提前，语法学家重点分析了宾语在哪些情况下必须前置于主语。巴特尤西、艾斯特拉巴齐、伊本·欧斯福尔和伊本·艾比·拉比厄分别在他们的著作中对宾语必须提前的现象进行了总结。下文基于这四位语法学家的观点，对该现象进行归纳和解释。

第一种宾语必须提前的情况是当主语中包含指代宾语的代词时，宾语必须前置于主语。四位语法学家在他们的论述中共同提到了这一点。[①] 如在ضرب زيدا غلامه（宰德的仆人打了他）一句中，主语غلامه中的属格连

[①] 1: 277. البسيط, ابن أبي الربيع 1: 163; شرح, ابن عصفور 1: 196; شرح, الأستراباذي 97; الحلل, البطليوسي

接代名词ها指代宾语زيد。此时زيد必须出现在غلامه前。这是因为在阿拉伯语中，代词一般是回指的。它不可在表层和底层结构中同时出现在它所指代的对象前。在ضرب زيدا غلامه一句中，代词在表层结构中位于其所指代的对象后。而在类似ضرب غلامه زيد（宰德打了他的仆人）的句子里，代词虽然在表层结构中出现在它所指代的对象زيد前，但在底层结构中，句子遵循动词—主语—宾语的基本语序，代词ها跟随غلامه移到زيد后的位置。因此这个句子仍然是允许的。而语法学家所不允许的表达是像 ضرب غلامه زيدا这样的句子。此时代词无论在表层结构还是底层结构中，均位于它所指代的对象之前。有关代词与其指代对象的位置关系，本章的第五节会对其做更详细的分析。此处有必要提到艾斯特拉巴齐对这一现象的补充。他指出，主语中包含指代宾语的代词，并非一定是宾格代词直接与主语相连的情况。当宾格代词出现在主语的结句里，如ضرب الذي ضرب زيدا غلامه（打了宰德仆人的人打了宰德）；或宾格代词出现在修饰主语的定语中时，如أكرم هندا رجل ضربها（打了辛德的人款待了她），宾语也必须提到主语之前。①

第二种宾语必须前置的情况是在一个句子中，宾语以连接代名词的形式出现，同时主语以独立的明显名词（اسم ظاهر）的形式出现。如ضربني زيد（宰德打了我）、شتمك عمرو（阿穆尔骂了你）。巴特尤西、艾斯特拉巴齐和伊本·欧斯福尔都提到了这一现象。②其中，巴特尤西指出，在这种情况下，主语位于宾语前会导致本应以连接形式出现的成分（即宾语）以独立的形式出现（يوجب انفصال ما حكمه الاتصال）。③伊本·艾比·拉比厄对此持相同观点。他认为当代词可以以连接的形式出现时，便不应使其以独立的形式出现（لا يجوز أن تأتي بالمضمر المنفصل وأنت قادر على

---

① شرح الأستراباذي, 1: 196.
② 1: 163 ;شرح ابن عصفور 1: 196; شرح الأستراباذي, الحلل البطليوسي: 99.
③ الحلل البطليوسي: 99.

（المتصل）。① 也就是说，当"宰德打了我"和"阿穆尔骂了你"两个句子可以表达为 شتم عمرو إياك 和 ضرب زيد إياي 时，就不应使用 شتمتك عمرو 和 ضربني زيد 的表达方式。② 不过，伊本·艾比·拉比厄是在解释主语为主格连接代名词，宾语为明显名词的情况时提出的这一观点。他指出在类似 ضربت زيدا（我打了宰德）的句子里，宾语可以出现在动词和主语前，也可以出现在两者之后，但不允许出现在动词和主语之间。因为此时主语是连接代名词 تاء，不得将其与动词分开。③ 艾斯特拉巴齐和伊本·欧斯福尔对此持不同意见。两人均认为在这种情况下，主语应当位于宾语前。艾斯特拉巴齐在论述中使用了 وجب（应当）一词，伊本·欧斯福尔使用的是 يلزم（必须）。④

除巴特尤西外，另外三位语法学家都提到宾语必须提前的第三种情况。当主语做除外语（مستثنى），或主语和表类似含义的词在语义上有关联时，必须把宾语提到主语前。⑤ 在 ما ضرب زيدا إلا عمرو（只有阿穆尔打了宰德）一句中，主语 عمرو 作为除外语必须出现在除外工具词 إلا 之后。宾语 زيد 此时必须出现在主语前。而在 إنما ضرب زيدا عمرو（打了宰德的是阿穆尔）一句中，عمرو 同样需要出现在 زيد 之后。艾斯特拉巴齐指出，إنما 此处是与 إلا 类似，表示限定含义的词（معنى الحصر）。⑥ 在这两个句子中，说话者想要限定的成分是句子的主语。如果此时主语和宾语的位置互换，被限定的成分便发生了变化，从而导致句子含义完全不同。同样的道理，如果说话者想要限定的成分是宾语，那么此时必须后置的成分就是宾语了。这一点在艾斯特拉巴齐与伊本·欧斯福尔的论述中都有

---

① ابن أبي الربيع, البسيط 1: 277, البسيط 2: 680.
② البطليوسي, الحلل :99.
③ ابن أبي الربيع, البسيط 1: 277.
④ الأستراباذي, شرح 1: 191; ابن عصفور, شرح 1: 164.
⑤ الأستراباذي, شرح 1: 197; ابن عصفور, شرح 1: 163; ابن أبي الربيع, البسيط 1: 276-277.
⑥ الأستراباذي, شرح 1: 195.

提到。① 另外，除了这三位语法学家，伊本·塞拉吉对إلا和除外语的语序也进行了描述。他指出，إلا之后的成分和所有在语义上其所除去的内容都不允许提到إلا之前。②

如果说上述提到的主语和宾语在إنما和إلا结构中的位置关系主要是对两者语序的描写，那么朱尔加尼的分析则为此提供了语义层面的解释。朱尔加尼认为，在إلا和إنما结构里，主语和宾语之中位于后面的那个成分是在语义上表示专指（اختصاص）的成分。在إنما ضرب زيدا عمرو一句中，句子专指或强调的成分是主语عمرو；而在إنما ضرب عمرو زيدا（阿穆尔打的是宰德）中，句子专指、强调的成分是宾语زيدا。③ 朱尔加尼还把这一原则应用到إنما后跟名词句的情况，并指出在起语和述语中，句子所强调的对象同样是两者之中后出现的那个成分。比如إنما هذا لك（这个是给你的）中的述语لك，和إنما لك هذا（给你的是这个）中的起语هذا。④

宾语必须提前的第四种情况是：当宾语是疑问名词，或包含疑问含义的条件名词时，宾语必须同时提到主语和动词前。如من ضرب زيد（宰德打了谁）中的宾语من，أيهم رأيت（你看见了他们中的谁）中的宾语أيهم，以及من تضرب أضربه（你打谁，我就打谁）中的条件名词من。⑤ 这是

---

① شرح, الأستراباذي 1: 191, 195; شرح, ابن عصفور 1: 164.
② الأصول, ابن السراج 2: 231.
③ دلائل, الجرجاني: 340.
④ دلائل, الجرجاني: 345. 朱尔加尼此处的观点与英语中的句末焦点原则（end focus）颇为相似。该原则把句中的新信息或较为重要的信息安排在句子末尾，以达到突出和强调的目的。但朱尔加尼还指出，当主语和宾语同时出现在إلا后时，句子专指的对象便不再是位于句末的成分，而是紧跟在إلا后的成分。譬如，ما ضرب إلا عمرو زيدا（打了宰德的是阿穆尔）一句中，句子强调的是主语عمرو。当句子的两个宾语同时出现在إلا后时，句子强调的对象也是紧跟在إلا后的那个成分。因此，لم يكس إلا زيدا جبة应当理解为"给穿上大袍的人是宰德"；而لم يكس إلا جبة زيدا则意为"给宰德穿上的是大袍"（دلائل, الجرجاني: 344）。
⑤ البسيط, ابن أبي الربيع 1: 164; شرح, ابن عصفور 98, 99; الحلل, البطليوسي 1: 276.

由于在阿拉伯语语法传统中，疑问词，无论是疑问名词还是疑问虚词أو或 هل，都拥有位于句首的属性（صدر الكلام）。当疑问名词做述语时，述语同样必须前置于起语。本书将在下一节讨论述语必须提前的现象时，对疑问词的这一特性进行分析。

以上四种情况大体涵盖了阿拉伯语中宾语必须前置于主语或动词的情况。其中，第一类、第二类和第四类现象属于形式层面，第三类与إنما和إلا有关的现象则是从语义和信息结构的角度做出的分析。除此以外，伊本·欧斯福尔还提到另两种宾语必须提前的情况。一种是当宾语在句中充当词根或主动名词的偏次时，宾语必须位于主语前。如هذا ضارب زيد أبوه（阿穆尔打了宰德这件事使我惊讶）和يعجبني ضرب زيدٍ عمروٌ（这件事是宰德的爸爸打了他）中的زيد。①另一种则是当宾语由叙述性的كم（كم الخبرية）充当时，宾语必须提到主语和动词前。比如كم ملكتُ غلامٍ كم（你有好多仆人啊）中的كم غلامٍ。②另外，巴特尤西和伊本·艾比·拉比厄都提到一种宾语前置于主语的现象。巴特尤西认为，当宾语指称的对象比主语更伟大（أجلّ）时，宾语必须在主语前。他的例子是شتم الخليفةَ السفهاءُ（那些愚笨的人辱骂了哈里发）。③伊本·艾比·拉比厄则用了شرف（荣誉、高贵）一词。他认为，在أكرم الأميرَ زيدٌ（宰德款待了王子）一句中，宾语الأميرَ位于主语زيدٌ前是因为الأمير本身的高贵地位。④

---

① شرح, ابن عصفور 1: 163.
② شرح, ابن عصفور 1: 164.
③ الحلل, البطليوسي :98. 佩莱德将أجلّ一词理解为"地位上更高"（higher in rank）（Peled, 2009: 78）。
④ البسيط, ابن أبي الربيع 1: 276. 巴特尤西和伊本·艾比·拉比厄均没有交代两个例句的出处。这一现象在阿拉伯语中也并不是绝对的（见下文朱尔加尼的反例）。达尔格伦在他关于《古兰经》语序的研究中注意到相似的情况。他指出，当句中承担主语功能的成分是安拉（الله）时，由于安拉本身的崇高地位，相比在动词后做句子的主语，它更倾向以起语的形式出现在句子的开头（Dahlgren, 2001: 25-26, 32-33）。

二、"重视和关注"原则

在讨论了宾语因形式层面的原因必须前置于主语或动词的现象后，本小节将论述宾语因语用目的提前的情况。巴特尤西在描述该现象时使用的是عناية（关注）一词。他指出，当听话者对宾语的关注超过对主语的关注时（عناية المخبر أو المخاطب بالمفعول أشد من عنايته بالفاعل），宾语应当提到主语前。① 伊本·艾比·拉比厄使用的是和عناية同根的单词اعتناء。他提出，对宾语的关注是为了展现和说明宾语（لبيان المفعول）。这表现为把句中作为新信息的宾语提到动词和主语前。如在زيد ركب الفرس（宰德骑的是马）一句中，听话者知道宰德骑了某物，但不知道他骑的是马，因而把宾语الفرس提前。②

事实上，上述两位语法学家用到的اعتناء和عناية两词，可以在《西伯威书》对宾语提前现象的描述中找到根源。西伯威首先说明主语和宾语在语序上的标准是主语在前，宾语在后。随后，他紧接着说道：

(28) كأنهم إنما يقدمون الذي بيانه أهم لهم وهم ببيانه أعنى، وإن كانا جميعا يهمانهم ويعنيانهم.③

［就好像他们（阿拉伯人）把他们认为说明时更重视和更关注的（成分）提前，即使两者（主语和宾语）一样受到他们的重视和关注。］

西伯威在说明该原则时所用的一对例句是ضرب عبد الله زيدا和ضرب زيد。类似的表述还出现在他对ضربتُ زيدا和ضربتُ زيد的分析中。他指出，后一对句子中出现的提前和后置现象，其背后所体现的"重视和关注"原则与前一对例句中所体现的是一样的（الاهتمام والعناية هنا في التقديم والتأخير سواء）。④ 然而，西伯威并没有对该原则做进一步阐释。这使得他提出

---

① البطليوسي, الحلل :99.
② ابن أبي الربيع, البسيط 1: 276.
③ سيبويه, كتاب 1: 34.
④ سيبويه, كتاب 1: 80-81.

第二章 提前与后置

的"重视和关注"（والعناية الاهتمام）的具体内涵显得不够清晰。比如，句中受到重视和关注的成分是对听话者还是说话者而言的？什么样的句子成分可以被定义为更受重视和关注？

从巴特尤西的描述中可以看出，他认为句子成分被视为更重要，是针对听话者而言的。但西拉菲在对《西伯威书》进行注解时提出了不同观点。他认为句子成分更被重视或更受关注是根据说话者在说出句子时所做的考虑决定的（على قدر عناية المتكلم، وعلى ما يسنح له وقت كلامه）。①而上文中伊本·艾比·拉比厄的分析则同时回答了这两个疑问。从他的描述中可以认为，他把句中表示新信息的成分视作听话者更重视、更关注的成分。因此，当句中充当该成分的是宾语时，宾语便发生了提前。

可以看到，语法学家对西伯威提出的"重视和关注"原则蕴含的具体含义持有不同意见。另一位语法学家朱尔加尼在他的两部著作中均引用西伯威例(28)中的原文。他对该原则的解释可以从两个方面进行解读。首先，朱尔加尼认为提前与后置的选择不是随意的。任何语序的变化都有功能上的原因可循，是说话者为了达到某种目的而做出的。他明确地表示：

(29) من البعيد أن يكون في جملة النظم ما يدل تارة ولا يدل أخرى. فمتى ثبت في تقديم المفعول مثلا على الفعل في كثير من الكلام، أنه قد اختص بفائدة لا تكون تلك الفائدة مع التأخير، فقد وجب أن تكون تلك قضية في كل شيء وكل حال.②

［在语言组织中不存在（一种语序）有时体现某种目的，有时却不体现该目的。比如，当话语中经常出现宾语提到动词前的情况时，它（这种语序）所表现的特有的含义是宾语位于动词后时所没有的，且（这种语序）在所有情况下都应体现（它所特有的含义）。］

---

① شرح السيرافي, 1: 264.

② دلائل الجرجاني, 110.

换言之，朱尔加尼认为，如果宾语的提前是基于西伯威的"重视和关注"原则，为了达到强调宾语的目的而进行的语序变化，那么当宾语并不是被强调的成分时，它的提前是不允许的。这从他对 أعطى زيداً الأميرَ（王子给了宰德）一句的分析中可以得到证明。朱尔加尼指出，该句中的宾语 زيد 本应在后，主语 الأمير 本应在前。把宾语提到主语前的原因必须是出于对宾语的关注。如果并不是由于对宾语的重视，那么把宾语提前是不好的选择（لم يحسن لأجل أنك تقدم المفعول من غير اهتمام يوجب ذلك）。[①]朱尔加尼还以《古兰经》中的一句话对此做进一步论证。他认为，在 إنما يخشى الله من
عباده العلماء（真主的仆人中，只有学者敬畏他[②]）一句中，宾语 الله 之所以提前到主语 العلماء 之前，是为了教导信徒尊重和敬畏安拉。安拉作为神的名字，理应受到更多关注。[③]此时宾语的提前遵循"重视和关注"原则。朱尔加尼对该原则的这种解读，反映出他优先从语义和语用层面对语言现象进行解释。语序作为表达句子含义的一种形式上的方式，是服务于意义的。同时，语序与其所表达的意义，及其所体现的语用目的之间是一一对应的关系。语序的变化应当且必须伴随着语义或语用目的的变化，否则这种变化便是没有必要的。

朱尔加尼对"重视和关注"原则的另一层解释可以概括为他对情景语境的关注。他把句子放到具体的言语情境中，在参考情景语境的基础上分析了句中主要成分的语序变化。在《奇迹例证》中，朱尔加尼指出，在 قتل الخارجيَّ زيدٌ（宰德杀了外来者）一句中，宾语 الخارجي 比主语 زيد 更为重要。这种重要性是对于听话者而言的，并且与语境有直接关系。如

---

① الجرجاني, المقتصد 1: 330-331.
② 《古兰经》，35章28节。本书所引《古兰经》均引自马坚译本，中国社会科学出版社1981年出版。
③ الجرجاني, المقتصد 1: 331. 此处或需指出，朱尔加尼在对这句经文进行分析时并没有采用"إنما 结构中把句子专指或强调的成分放在靠后的位置"这种解释。如果把这两种解释方式结合起来看，可以发现它们之间实际存在矛盾之处。

第二章　提前与后置

果听话者知道外来者是一个无恶不作、对社会有害的罪犯，并且对于谁最终杀了外来者并不关心，那么当要表达外来者被杀这一事实时，说话者就会把外来者（宾语）置于杀人者（主语）之前。因为说话者知道对听话者而言，更为重要的是外来者被杀死了。①宾语外来者提前的原因是因为它在这种语境下被说话者认为是更重要、与听话者更相关的信息。相比之下，在قتل زيد رجلا（宰德杀了一个人）一句中，朱尔加尼把语境设定为一个胆小怕事、没有胆量做伤天害理之事的人——宰德，做出杀人的举动。此时，当说话者要表达这一事件时，他会先说出主语زيد。因为相比被杀对象，杀人者此时是句子焦点，是说话者认为与听话者最为相关的信息。②值得注意的是，朱尔加尼此处把主语زيد位于宾语前视作一种提前。但若抛开语境，这个句子中动词—主语—宾语的语序反映的是阿拉伯语中的基本语序，句子并不存在提前或后置现象。朱尔加尼之所以把زيد解释成提前，并不是要否认主语位于宾语前是基本语序，而是想对西伯威所说的"重视和关注"原则做进一步解释。正如他在《奇迹例证》中所说的那样：人们可能认为，仅仅说"提前是因为关注，提到某个成分是因为它更重要"就够了，但却不提这种关注来自哪里，为什么某个成分会更为重要（وقد وقع في ظنون الناس أنه يكفي أن يقال: إنه قدم للعناية، ولأن ذكره أهم، من غير أن يذكر، من أين كانت تلك العناية؟ وبم كان أهم）。③重要性可以用来说明某个成分为何会提前，但仅仅如此是不够的，它的背后还存在更深层的原因。朱尔加尼把西伯威的这一原则理解为在特定言语情境下句子成分（此处仅指主语和宾语）与听话者之间相关性的程度。如果一个句子成分

---

① الجرجاني, دلائل: 107-108. 需要指出的是，如果要表示外来者被杀且杀人者是谁不重要时，قتل زيدٌ الخارجيَّ比قُتل الخارجيُّ زيدٌ更简洁的表达方式。朱尔加尼此处选择后一种表达，是相对قتل زيد الخارجيَّ而言的，以此更直观地体现宾语和主语位置上的不同。

② الجرجاني, دلائل: 108.

③ الجرجاني, دلائل: 108.

是该句的焦点，即说话者认为与听话者最相关的信息，那么在这种语境中该成分就应当被提前。上述例子中的安拉、外来者和宰德都是各自语境中说话者认为与听话者最为相关的成分，因此要把它们置于相关性较次要的成分之前。朱尔加尼对"重视和关注"原则的这种解读反映的是他从语用视角对阿拉伯语语序所做的解释。

一些现代学者也对"重视和关注"原则进行了研究。他们把重点集中在西伯威和朱尔加尼对该原则的分析上，并致力于说明它反映了两位语法学家采用了何种研究视角。佩莱德认为，西伯威对VOS和VSO语序的对比体现了他对非语言因素的意识，以及他把句子放到言语情景中进行考察的分析方法。两者均体现在西伯威对宾语提前现象所做的语用解读上。而就朱尔加尼对该原则的解释，佩莱德认为朱尔加尼把说话者对听话者的预设作为决定句子语序的重要依据。[1]黛耶则指出，在西伯威对宾语提前的分析中，说话者的意图扮演了最主要的角色。句子成分的提前和后置完全根据说话者就该成分相对听话者的重要性所做的判断而决定。她还进一步指出，说话者作为话语的唯一决定者（sole arbiter of the utterance），可能会说出不符合常规（主语—宾语），但却符合他们语用目的（宾语—主语）的句子。[2]巴尔贝基对西伯威和朱尔加尼的研究方法进行了系统地比较。在其中有关"重视和关注"原则的讨论中，巴尔贝基指出，朱尔加尼对该原则的解释是对西伯威的补充和深化。朱尔加尼在他的分析中始终强调语序与语义之间不可分割的关系。两位语法学家的共同点则在于他们都重视考察和衡量说话者在交际过程中起到的作用。[3]除了对西伯威和朱尔加尼的比较外，汗（Khan）分析了古典阿拉伯语中宾语前置于动词的现象。他列举了七种宾语因功能原因提到动词

---

[1] Peled, 2009: 76, 78.
[2] Dayyeh, 2019: 108, 111.
[3] Baalbaki, 1983: 12, 20.

前的情况，如宾语是句子的对比焦点，句子的语用目的是表达命令、要求等。其中，汗还提到在疑问句和否定句中，当否定和怀疑的对象仅限句子的宾语，不包括动词时，宾语需要提到动词之前，比如 ما زيدا ضربت（我打的不是宰德）和 أزيدا تضرب（你在打宰德吗）两句所反映的情况。①相似的例句在朱尔加尼的《奇迹例证》中有详细的分析，本章的第四节将集中对这些现象进行讨论。

三、什么是 اشتغال

在中世纪阿拉伯语语法理论中，ضربت زيدا ضربته 和 زيد ضربته 两个句子所代表的结构被语法学家命名为 اشتغال。伊本·哈吉布对这种结构进行了定义：

(30) هو كل اسم بعده فعل أو شبهه مشتغل عنه بضميره أو متعلقه.②

[اشتغال 是以名词开头，其后跟动词或类似动词的成分（的结构）。动词或类似动词的成分不与句首的名词有支配关系，而是支配（出现在它们之后的）指代该名词的代词，或与其（在语义上）有关联的成分。]③

以 ضربته زيد 和 ضربت زيدا 为例，句首的主格和宾格名词 زيد 都不由句中的动词 ضربت 支配，ضربت 支配的是与它相连的指代 زيد 的宾格代词 هاء。对于 زيد 为主格的情况，زيد 的支配词是起首结构，其后的动词句 ضربته 做述语，两者构成名词句。④而宾格的 زيد 的支配词则被认为是省略的动词 ضربت，句子的底层结构被视为 ضربت زيدا ضربته（巴士拉派观

---

① Khan, 1988: 58-62.
② الكافية, ابن الحاجب: 21.
③ 类似的定义见 شرح 1: 361, ابن عصفور. 艾斯特拉巴齐在对伊本·哈吉布的定义进行解释时指出，后者所说的类似动词的成分指主动名词和被动名词（شرح, الأسترآباذي 1: 439）。
④ 433: شذور, ابن هشام; 401 :1 شرح, ابن يعيش; 81 :1 كتاب, سيبويه.

点）。①

  语法学家对 ضربته زيدا 中 زيد 前省略的动词做了进一步解释。西伯威指出，该省略的动词尽管是 زيد 的宾格支配词，但在表层结构中必须被省略。因为句中已经有与其相同的动词出现作为解释它的成分（لا يظهرون هذا الفعل هنا للاستغناء بتفسيره）。②法里西对此的表述是，该省略的动词在语义上已由 زيد 后的动词说明（استغنى عن إظهار هذا الفعل لدلالة الثاني عليه）。③艾斯特拉巴齐认为，其后的动词作为它的说明成分代替了该被省略的宾格支配词（المفسر كالعوض من الناصب）。④伊本·叶伊什从支配关系的角度解释了为何 زيد 的宾格地位必须由该省略的动词赋予：ضربته زيدا 中的动词 ضربت 尽管在意义上是句首名词 زيد 的支配词，但在形式上它已经支配了指代 زيد 的宾格代名词 هاء。由于动词 ضرب 只及一物，不能使其再支配另一个宾格成分。因此，زيد 的宾格地位必须被解读为由其前省略的动词支配。⑤除此之外，一些语法学家指出，句中被省略的动词不一定就是名词后出现的动词。譬如，زيدا مررت به（宰德我曾路过他）一句中被省略的动词被认为是 لقيت（我遇见）或 جاوزت（我经过）。这是因为在 ضربته زيدا 中，被省略的动词 ضربت 在形式和意义上与句中出现的动词一致。而在 مررت زيدا به 中，مررت 尽管在意义上可以视为被省略的动词，但由于它必须通过介

---

① 433. 其中，西伯威和伊本·叶伊什还将这种解释用于句首名词是时空语的情况。西伯威把 يوم الجمعة 解释为 آتيك يوم الجمعة ألقاك（星期五我去你那儿，سيبويه, كتاب 1: 85.）。伊本·叶伊什则指出，اليوم سرت فيه（今天我启程）一句中 اليوم 的支配词是其前被省略的动词 سرت，句子的底层结构为 سرت اليوم سرت فيه（ابن يعيش, شرح 1: 436）。佩莱德在对相关现象的研究中指出，中世纪语法学家对 ضربته زيدا 这样的句子属于何种句型没有定论（Peled, 2009: 121）。شذور، ابن هشام 1: 401; شرح، ابن يعيش 1: 31; العضدي، الفارسي 1: 81; كتاب، سيبويه 1: 401

② سيبويه, كتاب 1: 81.

③ الفارسي, العضدي: 31.

④ الأستراباذي, شرح 1: 437.

⑤ ابن يعيش, شرح 1: 401.

第二章 提前与后置

词باء及物，在形式上无法支配ید的宾格格位。因此需要假定另一个与مررت意义相近，且可以直接及物的动词。由于在形式和意义上与句中出现的动词都一致的被省略的动词在语义层面的解释力更强（ما اجتمع فيه اللفظ والمعنى كان أقوى في الدلالة），因此当被省略的动词与句中出现的动词不同时，句首名词相比于宾格，更应以主格形式出现。换言之，زيد مررت به是比به مررت زيدا更好的表达。这是因为在这类结构中，句首名词的主格格位一律由起首结构赋予，不需要假定被省略的动词。① زيد مررت به与زيدا مررت به一对例子的情况类似，在ضربته زيد和ضربته زيدا两句当中，语法学家也认为زيد为主格的句子更好（أجود）。这也是因为主格格位在分析其支配词时不需要假定被省略的成分，但宾格格位却需要假定省略的动词和主语。②

库法派的语法学家对اشتغال结构中宾格名词的支配词持不同见解。该学派的代表人物法拉认为，在ضربت زيدا ضربته中的زيد由句中出现的动词ضربت支配，而非任何省略的动词。ضربت在支配宾格代词هاء之前先支配زيد, هاء是对زيد进行的重复表述（أدخل الهاء على التكرير）。③安巴里指出，库法派认为句中的代词与句首名词在指称上相同，因此两者被支配的方式也应相同。就像在أكرمت أباك زيدا（我款待了你的爸爸宰德）中，أباك和زيدا都由

---

① شرح ابن يعيش, 1: 403. 类似分析见سيبويه, كتاب 1: 83; ابن الحاجب, الكافية: 22。
② شرح ابن يعيش, 1: 404. 另外，在一些更为复杂的اشتغال结构中，比如句首名词和其后动词之间出现疑问工具词、否定工具词、条件工具词等，或句首名词后的动词句不是陈述句，而是命令句、禁戒句等句式时，句首名词应以主格还是宾格形式出现的情况各不相同。这些情况与本节所讨论的宾语提前现象无太大关联，故不做赘述。相关分析参考ابن عصفور, الحلل: 153-156; البطليوسي, شرح ابن هشام 1: 387-388, 389, 392, 393; الخوارزمي, شذور ابن هشام: 434-435; شرح 1: 362-365; شرح: 134-135。
③ الفراء, معاني 2: 255.

أكرمت 支配那样。①

本小节的讨论以巴士拉派的观点为基础，将重点放在 زيد ضربته 和 ضربته زيدا 两个句子上。从形式角度看，ضربته زيدا 虽然在底层结构中被视为省略了位于名词前的动词，但它的表层结构与宾语提前的句子 زيدا ضربت 颇为接近。从语义关系的角度看，句中的 زيد 充当动词 ضرب 的受事。在阿拉伯语中，受事经常在格位上体现为宾格。因此，ضربته زيدا 一句与宾语提前的句子存在一定程度的相似性。西伯威在分析 ضربته زيد 和 ضربته زيدا 两个句子前先提到另两个句子。他指出，在 ضربت زيدا 中，名词建立在动词上，这样的句子是标准（الحد）。如果把宾语提前得到 زيدا ضربت，这个句子也是好的阿拉伯语（عربي جيد）。而 ضرب زيد 一句则是把动词建立在名词上，由于句首名词的格位不需要依靠省略的成分支配，它相比 زيدا ضرب 是更好的表达。②西伯威根据 زيد 支配词的不同把四个句子分成两组。第一组中，زيد 由句中的动词支配。动词—主语—宾语和宾语—动词—主语的语序都是允许的表达，前者反映的是句子的基本语序。第二组中，زيد 分别由起首结构和被省略的动词支配，前者是比后者更好的句子。尽管西伯威并没有明确地把 ضربته زيدا 视为将 ضربت زيدا 中的宾语 زيد 提前的结果，但从他对四个句子的分析中能够体会到它们在实际语言使用中的优劣排序。

将这种排序明确化的语法学家是朱尔加尼。他把上述四个句子外加 ضربت عبدَ الله 一句分为五个层次（خمسة مراتب），并对句子之间的语序变化分别做出了描述。首先，ضربت عبدَ الله 是基础（أصل），句中的宾语位于动词后。随后，通过把宾语 عبدَ الله 提前，得到第二层句子 عبدَ الله ضربت，宾语的句法地位不发生变化。紧接着，句首名词 عبد 变为主格，并使动词及物于指代 عبد 的宾格代词 هاء，从而得到第三层句子 عبدُ الله ضربته。عبدُ الله 必须

---

① شرح, ابن يعيش 1: 438; شرح, الأستراباذي 1: 82. 关于库法派对该问题的分析，见 الإنصاف, الأنباري 1: 402。另参考欧文斯对法拉观点的分析：Owens, 1990a: 176-177。

② كتاب, سيبويه 1: 80-81, 82-83。

第二章　提前与后置

变为主格是因为及一物的动词不可支配两次宾格成分（لا يعمل مرتين）。而第四层句子عبدَ الله ضربته则是通过把句首的عبدَ الله变为宾格，并把它的支配词视为省略的动词ضربت获得。朱尔加尼指出，第四层句子在四个句子中的地位排在末尾（أقل المراتب）。这是因为如果想让动词支配عبد الله的宾格格位，那么说ضربت عبد الله便足够了，使用ضربت عبد الله并将عبد الله的支配词视为省略的动词完全没有必要。最后，朱尔加尼把ضربت عبدُ الله一句视为第五层句子，句中的动词ضربت后包含一个假定的代词هاء。他用ضعف（弱）一词形容这种表达。①从朱尔加尼的描述中可以得出，زيدا ضربته和زيد ضربته两个句子都是从ضربت زيدا一句那里经过语序变化得到的。在他的另一本著作《奇迹例证》中，他还明确地把زيد ضربته和ضربته زيدا视为两种不同的提前。②两者的区别在于前一句中زيد的句法地位不变，而后一句里زيد从宾语变成了起语。③不过，朱尔加尼就زيد ضربته一句的解读实则与大部分语法学家的观点不同。在他们看来，زيد ضربته是一句由起语和小句型述语构成的名词句，它与ضربت زيدا之间不存在转换关系。由ضربت زيدا进行语序变化直接得到的句子是ضربت زيدا。

西伯威和朱尔加尼的分析都是从支配关系的角度进行的。他们没有提到زيد ضربته和ضربته زيدا这样的句子与ضربت زيدا相比有何语义或语用上的不同。意识到这一区别的语法学家是伊本·艾比·拉比厄和宰加吉。前者同样把ضربت زيدا视为基础，并通过宾语的提前，以及赋予ضربته谓

---

① الجرجاني, المقتصد 1: 229-230.
② الجرجاني, دلائل: 107.
③ 这种区别反映的是朱尔加尼把提前与后置分成两类的依据。第一类中，句子成分的提前或后置不会造成其语法地位的变化。如在ضرب عمرا زيد منطلق和منطلق زيد两句中，منطلق和عمر仍分别做述语和宾语。而第二类提前与后置则会使发生位置变化的成分在句法地位上也产生相应的变化。朱尔加尼把زيد المنطلق视为المنطلق زيد语序倒置的结果，但المنطلق此时不是提前的述语，而是起语；زيد亦不是后置的起语，而是述语（الجرجاني, دلائل: 106-107）。

语功能，从而得到ضربته زيد。伊本·艾比·拉比厄认为，زيد ضربته 中分别以明显名词和代名词的形式出现了两次，句子的目的是对其进行强调和确认（التعظيم والتحقيق）。① 宰加吉则指出，ضربت زيدا 的目的是对"我"进行陈述，使"我"的行为的终点得到确定（تثبت أين وقع فعلك）。而زيد ضربته 则是为了突出زيد。② 在这种解读下，اشتغال结构的功能是使句首的名词成为话题（topic），并使其后的谓语成分作为对其的评论（comment）。③

以زيدا ضربته 和زيد ضربته 为代表的اشتغال结构反映了阿拉伯语语法传统中一种较为特殊的语序现象。有少数语法学家认为该结构是从以动词—主语—宾语为语序的动词句中转换而来的。但由于这种结构中句首名词的支配方式与一般的宾语提前的句子中宾语的支配方式有明显不同，特别是زيد ضربته 一句，大部分语法学家因此没有将其纳入宾语提前的讨论之中。另外，在本小节所提到的例句中，句首名词在语义上大多为受事。在其他اشتغال结构中，句首名词还担任其他不同的语义角色。鉴于句首名词在格位和语义上的复杂性，以及其后的小句在结构和句式上的多样性，اشتغال所代表的语言现象还需要做更深入的研究。

从本节对宾语提前现象的讨论中可以归纳的是，语法学家分别从句法、语义和语用三个角度对宾语在句中的位置变化做出解释。这其中，西伯威和朱尔加尼两位语法学家尤其注重对宾语提前的语用解读。他们的分析方法偏向于描述和解释。其他语法学家对宾语必须提前所做的分析则主要说明了中世纪阿拉伯语语法理论中的一些限定性句法规则，这种分析方式偏向在形式层面对句法现象进行规定和标准化。而阿拉伯语

---

① ابن أبي الربيع, البسيط 2: 756.
② الزجاجي, الإيضاح: 136-137.
③ 从现代语言学理论对اشتغال结构进行的分析，参考Anshen & Schreiber, 1968; Owens, 1988: 188; Mohammad, 1999: 63-72.

语法传统从多个层面对语序现象所做的描绘在下一节关于述语提前的探讨中也将得到展现。

第三节 述语的提前

第一章中提到，语法学家对于句子主格成分的支配词进行了明确区分。这体现在他们对句型的划分和对基本语序的论述中。伊本·艾比·拉比厄对此表示，支配词在本质上有两种：动词和起语。除起语外，其他名词性成分（如主动名词）可以起支配作用是因为它们拥有动词的功能（يعمل على الحمل بالفعل）。但起语作为名词性成分能够进行支配，不是由于它有动词的功能，而是因为它也是支配词根本形式的一种。动词本质上可以通过屈折变化体现时态的区别，而名词则可以通过格位标识的变化体现句法功能的不同。他把动词和名词的这两种形态变化进行了类比，指出既然表现时态变化的动词，其支配的成分可以提到它之前，那么通过不同格位表示主语、宾语和偏次等句子成分的名词，其所支配的成分也能提前。①伊本·艾比·拉比厄的观点为述语提前现象提供了又一种解读。他并没有选择用支配词倾向于出现在被支配词前这一规则对述语的提前进行解释，而是将述语提前的可行性类比到宾语提前上，通过对动词和名词形态变化的比较为这两种提前现象提供理论依据。同时，他的论述也再一次反映出语法学家对名词句和动词句主格成分支配词的区分。这也是为什么在讨论句子成分的提前现象时，述语提前同样需要与宾语提前分开进行论述。

在正式展开分析前，需要指出库法学派对述语提前持反对意见。他们的理由主要是在类似قائم زيد（宰德站着）、أبوه قائم زيد（宰德，他的爸爸站着）的句子中，提前的述语قائم和قائم أبوه中含有表示后置的起语زيد的代词

---

① ابن أبي الربيع, البسيط 1: 580-582.

هاء/هو。而代词的后指在阿拉伯语中是不允许的。①巴士拉派的语法学家反对该观点。他们认为在这两个句子的底层结构زيد قائم和قائم أبوه زيد中，述语所包含的代词是回指的。因此在表层结构中，它的提前是允许的。②本节的论述将以巴士拉派的观点为基础，展示语法学家对该现象所做的多个层面的解读，并对若干相关概念进行释义。

一、قائم زيد的两种解读

قائم زيد所代表的句子结构需要单独进行讨论，是因为语法学家并不一致认为这类句子是述语提前的名词句。在中世纪阿拉伯语语法理论中，قائم زيد一般有两种解读：（1）قائم是提前的述语，زيد是后置的起语；（2）قائم是起语，زيد是占据述语位置的主语（فاعل سد مسد الخبر）。

在《西伯威书》关于起首结构的一章中，这两种解读就已经出现了。只是第二种解读不被西伯威认同。西伯威在该章中引用他的老师哈利勒的观点，指出如果不把قائم زيد视为起语和述语倒置的结构，它便是不合语法（يستقبح）的句子。③随后他紧接着说道：

(31) فاذا لم يريدوا هذا المعنى وأرادوا أن يجعلوه فعلا كقول يقوم زيد وقام زيد قبح، لأنه اسم.④

［如果他们不想作此解，而是想把قائم (قائم زيد)视为动词，把它类比为قام زيد、يقوم زيد（这样的句子），这是不合语法的，因为قائم是名词。］

西伯威认为，类似زيد قائم、زيدا ضارب的句子无法单独成句，除非在主动名词之前出现其他成分，比如زيدا ضارب أنا、زيدا ضارب هذا中的هذا和أنا。这

---

① 关于库法派反对述语提前的描述，见الأستراباذي, شرح 1: 247-248; الأنباري, الإنصاف 1: 65。
② 关于巴士拉派对库法派的驳斥，以及巴士拉派允许述语提前的描述，见المبرد, المقتضب 1: 65-66, 68; الأنباري, الإنصاف 2: 382; ابن جني, الخصائص 1: 59; ابن السراج, الأصول 4: 127; ابن أبي الربيع, البسيط 1: 577。
③ سيبويه, كتاب 2: 127.
④ سيبويه, كتاب 2: 127.

是因为主动名词和动词之间尽管有相似之处，两者间的不同（فصيل）还是存在的。①后来的语法学家继承了西伯威的这一观点，并对主动名词和动词之间的异同进行了更细致的分析。并且，主动名词之前需要有其他成分才能成句也成为阿拉伯语语法传统中主动名词能起类似动词的支配作用的基本原则。此处西伯威尽管没有把زيد قائم明确地解读为"起语＋占据述语位置的主语"，但他引用哈利勒的观点，提到可以把قائم视作起动词作用的名词（尽管西伯威本人不赞同此观点）。这种分析显然对后来的语法学家产生了影响。

在对《西伯威书》的注解中，西拉菲指出زيد قائم不合乎语法是在形式上，而不是意义上（الذي قبحه فساد اللفظ لا فساد المعنى）。他认为如果把قائم视为由起首结构赋予主格的起语，把زيد视为主语的话，这个句子在意义上是完整的。但在形式上，句中的起语没有伴随述语。因此，把قائم زيد视作合乎语法的句子的语法学家把زيد称为占据述语位置的主语。②伊本·塞拉吉指出，قائم做起语，زيد做占据述语位置的主语，后者的主格地位由قائم支配。他对这种分析的看法是"不合乎语法，但允许"（جائز عندي على قبحه）。③另一位语法学家宰加吉对两种解读都进行了分析。他指出，当قائم做提前的述语时，该句子双数和复数的情况应当是قائمان الزيدان和قائمون الزيدون。这是因为起语和述语需要保持数的一致。若قائم起类似句首动词的作用（جرى مجرى الفعل المقدم），当它所支配的主语变成双数或复数时，它与动词一样保持单数，即应当说قائم الزيدان和قائم الزيدون。④法里西也认同"起语＋占据述语位置的主语"的解读。⑤他还指出，فيها قائم زيد（在里

---

① سيبويه, كتاب 2: 127-128.
② السيرافي, شرح 2: 458.
③ ابن السراج, الأصول 1: 60.
④ الزجاجي, الجمل: 37-38.
⑤ الفارسي, العضدي: 35.

面宰德站着）一句也可作此解。该句中，قائم不仅支配زيد的主格格位，还支配介词短语فيها的宾格地位。同时，فيها不能被理解为真正的述语。这是由于قائم起了动词的作用，而动词本身作为谓语成分不需要其他成分充当它的谓语。因此فيها不做它的述语，而做时空语。^①动词不能被指派谓语成分的观点在伊本·希沙姆那里得到了呼应。他的描述更为直接、明确：قائم被解释为动词（في تأويل الفعل），动词被陈述是不正确的，因此处于动词地位的成分也不能被陈述。^②

قائم زيد的两种解读在后期语法学家的著作中继续出现。安巴里、伊本·艾比·拉比厄、伊本·叶伊什和伊本·希沙姆都对哪一学派的语法学家支持哪一种解读进行了总结。他们指出，以西伯威为首的巴士拉派语法学家一般认为قائم زيد是述语提前的名词句。库法学派因为反对述语的提前，故将这个句子视为"起语+占据述语位置的主语"。艾赫法什是持后一种观点的巴士拉派语法学家，他认为قائم之前不需要出现其他成分就能起支配作用。^③除此之外，伊本·艾比·拉比厄、伊本·叶伊什、伊本·希沙姆以及艾斯特拉巴齐还就قائم زيد的后一种解读进行补充说明。伊本·艾比·拉比厄认为，那些说أكلوني البراغيث的人如果把قائم زيد视为"起语+占据述语位置的主语"的结构，那么当主语变为双数或复数时，他们应该说قائمان الزيدان和قائمون الزيدون。这是因为他们把动词中的واو和ألف视作双数和复数的标志，因此当主动名词起类似动词的作用时，ألف和واو同样应作为数的标志附着于主动名词上。^④伊本·叶伊什的观点则与西拉菲的解释较为相似。他把أقائم الزيدان中的قائم称作形式上的名词，意义上的

---

① البصريات, الفارسي 1: 328.

② ابن هشام, قطر: 209.

③ مغني, ابن هشام 2: 103; 4: شرح, ابن يعيش 1: 583-584; البسيط, ابن أبي الربيع 69-70; أسرار, الأنباري 511-512.

④ البسيط, ابن أبي الربيع 1: 584.

动词（اسم من جهة اللفظ وفعل من جهة المعنى）。由于动词和其后的主语زيدان已经表达了完整句义（الكلام تام من جهة المعنى），因此这种解读是合理的，并且句中不存在被省略的真正的述语。①伊本·希沙姆对两种解读进行了对比。他把起语分为需要述语的起语和没有述语的起语两类。大部分起语属于第一类，第二类起语需要有主格成分与其一起成句。可以看到，这两类起语分别对应زيد قائم两种解读中的زيد和قائم。伊本·希沙姆进一步提出，两类起语的共同点在于它们都由起首结构赋予主格。两者的区别则在于第一类起语一般是纯粹的名词（اسم صريح），第二类起语主要由主动名词、被动名词等具有形容词含义的名词性成分充当。②另外，他对第二类起语所需的主格成分提出语义上的要求：该主格成分必须能与这类起语单独构成小句。他以أقائم أبواه زيد（宰德的父母站着吗）一句为例，指出该句中的قائم أبواه不能被理解为由起语قائم和占据述语位置的主语أبواه所构成的小句做起语زيد提前的述语。这是因为قائم أبواه不是完整的句子（لا يتم به الكلام）。在该句中，قائم أبواه的确是后置的起语زيد的述语，但قائم应当被解读成提前的述语，أبواه做该述语意义上的主语。③另外，伊本·希沙姆还在他的另一部作品中对"起语＋占据述语位置的主语"的结构与句子主谓成分之间的对应关系进行了说明。他认为，当زيد قائم作该解时，起语قائم不是句中的主语成分مسند إليه，而是句中充当谓语的成分مسند。句中充当主语的成分则是占据述语位置的主语زيد。这与起语和述语在一般的名词句中对应的主谓关系相反。④

在关于زيد قائم第二种解读的讨论中，艾斯特拉巴齐的观点较为特殊。他认为，起语قائم在这种解读中既然被视为起动词的作用，而动词本身

---

① شرح ابن يعيش, 1: 243.
② شذور ابن هشام: 210.
③ شذور ابن هشام: 212.
④ قطر ابن هشام: 201-202.

不需要述语（或谓语），所以这种起语在本质上就是不需要述语的。因此，艾斯特拉巴齐没有把زيد理解为占据述语位置的主语，而是直接将其解读为主语。在他看来，قائم زيد是由起语和主语构成的一种特殊的句子结构。之所以有语法学家把زيد قائم解释为"起语＋占据述语位置的主语"，是因为他们需要把这类句子纳入名词句"起语＋述语"的基本框架中进行解释。①

　　从艾斯特拉巴齐的观点中引申出一个重要的问题。在语法学家对قائم زيد提出的两种解读中，第一种解读——由提前的述语قائم和后置的起语زيد构成的句子，在阿拉伯语语法传统中显然属于名词句的范畴。但他们的第二种解读却使得由قائم زيد所代表的句子结构无法归入名词句、动词句或时空句中的任何一种。从名词句的角度看，位于句首的主格名词由起首结构支配主格，在句中做起语。但该起语却起类似动词的功能支配其后的名词，且该名词被视为主语而非述语。从动词句的角度出发，قائم被视作起类似动词的作用，赋予其后的名词主格格位，且该名词也被称作主语。但قائم本身的主格地位却由起首结构支配。对时空句而言，位于句首且起支配作用的成分并不是时空语或介词短语。由此可见，"起语＋占据述语位置的主语"的结构与这三种句子类型在句法层面的定义都存在矛盾之处。这或许能够解释为什么很少有语法学家对قائم زيد属于哪种句型予以明确说明。并且，也暂未发现有任何一位语法学家把这种结构视作一种单独的句型。伊本·希沙姆的观点或许是一个例外。他在两本著作中分别对类似结构进行了描述。在从词类角度分析阿拉伯语的构句方式时，他把由两个名词组成的句子分为四个子类。其中一个子类便是由起语和占据述语位置的主语构成的句子。他的例子是أقائم الزيدان，但他并没有

---

① الأستراباذي, شرح 1: 225.

指明这个句子是名词句。①相比之下，他的另一处描述更为明确。在他对名词句、动词句和时空句的分类说明中，他把قائم الزيدان—句用作名词句的例句，并指出允许这类句子的是库法学派的语法学家以及艾赫法什。②

或许是受到这种解读的影响，一些现代学者把由起语和占据述语位置的主语构成的句子视为一种独立的句型。比如，巴德维（بدوي）在他的论文中将阿拉伯语句子分为名词句、动词句和形容词句（جملة الوصف）。他把形容词句定义为由主动名词、被动名词等具有形容词词式和含义的词开头的句子，并把句中承担主语和谓语功能的成分称为起语和占据述语位置的主语。③穆凯里姆（المكارم）同样把这类句子称为形容词句，他使用的术语是الجملة الوصفية。穆凯里姆指出，الجملة الوصفية包含两种含义。它既可以指在句中形容泛指名词的句子，也可以指以充当谓语的形容词开头，与其后充当主语的成分一起构成的句子。主动名词、被动名词、半主动名词、比较名词和从属名词都可以作为后一种形容词句中的句首成分。④哈桑（حسان）同样使用短语الجملة الوصفية。他把形容词视作这类句子的核心（نواة），并指出形容词前必须有能被依靠的成分才能成句。⑤但是，无论是جملة الوصف还是الجملة الوصفية，在本书参考的语法著作中，暂未发现有语法学家将这两个术语所代表的句子视作一种独立的句型进行讨论。

二、形式原因

与宾语提前的情形类似，语法学家也从形式层面对述语提前的若干情

---

① ابن هشام, قطر: 87.
② ابن هشام, مغني 2: 433.
③ بدوي, 2000: 8, 9.
④ المكارم, 2007: 83, 92.
⑤ حسان, 1994: 210.

况进行了分析。从关于زيدقائم的讨论中可以看到，西伯威允许述语的提前。他随后讨论了其他述语提前的例子，并把أينفي中的和فيها、أين زيد فيها عبد الله中的和أين称为占据了起语位置，并代替了起语的成分。(يقع موقع الاسم المبتدأ ويسد مسده فيها)。[1] 这种对于述语提前现象的描述显得比较含蓄。因为西伯威并未直接把فيها和أين称为提前的述语，把عبد الله和زيد称为后置的起语。

西伯威之后的语法学家对述语提前的描述更为直观。无论是从形式还是功能的角度，他们并不像西伯威那样把提前的述语称为占据并代替起语的成分，而是直接使用类似تقديم الخبر على المبتدأ（把述语提到起语前）的表述分析这类现象。不过，在论述语法学家对述语提前做出了哪些形式层面的解释前，需要先探讨一个与述语提前有关，但语法学家对此存在争议的现象。

"名词句与动词句"一小节中曾提到宰加吉关于动词句做述语时，述语不得提前的观点。他认为不能把قام زيد看作是زيد قام中述语قام提前得出的句子。因为在قام زيد中，قام不是提前的述语，而是动词；زيد也不是后置的起语，而是主语。然而，宰加吉只讨论了动词句的主语是单数，且与主语在指称上相一致的情况。仅仅通过这一种情况就得出动词句述语不得提前的结论是不够严谨的。这一现象还需做进一步分析。

伊本·哈吉布和伊本·欧斯福尔的观点与宰加吉类似。两者都表示当动词句述语中的主语是表示起语的代词时，述语不得提前。并且，他们的例句都是主语为单数的情况。[2]阿布·哈扬把这种情况称为起语的主语性（فاعلية المبتدأ）。他指出，当起语的后置可能会导致它被理解成主语时，这种语序变化便不被允许。[3]但是，当动词句述语的主语为表示起语

---

① سيبويه, كتاب 2: 128.
② الكافية, ابن الحاجب :16; شرح, ابن عصفور 1: 353. 伊本·欧斯福尔还指出，被动式动词的情况与主动式动词相同。ضرب زيد（宰德被打了）中的述语ضرب也不得前置于起语。
③ التذييل, أبو حيان 3: 339.

第二章　提前与后置

的双数或复数代词时，语法学家对述语能否提前持两种意见。艾斯特拉巴齐认为，在قاموا和قاما两句中، الزيدون قاموا، الزيدان قاما动词句述语قاموا和قاما不允许提到起语之前。因为提前后的句子会造成后置的起语الزيدون和الزيدان被解读为قاموا和قاما中主格代名词الف和واو的同位语。艾斯特拉巴齐的结论是，动词句述语的主语为表示起语的双数或复数代词的情况与其主语为表示起语的单数代词时的情况一致，均不允许提前（منع ذلك حملا على المفرد）。①
巴特尤西对此持相反的观点。他明确表示，语法学家不允许动词句述语的提前仅限于起语是单数的情况。زيد قام中的述语قام不允许提前，是因为提前后قام和زيد的句法地位都发生了变化。قام从述语变成起支配作用的动词，زيد则从起语变成由动词支配的主语。这是由于在阿拉伯语语法传统中，字面支配词的支配能力强于意义支配词（العامل اللفظي أقوى من المعنوي）。因此قام زيد只能被视为"动词+主语"的结构，不能被视为"提前的述语+后置的起语"。但是，当动词中出现双数或复数主格代名词时，述语不能提前的理据便消失了（ذهبت العلة المانعة من التقديم）。②巴特尤西允许把خرجا أخواك（你的两个兄弟出去了）和خرجوا إخوتك（你的兄弟们出去了）视为أخواك خرجا和إخوتك خرجوا两个句子述语提前的结果。因为此时提前后的句子不会造成动词是单数时那样的歧义（هذا موضع قد أمن فيه اللبس الذي كان في فعل الواحد）。③巴特尤西没有说明他所说的述语不能提前的理据和单数动词提前所造成的歧义是什么。但从他对قام زيد的分析中可以推测，两者很可能表示相同的含义。即当附着双数或复数主格代名词的动词提到起语前时，句中原来的起语和述语不会发生句法地位的变化。在خرجا أخواك和إخوتك خرجوا两句中，أخواك与إخوتك仍是起语，خرجا与خرجوا仍是述语。这是因为在阿拉伯语语法传统中，动词不允许同时支配两个主格成分。当خرجا

---

① الأستراباذي, شرح 1: 258.
② البطليوسي, الحلل: 83-84.
③ البطليوسي, الحلل: 151.

和خرجوا中的ألف和واو被视作充当主语的主格代名词时，أخواك和إخوتك便不能再做主语。因此，在这种条件下，这两个句子不会像قام زيد那样被解读成"动词+主语"的结构。有趣的是，巴特尤西和艾斯特拉巴齐的分歧恰恰体现在此处。两位语法学家都把خرجا أخواك和خرجوا إخوتك中的ألف和واو视作充当主语的主格代名词。但巴特尤西把أخواك和إخوتك视作后置的起语，他允许述语خرجا和خرجوا提前。而艾斯特拉巴齐则认为أخواك和إخوتك可能被解读为ألف和واو的同位语，因而不允许خرجا和خرجوا提前。

上述的讨论涉及的是动词句做述语时，动词句的主语和起语在指称上一致的情况。当动词句的主语和起语在指称上不一致时，语法学家一致认为动词句述语可以提前。比如，法里西就把ضربته عمرو（我打了阿穆尔）视为述语提前的名词句。① 在该句中，述语ضربته中的主语是"我"，它与起语阿穆尔在指称上不同。伊本·艾比·拉比厄直接将动词句述语能否提前的情况分为两类。当动词句的主语不是表示起语的代词时，动词句允许前置于起语，如ضربته زيد（我打了宰德）。当动词句的主语指代的对象就是起语时，动词句述语不允许前置于起语。对于第二类情况，伊本·艾比·拉比厄给出的例子是主语为单数的句子。他的理由与巴特尤西相同，即字面支配词的支配能力强于意义支配词。② 阿布·哈扬细化了动词句述语中主语与起语指称不一致的情况。他指出，在这种情况下，如果动词句中出现归于起语的代词，该动词句的提前是允许的。如在زيد قام أخوه（宰德，他的兄弟站起来了）一句中，述语قام أخوه中的代词هاء归于起语زيد，并且动词句的主语أخوه与زيد不是同一人，此时述语可以提前。但当动词句述语（在表层结构）中没有体现归于起语的代词时，动词句的提前是不合语法的（قبح）。譬如，如果ضرب أبو بكر زيد一句想要表

---

① الفارسي, العضدي: 52.

② ابن أبي الربيع, البسيط 1: 582-583.

第二章 提前与后置

达的意思是 زيد ضربه أبو بكر（宰德，阿布·伯克尔打了他）时，由于 ضرب أبو بكر 中的宾格代词 هاء 没有出现，所以这样的表达是不允许的。①

至此，可以对语法学家就动词句述语能否提前所做的分析进行总结。语法学家普遍认为，当动词句述语中的主语与起语在指称上不一致时，动词句述语可以提到主语前。当动词句述语中的主语与起语指称相同时，该主语往往以指代起语的代词形式出现。语法学家将此类情况分为主语是单数和主语是双数或复数两类。当主语是单数时，他们一致禁止动词句述语提前；当主语是双数或复数时，他们意见不一。伊本·阿齐勒对动词句述语的提前现象进行了较为完整的归纳。②他指出，伊本·马立克提到的 كان الفعل ما اذا كذا خبرا（当动词做述语时）不应被理解为动词句述语绝对不允许提到起语前，而仅指动词的主语是表示起语的隐藏的代名词时的情况。③另一位伊本·马立克的评注者乌什穆尼则把动词句述语的主语分为可见的（محسوس）和隐藏的。前者包括明显名词和双数、复数主格代名词，此时述语的提前是允许的；后者则指第三人称单数代名词，此时述语提前是禁止的。④

语法学家对动词句述语能否提前的分析几乎完全是从形式层面做出的。除了动词句做述语外，他们还从相同视角出发，描述和解释了若干其他述语提前的现象。这其中，有四种现象被普遍认为是述语必须提前的情况。第一种情况与宾语必须提前类似。上文提到，当主语中包含指代宾语的代词时，宾语必须提到主语前。相应地，在名词句中，当起语中包含表示述语的代词时，述语必须提到起语前。这两种提前的目的都是为了避免出现代词后指的情况。语法学家给出的例子包括 في الدار

---

① التذييل, أبو حيان 3: 340.
② شرح, ابن عقيل 1: 234-235.
③ ألفية, ابن مالك: 87; شرح, ابن عقيل 1: 235.
④ شرح, الأشموني 1: 283-284.

صاحبها（房主在屋子里）、زبدا مثلها التمرة على（椰枣上有等量的黄油）、خلف يشتريها من دارك（你的房子后住着它的买主）等。① 在这些句子中，起语 دارك 和 يشتريها من 中的代词 ها 分别指代述语中的 التمرة、الدار 和 صاحبها、مثلها。此时述语必须前置于起语，以使得在表层结构中，代词的指代方式是回指的。

第二种述语必须提前的情况是当起语是由 أن 引导的句子时，起语必须后置于述语。比如，在 في علمي أنك قائم（在我看来你站着）和 عندي أنك قائم（据我了解你站着）两句中，述语 في علمي 和 عندي 分别处于起语前的位置。② 一些语法学家对该现象进行了解释。艾斯特拉巴齐指出，أن 引导的句子做起语时述语必须前置，是为了防止 أن 被误解为 إن（لئلا يلتبس بإن المكسورة）。在类似 أن زيدا قائم حق、أن زيدا قائم عندي 这样的句子中，述语 حق 和 عندي 出现在 أن 引导的起语后。但 أن 和 إن 的区别在于两者中位于句首的是 إن！另外，عندي 位于 أن 的述语 قائم 后，可能会使其被解读为修饰 قائم 的时空语。而当 عندي 和 حق 提到起语前时，两者作为提前的述语的语法地位是明确的，句子可能产生的歧义也因此消失了。③ 伊本·叶伊什和阿布·哈扬指出，如果允许 أن 引导的起语出现在述语前，当该名词句句首增加表示强调的 إن 后，会出现 إن 和 أن 相连的情况：إن أن زيدا قائم عندي，这种现象在阿拉伯语中是不允许的。但是，当 أن 引导的起语后置时，句子便不会产生这样的问题。④

述语必须提前的第三种情况与时空句的句子结构类似。语法学家把类似 في الدار رجل（屋里有个人）、عندك امرأة（你那里有个女人）的句子视

---

① الكافية, ابن الحاجب: 16; شرح الأستراباذي, 1: 262; شرح ابن عصفور, 1: 353; البسيط, ابن أبي الربيع, 1: 588; شرح ابن عقيل, 1: 240-242; التذييل, أبو حيان, 3: 350-351.

② الكافية, ابن الحاجب: 16; شرح ابن عصفور, 1: 353.

③ شرح الأستراباذي, 1: 262.

④ شرح ابن يعيش, 4: 527, 544; التذييل, أبو حيان, 3: 350.

为由提前的述语和后置的起语组成的句子。① 这种解读需要满足两个条件。首先，句中后置的起语的支配词应被认为是起首结构，而非介词短语或时空语。其次，后置的起语为泛指。伊本·艾比·拉比厄从主谓关系的角度解释这一现象。他认为，在 في الدار رجل 一句中，句子的含义是为了表示房子有人住。句子本来应该是 الدار معمورة برجل。在他看来，该句中充当主语的是述语 في الدار，充当谓语的则是起语 رجل。② 这与一般名词句中起语对应主语，述语对应谓语的主谓关系相反。其他语法学家对"时空语/介词短语+泛指起语"的名词句倒装结构的解释主要从起语的泛指性着手。他们把泛指起语出现在句首称为"没有合适的理由"（المبتدأ نكرة لا مسوغ للابتداء بها）。当句子的述语由时空语或介词短语充当时，它们必须后置。③ 伊本·哈吉布、艾斯特拉巴齐和阿布·哈扬都把这种情况下述语的提前称作字面上的修正（مصحح）。④ 伊本·吉尼则使用与 مصحح 含义相近的单词 إصلاح（修改）。他对这一结构的分析更为全面。伊本·吉尼在《特征》中指出，名词句的基本结构是由确指的起语开头，通过泛指的述语对其进行描述从而表达完整的含义。而由泛指起语开头的名词句是不合语法的，因此：

(32) رأوا تأخيرها وإيقاعها في موقع الخبر الذي بابه أن يكون نكرة؛ فكان ذلك إصلاحا للفظ.⑤

［他们把泛指起语后置，放到（原本是）述语的位置上。因为述语（这类成分本质上）是泛指的，因此这种（位置上的变化）是对字面的修正。］

换言之，由于述语本质上是泛指的，泛指起语后置占据述语位置使

---

① المفصل, الزمخشري: 49-50; الكافية, ابن الحاجب: 16; شرح, ابن عقيل 1: 240.
② البسيط, ابن أبي الربيع 1: 587-588.
③ شرح, ابن عقيل 1: 353; شرح, ابن عصفور 1: 240.
④ الكافية, ابن الحاجب: 16; شرح, الأستراباذي 1: 260; أبو حيان, التذييل 3: 346.
⑤ الخصائص, ابن جني 1: 300.

得句子结构在形式上达成一种和谐，这种和谐体现在两者的泛指性上。①这为泛指起语在名词句中出现提供了形式上的依据。伊本·吉尼在后文中用类似的表述再次强调了他的观点。他表示，述语的（基本）条件是泛指，泛指起语占据述语位置使得句子在字面上获得修正（من شرط الخبر أن يكون نكرة، فلذلك صلح به اللفظ）。②值得指出的是，伊本·吉尼对"时空语/介词短语+泛指起语"结构的讨论出现在"本章是有关如果出现临时情况，句子成分会违反其原本位置"（باب في نقض المراتب اذا عرض هناك عارض）一章中。③可以推测，伊本·吉尼把泛指起语出现在陈述式肯定句中视作一种临时情况或偶然事件（عارض），它导致的结果是名词句原本的语序起语—述语发生倒置。④

另外，伊本·吉尼对这种述语必须提前的情况还做了进一步分析。他说：

(33) من قبح أن تقديم المبتدأ نكرة في الواجب، ولكن لو أزلت الكلام إلى غير الواجب لجاز تقديم النكرة؛ كقولك: هل غلام عندك، وما بساط تحتك، فجنيت الفائدة من حيث كنت قد أفدت بنفيك عنه كون البساط تحته، واستفهامك عن الغلام: أهو عنده أم لا؟ اذ كان هذا معنى جليا مفهوما. ولو أخبرت عن النكرة

---

① 关于阿拉伯语中起语本质为确指，述语本质为泛指的描述，见ابن يعيش, شرح 1: 224。

② ابن جني, الخصائص 1: 317. 相似的描述见ابن يعيش, شرح 1: 226。伊本·叶伊什还提出另一个泛指起语必须后置的理由：当时空语或介词短语出现在泛指起语后时，听话者可能会把它们视为起语的形容词，并等待说话者说出述语，这可能导致句子含义产生混淆。因此述语提前是必要的（相同观点见السكاكي, مفتاح: 219）。

③ ابن جني, الخصائص 1: 293.

④ 不过，伊本·吉尼并没有明确地指出رجل في الدار原本的语序是في الدار رجل。这很可能是由于في الدار رجل这样的句子在阿拉伯语中是不允许的。伊本·吉尼在另一本著作中提出مرفوض أصل的概念，它表示不会被说出的底层结构，在使用时只说它的分支（即表层结构）（لا ينطق به على أصله [...] ويقتصر في الاستعمال على فروعها）（ابن جني, سر 1: 276）。也就是说，尽管在理论上可以作为رجل في الدار的底层结构，但这样的表达在实际使用中不会出现。因此，可以把مرفوض أصل理解为实际使用中被否定的底层结构。巴尔贝基在他对أصل一词的研究中把假设的、未经验证的结构视为该词所包括的含义之一（Baalbaki, 1988: 164）。

في الإيجاب مقدمة فقلت: رجل عندك كنت قد أخبرت عن منكور لا يعرف.①

［在肯定句中，泛指起语在前是不合语法的。但若你把话语转变为非肯定句，那么它的前置是允许的，比如 هل عندك غلام（你有奴隶吗）、ما بساط تحتك（你下面没有地毯）（中的 غلام 和 بساط）。这是因为你通过否定地毯在"他"的下面，以及询问"他"是否拥有奴隶，使得句子传达了完整的含义，这一点是清晰可辨的。但如果你在肯定句中陈述前置的泛指成分，如 رجل عندك（一个人，你那儿有），你陈述的对象是泛指的，（听话者）不明白的。］

伊本·吉尼此处的观点是明确的。当起语为泛指，且表达听话者未知的事物时，可以通过对该事物进行否定或提出疑问，使得句子表达完整的意义。这种完整意义是借由句子本身所包含的否定或疑问的含义实现的。但在肯定句中，对听话者未知的事物进行陈述无法传递完整的信息，句子因此失去了交际价值。所以，在这种情况下，泛指起语的前置是不被允许的。需要指出的是，一些现代学者注意到 إيجاب 和 واجب 两词在阿拉伯语语法传统中的使用。佩莱德把该词释义为陈述式肯定句（declarative positive sentence）。②阿尤布（Ayoub）则认为 واجب 应当被解读为肯定的主张（assertion）。它表示对说话者而言，句子所包含的命题是确切的、实际发生的。而 غير واجب 则表示说话者不确定的话语（non-assertive utterance）。واجب 和 غير واجب 的区别在于说话者对句子命题的承诺程度。两者与肯定句（إيجاب）、否定句（نفي）是两对不同的概念。虽然 واجب 在大部分时候都以肯定句的形式出现，但 غير واجب 并非一定由否定句表达。疑问句、肯定句也能表示不确定的话语。③不过，鉴于在例（33）中 واجب 与 نفي（疑问）استفهام 一同出现，同时结合三者对应的例句，伊本·

---

① الخصائص, ابن جني 1: 299-300.
② Peled, 2009: 160.
③ Ayoub, 2015: 10-11.

吉尼此处用واجب一词应当想要表达肯定句的含义。①

述语必须提前的第四种情形也与宾语提前类似，即当述语是疑问名词时，述语必须位于起语前。在زيد أين（宰德在哪）、عمرو كيف（阿穆尔怎么了）和متى القيام（何时站起来）三个句子中，疑问名词أين、كيف和متى均被视为提前的述语。②艾斯特拉巴齐和阿布·哈扬对该现象进行了补充。两人都认为，无论疑问名词在述语中做正次还是偏次，述语都应提前。比如زيد غلام من（宰德是谁的奴隶）与صبح أي يوم السفر（哪天早上启程）中包含疑问名词偏次的正偏组合من غلام和أي يوم صبح。另外，疑问工具词做述语时必须提前，只针对其为疑问名词，或包含疑问名词的短语时的情况。当述语为包含疑问工具词的小句时，它反而不能提前。如在زيد هل ضربته（宰德你打了他吗）一句中，述语هل ضربته只能出现在起语زيد后。③

本章第二节"宾语必须提前"一小节中提到，疑问工具词在阿拉伯语语法传统中被视为拥有位于句首的属性（صدر الكلام）。这也是为什么当宾语和述语由疑问名词或包含疑问名词的短语充当时，两者必须提到句首的理由。西伯威就疑问工具词必须位于句首的原则做出了描述。在分析زيد أين（宰德在哪）和عبد الله كيف（阿卜杜拉怎么了）两个句子时他指出，أين和كيف必须位于起语前的句首位置，因为两者是表示疑问的单词。④随后，西伯威还提出一条规则：疑问工具词不得出现在支配词和被支配词之间（لا يفصل به بين العامل والمعمول）。（زيدا هل ضربت（宰德你打了他吗）、أضربت عمرا（阿穆尔你打了他吗）是不符合语法规则的句子，因为动词支配的宾语出现在了疑问工具词之前，而动词却在疑问工具词之后。但是，زيد كم مرة رأيته（宰德你见过他几次）、عبد الله هل لقيته（阿卜杜

---

① 其他出现واجب一词的描述，见سيبويه, ابن جني كتاب 1: 145; اللمع: 33。
② شرح ابن عقيل 1: 243；الكافية, ابن الحاجب: 16；شرح ابن عصفور 1: 587；البسيط, ابن أبي الربيع 1: 353；شرح الأستراباذي 1: 260；التذييل, أبو حيان 3: 346.
③ شرح الأستراباذي 1: 260；التذييل, أبو حيان 3: 346.
④ سيبويه, كتاب 2: 128.

拉你见过他吗）却是允许的表达。这是因为زيد和عبد الله在两个句子中做起语，由起首结构赋予主格，هل和كم引导的疑问句做两者的述语。两者之后的动词和عبد الله与زيد之间不存在支配关系。①西拉菲对西伯威提出的这条规则的解释是：疑问工具词具有句首属性，位于其后的动词不允许支配位于其前的名词（لا يجوز أن يعمل الفعل الذي بعده في اسم قبله）。②

后来的语法学家接受了西伯威提出的疑问工具词必须位于句首的观点，也采纳了疑问工具词后的动词不能支配其前的名词的规则。一些语法学家对疑问工具词这两种特征的描述在措辞上与西伯威稍有不同。他们的观点可以视为对西伯威的补充。比如，伊本·塞拉吉的描述是疑问工具词后的成分不能提到其前的成分之前（لا يجوز أن يقدم ما بعدها على ما قبلها）。但从他所举的例子آكل زيد أطعامك中可以看出，他的意思应该是疑问工具词后的成分不能提到疑问工具词前。③法里西和扎马赫谢里使用了حيز（空间、余地）一词：属于疑问工具词范围内的成分不得前置于它الاستفهام（لا يتقدم عليه ما كان في حيزه）。④安巴里将西伯威提出的规则扩展为疑问工具词之后的成分不能支配其前的成分（الاستفهام لا يعمل ما بعده في ما قبله）。⑤另一些语法学家对疑问工具词的句首属性进行了解释。他们的观点可以概括为：疑问工具词与其后的成分一起构成完整的疑问含义，疑问工具词位于句首是为了使句子的疑问目的更为明确。比如，花剌子模提到，所有疑问词都必须出现在句首，是因为它们使句子的交际目的从陈

---

① سيبويه, كتاب 1: 127-128.
② السيرافي, شرح 1: 467.
③ ابن السراج, الأصول 2: 234.
④ الفارسي, العضدي: 31; الزمخشري, المفصل: 326.
⑤ الأنباري, أسرار: 139. 关于疑问词两种特征的其他描述，见:السكاكي, مفتاح: 160; البطليوسي, الحلل: 219。

述信息转变为征询信息（ينقل الجملة عن الخبر إلى الاستخبار）。①伊本·叶伊什提出了类似观点，并指出句子所询问的对象不得提到疑问虚词之前（لا يتقدم على الهمزة شيء من الجملة المستفهم عنها）。另外，他还对扎马赫谢里所用的حيز一词做出释义：所谓在疑问工具词范围内，指的是与它在语义上有关联，并和其一起构成完整句子的成分（ما كان متعلقا بالاستفهام ومن تمام الجملة）。就好比الدار حيز（房子的范围）的意思是房子内的各个附属部分（ما يضم إليها من مرافقها）。②安巴里的描述与伊本·叶伊什的描述较为相似。他指出，疑问词的作用是与其后的名词或动词一起表达完整的（疑问）含义（لإفادة المعنى في الاسم والفعل），因此它应该出现在它们之前，而非它们之后。ضربت زيدا这样的句子之所以不被允许，是因为与疑问词在语义上有关联，本应位于其后的成分زيد被提前了（تقدم ما هو متعلق بما بعد حرف الاستفهام عليه）。③换言之，ضربت زيد中的动词、主语和宾语都是该句中疑问虚词أ所表达的疑问意义的一部分，它们中的任何一个都不允许前置于أ。这与疑问词后的成分不能支配其前的成分的规则是一致的。此外，艾斯特拉巴齐认为阿拉伯语中拥有句首属性的成分包括疑问工具词、条件虚词、表示愿望的虚词（حرف التمني）和表示提议（العرض）的虚词。他指出，这些成分应当位于句首是因为它们从整体上改变了句子的含义。以疑问工具词为例，如果它不出现在句首，而是出现在句中的位置，那么听话者可能会不清楚它所表示的疑问含义的范围究竟包括其前的成分，还是只包括其后的内容。④

朱尔加尼也对该现象进行了分析。他首先指出疑问词与其后的名词

---

① شرح الخوارزمي, 4: 142. 花剌子模还指出，否定工具词使句子从肯定式变成否定式，因此同样具有句首属性。

② شرح ابن يعيش, 5: 104.

③ الإنصاف, الأنباري 1: 159.

④ شرح الأسترابادي, 1: 257.

第二章 提前与后置

和动词一起表达疑问含义，且必须出现在它们之前。随后他说道：

(34) الأصل في الاستفهام أن يكون بالحروف وصيغة الاسم على معناه فرع على ذلك [...] ما يصاغ من الأسماء على معانيها تقع في مواقعها.①

［疑问工具词的本质是疑问虚词，包含疑问含义的名词形式是它的分支……（由于疑问虚词必须位于句首，因此）名词形式的疑问工具词（也）处于疑问虚词的（句首）位置上。］

朱尔加尼的分析回答了为什么述语或宾语由疑问名词充当时，两者必须提前的问题。伊本·叶伊什对 أين زيد 一句的解释恰好可以作为该观点的例证。他把这个句子的底层结构解读为 أين زيد عندك。أين 是通过省略时空语 عندك，并由包含地点和疑问两层内涵的疑问名词 أين 代替虚词 ا 出现在句中得到的。أين 因其所包含的疑问含义而同 ا 一样出现在句首。②

从上述对疑问工具词句首属性的论述中可以看到，由疑问名词充当的述语必须提到起语前，是根据疑问工具词必须出现在小句句首这一形式层面的规则决定的。不过，语法学家对这条规则的解释却是从语用、语义的角度做出的。下一小节要讨论的便是语法学家从功能视角对述语提前的现象所做的解读。③

---

① الجرجاني, المقتصد 1: 225. 朱尔加尼还指出，不在疑问工具词范围内的成分可以出现在它们之前。比如，في أي مكان أنت（你在哪个地方）和 بمن مررت（你路过了谁）两句中，ب 和 في 位于 من 和 أي 之前，是因为两者与疑问词之间没有形成语义上的关联（الحرف لا يدخل فيه معنى الاستفهام）。

② شرح ابن يعيش 1: 237.

③ 除了本小节中提到的四种述语必须提前的情况外，语法学家还列举了其他一些述语前置于起语的现象。其中包括当起语是除外语时，述语必须提前（见 ابن أبي الربيع, البسيط 1: 588; شرح ابن عقيل 1: 243; حيان, التذييل 3: 350）；当述语由叙述性的 كم 或疑问性的 كم 充当时，述语必须提前等（见 شرح ابن يعيش 3: 168-169; شرح ابن عصفور 1: 353; حيان, التذييل 3: 351）。述语提前中涉及除外句的情况与宾语提前时类似，述语由 كم 引导的短语充当时的情况则与述语为疑问名词时的状况类似，此处不再赘述。

三、功能解释

在解释宾语因语用原因提前的现象时,语法学家经常引用西伯威提出的"重视和关注"原则。然而,在从功能角度分析述语提前现象时,他们却几乎从不提及该原则。对此,一个可能的解释是,由于西伯威只把"重视和关注"原则应用在宾语提前的分析上,后来的语法学家效仿他的做法,也只将该规则限制在解释同样的现象上,而没有把它应用于述语提前的解释中。

中世纪语法著作中关于述语提前的功能解读主要集中在三种结构上:时空语/介词短语(做述语)+泛指起语、泛指述语+确指起语,和确指述语+确指起语。在上一小节对"时空语/介词短语+泛指起语"结构的讨论中,该结构被语法学家视为一种形式上的修正。同时,时空语和介词短语的提前是为了避免它们被理解为泛指起语的形容成分。除了这两个形式层面的原因,语法学家对这种结构也做了功能层面的分析。塞凯基和朱尔加尼在他们的论述中都用到以خ – ص – ص为根母的单词。两人认为述语提前的目的是对其进行特指说明。塞凯基使用的是تخصيص(指定、特殊化)一词。他认为لكم دينكم ولي دين(你们有你们的报应,我也有我的报应)中述语لكم和لي的前置是为了对两者所表示的"你们"和"我"进行语义上的限定和特指(المراد تخصيصه بالمسند إليه)。[①]朱尔加尼的例子则是عندي مال(我有钱)。他认为,"我"有钱并不是所有人都知道的信息,述语عندي提前的作用是为了对"我拥有"这一状态进行专指说明(لأجل حصول الاختصاص في الخبر اذ كل واحد لا يعلم أن عندك مالا)。[②]另一位语法学家伊本·叶伊什区分了"时空语/介词短语+泛指起语"结构中两个成分的句法地位和功能地位。他认为,在لك مال(你有钱)和على

---

① السكاكي, مفتاح: 219.

② الجرجاني, المقتصد 1: 308.

درع أبيه（他的爸爸穿着铠甲）两个句子中，述语中的确指成分属格连接代名词كاف和أبيه在功能上实际做主语（صدرت في الخبر معرفة هي المحدث عنها في المعنى）。而起语مال和درع只是形式上的主语（المحدث عنه في اللفظ），在功能上两者实为谓语。两个句子实际的意思是أنت ذو مال（你有的东西是钱）和أبوه متدرع（他的爸爸是穿戴着铠甲的）。①

库洛里（Kouloughli）对阿拉伯语中由时空语和介词短语开头的句子进行了详细研究。他的例子中包括后置的起语为泛指和确指的情况，并引用比斯顿（Beeston）的观点，把زيد فيها和رجل فيها都视为由话题和评论构成的句子。库洛里对语法学家把رجل中的رجل视为话题提出了质疑。他认为这与现代理论中，话题往往由位于句首、表示说话者和听话者已知信息的定指成分充当相矛盾。他的观点是在这个句子中，رجل真正承担的功能是谓语（评论）。②比斯顿也指出他的观点与语法学家的描述相反。后者把介词短语和时空语视为谓语，把其后的名词视为主语。这使得句中表示主题（theme）的成分只要出现在介词短语或时空语后，就可以是泛指的。比斯顿认为，在قصر في هذا الموضع（这个地方有一座城堡）一句中，充当谓语成分的是قصر，其交际价值体现在为"这个地方"有什么东西提供了信息。③库洛里和比斯顿的分析建立在他们把مبتدأ理解为主题，把خبر理解为评论的基础上。在"时空语/介词短语＋泛指起语"结构中，由时空语或介词短语充当的提前的述语被他们视为话题或主语，后置的泛指起语则被他们视为评论或谓语。但在阿拉伯语语法传统中，两者的句法地位在语序变化后并不发生改变。前者仍被称为述语，后者仍被称

---

① شرح ابن يعيش, 1: 226. 伊本·叶伊什此处的分析原本是为了说明泛指起语只要能与述语一起表达完整的含义，那么它以泛指形式出现也是允许的。因此رجل على درع和رجل لرجل这样的句子对他而言不是合格的话语（لم يكن كلاما），因为它们没有体现交际价值。

② Kouloughli, 2002: 8-9.

③ Beeston, 2017: 68.

为起语。不过，语法学家并没有忽略这种结构在主谓关系层面与一般名词句之间的不同。上文提到，伊本·叶伊什就把 مال中的述语لك视作承担主语功能，把起语مال视作承担谓语功能。由此可以得出，库洛里和比斯顿的观点与阿拉伯语语法传统之间的不同与其说在于对句子主谓关系的理解不同，不如说在于对术语使用上的不同。库洛里和比斯顿把起语称作话题，把述语称作评论。但在阿拉伯语语法传统中，起语和述语在本质上都是句法概念，两者只表示名词句中形式上的主语和谓语。[①]它们与话题和评论，以及功能语言学中主题和述题（rheme）两组概念之间并不是一一对应的关系。尽管起语在句中经常承担话题或主题的功能，述语则相应地表示评论或述题。但在"时空语/介词短语＋泛指起语"的结构中，充当话题的是述语，充当评论的是起语。两者在功能层面的作用虽然发生了变化，但在句法层面它们的称谓并没有改变。因此，在对这种结构进行分析时，需要将形式和功能两种层面进行明确地区分。不过，在中世纪阿拉伯语语法理论中很难找到对应话题、评论、主题或述题的术语。语法学家在名词句中一般只使用起语和述语两个概念，有时他们把两者与مسند和مسند اليه这对表示句子谓语和主语成分的概念相联系。但这并不能说明语法学家在对名词句的语序进行分析时，没有注意到语序变化所伴随的功能层面的变化。只是他们没有通过使用不同的术语直观地体现这种变化，但他们在论述时采取的功能视角是毋庸置疑的。

在由泛指起语和时空语或介词短语构成的句子中，有一类句子并不被语法学家视为述语必须提前的情况。与"时空语/介词短语＋泛指起语"的结构有所不同，这类句子往往具有不一样的语用目的。西伯威指出，起语本质上是确指的。但如果起语中包含宾格的含义，那么以泛指的成分作为起语也是可以的（ضعف الابتداء بالنكرة إلا أن يكون فيه معنى المنصوب）。

[①] Peled, 2009: 181.

第二章　提前与后置

符合这种情况的句子包括 سلام عليك（祝你平安）、ويل لك（你这个倒霉的家伙）、ويح لك（你真可怜）等。①西拉菲对西伯威所说的宾格含义进行了解释。他指出这些句子表达的是祈求的含义，句中的起语可以被理解为宾格（هذه أشياء يدعى بها ويجوز فيها النصب）。②扎马赫谢里和伊本·叶伊什对此做了进一步分析。前者指出，这些句子中的起语需要保持其一般状态（متروكة على حالها）（即位于述语前），是因为当它们以宾格形式出现时，它们起类似动词的作用。③伊本·叶伊什在对扎马赫谢里的这段分析进行解释时说道：

(35) ومن ذلك قولهم: ((سلام عليك))، و((ويل له)) [...] فهذه الأسماء كلها إنما جاز الابتداء بها لأنها ليست أخبارا في المعنى، إنما هي دعاء، أو مسألة، فهي في معنى الفعل، كما لو كانت منصوبة، والتقدير: ليسلم الله عليك، وليلزمه الويل.④

［他们说的 ويل لك 和 سلام عليك 这类句子……句中的名词都可以位于句子开头，因为这些句子不表示陈述，而表示祈愿或诅咒。这些名词如果以宾格形式出现，也（与主格时一样）拥有动词的功能，（这两个）句子的底层结构是 ليسلم الله عليك（愿安拉保佑你）和 ليلزمه الويل（他必须遭到灾祸）。］⑤

伊本·叶伊什认为，这一类由泛指起语和时空语或介词短语构成的句子，其语用目的与 زيد في الدار 和 عندك رجل 等陈述句式不同。后者一般是对情况的说明或对事实的描述，前者则往往包含祝福、诅咒等语用目的。因此，句中的时空语或介词短语不会被误解为泛指起语的修饰成分，两者无需提前。⑥另一位语法学家伊本·希沙姆以 لزيد عجب（宰德真是奇

---

① سيبويه, كتاب 1: 329, 330.
② السيرافي, شرح 2: 219.
③ الزمخشري, المفصل: 50.
④ ابن يعيش, شرح 1: 226.
⑤ 相似描述见 ابن جني, الخصائص 1: 318。
⑥ ابن يعيش, شرح 1: 237.

怪）一句为例。他认为该句中的泛指起语عجب也拥有动词的功能，句子表达的是惊愕、惊讶（تعجب）的含义。①

除了对"时空语/介词短语＋泛指起语"的结构进行功能的解释，并对其中不被视作语序倒置的句子进行语用层面的解读外，语法学家还对"泛指述语＋确指起语"的结构做出类似的分析。在《西伯威书》有关起首结构的一章中，西伯威列举了四个例子：تميمي أنا（我是泰米姆部落的人）、مشنوء من يشنؤك（憎恶你的人也会受到憎恶）、عبد الله رجل（阿卜杜拉是个男人）和خز صفتك（你的架子是丝质的）。②不过，西伯威只是用这些例句说明述语允许提到起语前，并没有对它们做出解释。伊本·叶伊什对تميمي أنا一句进行了解读。他认为这句话的目的在于说话者对自己泰米姆部落的身份进行强调。③艾斯特拉巴齐认为，这句话表达的是说话者对于自己是泰米姆部落的人而感到自豪（المراد التفاخر بتميم）。④另外，艾斯特拉巴齐和阿布·哈扬都指出，当泛指述语提到确指起语前时，句子往往表达泛指述语在后时所不能表达的含义（دال بتقديم على ما لا سواء عليهم أأنذرتهم أم لم تنذرهم）。阿布·哈扬对此所举的例子是يفهم بالتأخير（你对他们加以警告与否，这在他们是一样的⑤）。句中的述语سواء必须提前的原因是这句话想要强调سواء后的成分所表达的内容带来的结果是一样的。如果把由疑问句充当的起语أأنذرتهم أم لم تنذرهم放在句首，听话者会以为说话者在询问关于"你"是否警告这一事情的真相（لتوهم السامع أن المتكلم مستفهم حقيقة）。但当述语سواء提到起语前时，便不会产生这种歧义。⑥

在语法学家对述语提前所做的功能视角的分析中，由确指述语和

---

① ابن هشام, مغني 2: 542.
② سيبويه, كتاب 2: 127.
③ ابن يعيش, شرح 1: 235.
④ الأستراباذي, شرح 1: 263.
⑤ 《古兰经》，2章6节。
⑥ أبو حيان, التذييل 3: 347.

第二章 提前与后置

确指起语组成的句子耗费了他们最多的笔墨,也是本小节所要探讨的三种结构中情况最为复杂的一种。语法学家在对此类结构进行解读时展现的核心观点是:起语在句中倾向于表示旧信息,述语则倾向于承载新信息。起语和述语的语序与句子的信息结构存在一定的关联,但它并不是两者位置关系的决定性因素。同时,由于不同的例句背后往往含有不同的语境,这导致语法学家对具体例子的解释不尽相同。

苏尤提列举了起语和述语都确指时,两者之间可能的六种位置关系:(1)说话者可选择哪个成分做起语,哪个成分做述语;(2)指称范围更广的成分做述语(الأعم هو الخبر);(3)对 من القائم(站着的人是谁)进行的回答是:القائم زيد(站着的人是宰德),句中 زيد 作为新信息做述语;(4)听话者知道的成分(المعلوم)做起语,不知道的成分(المجهول)做述语;(5)定指程度更高的成分做起语(أعرفهما المبتدأ);若定指程度相同,则位于前的做起语;(6)名词和形容成分一起出现时,名词做起语,形容成分作述语,如 زيد القائم 中 القائم 是述语,زيد 是起语。① 对于第一种情况,即当说话者可以选择起语和述语,伊本·吉尼和阿布·哈扬提出了类似观点。后者指出,当要回答 هل أخوك زيد(你的兄弟是宰德吗)这句话时,如果听话者既知道他的兄弟是谁,也知道宰德是谁,那么他可以对两者的语序进行自由排列。②

苏尤提提到的第二和第五种情况可以合并为一种:当起语和述语都确指时,定指程度更高的那个一般做起语。③ 如果两者定指程度相同或无明显差别,那么在前的是起语,在后的是述语。后一种情形与起语和述语无法通过形态或语义方式区分时,起语—述语的语序被视作确定两者句法地位手段时的情况类似。苏尤提以 زيد صديقي(宰德是我的朋友)一

---

① السيوطي, همع 2: 28.
② ابن جني, اللمع 29; أبو حيان, التذييل 3: 323.
③ 相似描述见 ابن هشام, مغني 2: 521。

句为例，认为如果"我"还有别的朋友，那么صديقي的指称范围要比زيد更广泛，因此在该句中صديقي做述语，زيد做起语。① 阿布·哈扬对这句话的分析与苏尤提相同，他还举了另一对例子：كاتب الأمير عمرو（王子的书记员是阿穆尔）和عمرو كاتب الأمير（阿穆尔是王子的书记员）。阿布·哈扬认为，如果王子的书记员不止一名，那么不应说كاتب الأمير عمرو，而应说عمرو كاتب الأمير。因为كاتب الأمير在定指程度上低于عمرو，前者应后置做述语，后者应前置做起语。而如果王子只有一名书记员时，则可以说كاتب الأمير عمرو。② 伊本·艾比·拉比厄对زيد صاحبي（宰德是我的伙伴）和صاحبي زيد（我的伙伴是宰德）两个句子进行了比较。他指出，从صاحبي زيد一句中不能看出"我"只有宰德一名伙伴，但زيد صاحبي则包含"我"只有宰德这一名伙伴的含义。对此，伊本·艾比·拉比厄为صاحبي زيد一句设定了一种语境：当有人对"我"说："我知道你有一名伙伴，请告诉我他是谁"。那么"我"的回答是："我的伙伴是宰德"（صاحبي زيد）。صاحبي在句中做起语，زيد做述语。句子的目的是通过确认"我"的伙伴是谁对起语进行陈述（المقصود الإخبار بتعيين صاحبك）。相对地，زيد صاحبي则是通过述语صاحبي对起语زيد进行描写，说明زيد拥有"'我'的伙伴"这一性质（القصد الإخبار عن زيد باتصافه بهذا الوصف）。但在字面上并不能得出其他人不具备该性质的结论（ليس فيه تعرض لغيره أنه لا يتصف به）。换言之，此时زيد的定指程度要高于صاحبي。因此زيد做起语，صاحبي做述语。③

第三和第四种情况同样可以一起进行分析。两者的共同点在于起语在句中一般表示听话者已知的旧信息，述语一般表示听话者未知的新信息。伊本·欧斯福尔对此进行了明确说明。他指出，对于زيد أخو عمرو（宰德是阿穆尔的兄弟）这样的句子来说，زيد是起语，أخو عمرو是述语。

---

① السيوطي, همع 2: 28.

② أبو حيان, التذييل 3: 323.

③ ابن أبي الربيع, البسيط 2: 715.

此时说话者认为听话者知道谁是宰德，但不知道他是阿穆尔的兄弟。而如果说话者认为听话者知道阿穆尔有个兄弟，但不知道这个兄弟叫宰德，那么他应当说زيد عمرو أخو（阿穆尔的兄弟是宰德）。①伊本·欧斯福尔在这段分析的最后总结道：对于听话者而言，句子的意义在于他所不知道的部分，而述语是表达该意义的位置，因此需要使未知信息出现在述语的位置上（أن المستفاد عند المخاطب إنما هو ما كان يجهله، والخبر هو محل الفائدة، فلذلك جعلت الخبر هو المجهول منهما.）。②伊本·希沙姆和阿布·哈扬对此持相同观点。但两人对同一个例子的分析却有所不同。伊本·希沙姆认为，如果对من القائم（站着的人是谁）一句进行回答，应该说القائم زيد（宰德是站着的人），此时زيد作为新信息在句中充当述语。③阿布·哈扬的观点则与苏尤提相同，他认为应回答زيد القائم（站着的人是宰德），此时زيد在句中作为听话者不知道的成分，同样充当述语。④从信息结构的角度出发，زيد作为新信息，在两个句子中都做述语。但在语序上，两个句子的语序分别是述语—起语，起语—述语。从三位语法学家的分析中可以推断，在起语和述语都确指的情况下，起语和述语分别对应旧信息和新信息。但是，起语和述语的语序并不一定遵循旧信息在前，新信息在后的原则（given-new principle）。⑤并且，如果从信息结构的角度分析上一小节中伊本·艾比·拉比厄对في الدار رجل一句的解释，那么在该句中，充当旧信

---

① 相似的例子见أبو حيان, التذييل 3: 338。
② ابن عصفور, شرح 1: 354.
③ ابن هشام, مغني 2: 521.
④ أبو حيان, التذييل 3: 323.
⑤ 关于given-new principle原则，见Gundel, 1988: 229。另外，阿布·哈扬指出，语法学家在该问题上存在分歧。一些语法学家认为只要句子为听话者提供了新信息，实现了它的交际价值，那么述语是否提前是无关紧要的。另一些语法学家则不允许述语提前，他们认为句子应该从表示已知信息的起语过渡到表示未知信息的述语（أبو حيان, التذييل 3: 338）。

息的是述语في الدار，充当新信息的则是起语رجل。由此可见，阿拉伯语中的起语和述语与新信息、旧信息之间的关系并不是一一对应的。这是对两个术语在阿拉伯语语法传统中仅仅作为句法概念存在的又一个证明。

另两位语法学家伊本·塞拉吉和伊本·叶伊什同样从信息结构的视角分析了起语和述语均为确指的句子。但他们的观点与上一段中伊本·欧斯福尔等人有所不同。两人认为，如果听话者既知道起语，也知道述语，那么句子的交际价值在于起语和述语的结合，两者之间的关系才是对听话者有益的信息（الفائدة في اجتماعهما، وذلك الذي استفاد المخاطب）。并且，如果听话者连起语和述语所表示对象之间的关系也知晓时，那么句子便没有交际价值。①伊本·叶伊什使用的两个例子可以对此做出说明。第一个例子是زيد أخوك（宰德是你的兄弟）。伊本·叶伊什指出，如果听话者知道宰德这个人，也知道自己有个兄弟，但他并不知道自己的兄弟与宰德之间存在什么关系。此时这句话的意义在于在两者之间建立联系，使听话者知道他的兄弟就是宰德。另一个例子是زيد المنطلق（宰德是离开的人）。听话者知道句中的宰德指谁，也知道有人离开了，但不知道离开的人就是宰德。对于听话者而言，此时句子的新信息在于向他告知宰德与离开的人之间的关系，即宰德就是离开的人这一信息。②需要指出的是，伊本·塞拉吉和伊本·叶伊什都没有明确地指定这种情况中起语和述语的语序。伊本·希沙姆的描述或许能为此提供答案：如果听话者知道起语和述语，但不明确两者的联系，那么在前的成分是起语（إن علمهما وجهل النسبة فالمقدم المبتدأ）。③

如果说语法学家对上述五种情况都做出了相对合理的解释，那么苏尤提列举的第六种情况显然与他们的分析存在矛盾之处。除了苏尤提

---

① ابن السراج, الأصول 1: 65-66; ابن يعيش, شرح 1: 247.
② ابن يعيش, شرح 1: 247.
③ ابن هشام, مغني 2: 521.

外，伊本·希沙姆也指出，起语和述语中如果有派生名词，那么即使它提前了，仍做述语（المشتق خبر وإن تقدم），如在القائم زيد中القائم充当述语。①但是，无论是苏尤提还是伊本·希沙姆，他们在分析زيد القائم这句话时都没有提供任何上下文。形容词或派生名词在句中充当述语这一结论是脱离语境得出的。然而，在上文语法学家提到的例子中，对于من القائم的回答可以是زيد القائم，也可以是القائم زيد。并且重要的是，在两个答句中，派生名词القائم都做起语，而与其一起出现的名词زيد都做述语。导致这种矛盾产生的原因可能是语法学家在分析起语和述语的句法地位时，将形式层面的特征与功能层面的解释混为一谈了。从句子信息结构的角度出发，当确指的述语在句中表示新信息时，充当该述语的成分是附着了定冠词的普通名词、派生名词、专有名词，抑或是其他类型的名词，这一点是无法通过名词的形态或语义确定的。在起语和述语定指程度相同或相近的情况下，两者之间谁充当已知信息，谁充当未知信息，也无法从它们的形态特征上进行判断，而需要根据不同的语境进行解读。

  从本小节的论述中可以看到，语法学家在对述语提前进行功能层面的解释时并不像他们在分析宾语提前的功能原因时那样以某一原则为基础，也不像他们在分析述语必须前置于起语时以某些相对固定的句法结构或形式规则为出发点展开论述。从语法学家的描述中虽然可以察觉并论证语义关系、语用目的、信息结构等功能因素对于起语和述语的位置变化产生的影响，但他们并未从中归纳并建立出具有概括性的理论和原则。②这一方面可以归因于阿拉伯语语法传统中缺少明确的具有功能语言学内涵的概念和术语，另一方面则是由于语法学家在对述语提前进行功能角度的分析时，经常为每一句例句设立独立的语境。对此，花剌

---

① مغني ابن هشام, 2: 521.
② 朱尔加尼或许是为数不多的例外，见下节。

子模的分析或许可以很好地展现这种论证方式。这位语法学家在分析四个名词句时为每一个句子都分别设置了单独的情景。زيد منطلق（宰德离开了）表示说话者知道宰德，但不知道宰德做了什么。منطلق زيد（离开了，宰德）则是对于认识宰德，但否认宰德离开的听话者所说的话。至于زيد المنطلق（宰德是离开的人），该句表示听话者听说过宰德这个人，但没有亲眼见过他。述语المنطلق是对宰德在现实语境中的具体指称。最后，المنطلق زيد（离开的人是宰德）表示的是听话者听说有人离开了，但不知离开者的身份，زيد是对起语المنطلق身份的说明。①

第四节　朱尔加尼的功能语言观

一、肯定句的句义和语用目的

朱尔加尼是中世纪阿拉伯语语法学家中首位以功能语言学的视角对阿拉伯语进行研究的学者。②他把语言视作一种表达意义的交际系统，强调意义重于形式。形式作为意义的容器，其地位在意义之后。说话者在说出话语的形式前，在心中已经完成对意义的构思。③上文已经分析了朱尔加尼从功能视角对阿拉伯语语序进行的诸多描述和解释，本节关注朱尔加尼在《奇迹例证》一书中对一些语序现象的解读。他在这本著作中以话语意义为重点，结合说话者对听话者心理的预设对话语形成产生的影响，从功能语言学的角度对阿拉伯语句子中的语序变化进行了阐述。

朱尔加尼的功能语言观首先体现在他对词式、词类、语序等问题进行论述时，总是注意考察语义起到的作用。对语义的高度重视也是他在研究视角上区别于中世纪其他语法学家最显著的地方。以西伯威为例，

---

① الخوارزمي, شرح 1: 276.

② Peled, 1997: 115.

③ الجرجاني, دلائل: 52, 54.

第二章 提前与后置

尽管在《西伯威书》中也能明确地体会到西伯威对语义与形式之间关系的重视，但在具体描述某些现象时，西伯威往往偏重于分析格位变化、语法地位、支配关系等形式层面的内容。相比之下，朱尔加尼总是能把语义和形式紧密联系在一起，从语义出发分析话语之间的优劣和不同。[①]他在《奇迹例证》中提出نظم与معاني النحو两个概念。نظم意为语言组织，指的是字母与字母、词与词、句与句之间的组合与关联。[②]话语的意义正是通过把词语组成有序的整体获得的。معاني النحو意为语法意义或语法关系，它表示连词成句或连句成章的规则。[③]语言组织和语法意义是朱尔加尼在《奇迹例证》一书中提出的核心概念，两者都强调词与词之间的关联。对于语言组织、语法意义和语法三者间的关系，朱尔加尼说道：

(36) اعلم أن ليس النظم إلا أن تضع كلامك الوضع الذي يقتضيه علم النحو، وتعمل على قوانينه وأصوله، وتعرف مناهجه التي نهجت فلا تزيغ عنها، وتحفظ الرسوم التي رسمت لك، فلا تخل بشيء منها.[④]

〔需知道，只有把你说的话放在语法要求的状况下，根据语法的规

---

① Baalbaki, 1983: 12.
② الجرجاني, دلائل: 4, 49, 55-56. 现代学者对نظم一词做出不同的释义。弗斯戴认为该词的字面意思为顺序（order），它反映的是话语内部的和谐性（inherent harmony of speech）（Versteegh, 1997b: 262）；巴尔贝基把نظم分别解释为句法成分的安排（arrangement of syntactic elements）和话语成分的组织（organization of the elements of the utterance）（Baalbaki, 2004: 57; 2008: 283）；卡麦尔（Kamel）的解读与巴尔贝基相近，他将该词理解为句子成分的排序（ordering constituents in sentences）（Kamel, 2006: 104）；戈塞蒂（Ghersetti）的观点有所不同，他认为该词的含义是篇章组织（textual organization）（Ghersetti, 2011: 98）。斯威蒂（Sweity）在他的研究中把نظم翻译为"话语安排"（discourse arrangement）。他指出，第一个使用该词的学者是伊本·穆格法（ابن المقفع, 724-759）。这位阿拉伯历史上的著名作家把نظم解读为"像串珍珠、宝石那样把词语放到正确的位置上"（Sweity, 1992: 70-76）。鉴于朱尔加尼在《奇迹例证》中把نظم应用于不同语言单位之间的组合排列上，故将该词译为"语言组织"。
③ الجرجاني, دلائل: 87.
④ الجرجاني, دلائل: 81.

则和基础（原则），了解语法的道路不偏离它，遵循语法指定的规则，不疏忽任何一点，这样才能称作语言组织。］

一个句子是否有意义取决于这句话的语言组织，后者必须通过对语法规则的正确执行才能实现。语言组织本质上是在词语的意义间寻求语法意义（توخي معاني النحو في معاني الكلم）。一个词在句中出现是否合理，评判的标准不是它本身的含义，而是它与前后的单词在语义上是否搭配。只有当词和词相互联系起来后，才会出现语言组织和语序。①词语经过排序后构成的整体意义比单个词语本身的含义更为重要。不同的语义往往由不同的语序表达，不同的语序所表示的语法意义也各不相同。这一点可以从朱尔加尼对肯定句句子成分位置变化的描述中得到论证。

在分析起语和述语均为确指的情况下两者的提前和后置时朱尔加尼指出，起语和述语此时的位置变化并不像一些语法学家认为的那样不会带来语义上的不同。相反，不同的语序一定反映出语义上的不同。②对此，他用 المنطلق زيد（宰德是离开的人）和 زيد المنطلق（离开的人是宰德）一对例子进行说明。المنطلق زيد 一句表示的情况是，听话者听说有人离开了，但不知道离开的人是谁。此时，说话者通过指明该离开的人是宰德消除了听话者的疑虑，并使其确认了离开的人的身份（أزلت عنه الشك وجعلته يقطع بأنه كان من زيد）。相对的，زيد المنطلق 则表示听话者看到远处正有人离开，但不清楚离开的人究竟是谁。此时说话者告诉听话者离开的人是宰德，即告知他所看到的那个人具体是谁。③可以看到，朱尔加尼对这对例句的分析与上文中花剌子模的分析存在明显不同。المنطلق 在两个句子里都

---

① الجرجاني, دلائل: 46, 48, 55. 另参考巴尔贝基对朱尔加尼相关概念和观点的简要阐述：Baalbaki, 2007: 11-12.

② الجرجاني, دلائل: 187, 188, 373. 一些语法学家认为，在由كان引导的句子中，当كان的名词和述语均为确指时，说话者可以任意指定哪个成分充当它的名词，哪个成分充当它的述语。朱尔加尼对此提出了反驳（见الجرجاني, دلائل: 187）。

③ الجرجاني, دلائل: 177, 186.

作为听话者已经知道的信息，但它在句中分别做述语和起语。而在花剌子模的分析中，句中充当旧信息的都是起语，充当新信息的都是述语。相比之下，朱尔加尼此处的分析似乎并没有很强的说服力。如果把他设定的两种语境对调，也能成为对这两个句子的解释。但是，如果朱尔加尼是想用它们论证"语序的变化必然反映语义的变化"这一观点，那么他或许达到了他的目的。

相比之下，朱尔加尼对另一对例子 أخوك زيد（宰德是你的兄弟）和 زيد أخوك（你的兄弟是宰德）的分析则更为明确。他想用这对例句论证的观点是，当起语和述语都确指时，句子的目的是用后出现的成分确认先出现的成分的含义（مثبت بالثاني معنى الأول）。具体地说，在 أخوك زيد 中，述语 أخوك 的作用是阐明起语 زيد 的身份；而在 زيد أخوك 中，述语 زيد 是为了说明起语 أخوك 指谁。①在两个句子中，述语的功能都是为了对起语进行描述，提供信息。 أخوك 和 زيد 在两句中分别依次充当起语和述语，述语和起语。它们在句中承担的功能是不同的。所以，两者语序的变化，以及变化后两者在句中不同的句法地位使得两个句子在语义上呈现出差别。②

除了对肯定句句义的辨析外，朱尔加尼对于"起语＋小句型述语"结构语用目的的解释同样反映了他的功能语言观。③在讨论该结构前，他首先明确了动词—主语的语序是阿拉伯语肯定句中的基本语序：

(37) اذا كان الفعل مما لا يشك فيه ولا ينكر بحال، لم يكم يجيء على هذا الوجه، ولكن يوتى به غير مبني على اسم، فاذا أخبرت بالخروج مثلا عن رجل من عادته أن يخرج في كل غداة قلت: قد خرج، ولم تحتج إلى أن تقول: هو قد خرج، ذاك لأنه ليس بشيء يشك فيه السامع، فتحتاج إلى تحققه، وإلى أن تقدم فيه ذكر المحدث عنه.④

---

① الجرجاني, دلائل: 189-190.
② 朱尔加尼还列举了若干其他例子来证明确指起语和确指述语语序的变化会引起句义的不同，见الجرجاني, دلائل: 190-192.
③ 在朱尔加尼讨论的这类结构中，起语一般和小句中动词的主语在指称上一致。
④ الجرجاني, دلائل: 135.

［当动作不被怀疑，且无论如何不会被否认时，（话语）很少以（主语-动词型谓语）这种形式出现，动词不会建立在名词上。比如，如果你想表达一个人的离开，而这个人有每天早上都离开的习惯，你说的是 قد خرج（他已经离开了），而不需要说 هو قد خرج（他啊，已经离开了）。因为这不是听话者会怀疑的事情，所以不必为了确认它把句子的主语提前。］

当话语的目的不是为了回答、否定、消除疑虑，或表达句中谓语表示的行为是少见、特殊的情形时，谓语一般出现在主语之前。如果主语出现在谓语前，便发生了提前的现象。①朱尔加尼认为，主语提前往往是为了表示提醒、警告（تقديم ذكر المحدث عنه يفيد التنبيه له）。②说话者希望把听话者的注意力吸引到句子的主语指代的对象上。主语提前的效果之一是把谓语表示的动作和它的施事更紧密地联系在一起。朱尔加尼把这种语义上的关联放到具体的言语情境中进行讨论，并提出主语提前可以达到的两种语用目的。在 أنا شفعت في بابه（我为他说情）和 هو يحب الثناء（他喜欢赞美）两句中，第一句主语 أنا 的提前强调的是主语的唯一性，目的是向听话者确认句中动作的施事是且仅是主语一人，而非其他人。说话者希望通过这个句子打消听话者对施事究竟是谁的疑虑，或否定听话者将"说情"这一动作视为其他人所为的可能性。第二句主语 هو 的提前虽然也是为了消除歧义和疑虑，但它并不强调施事非主语莫属。说话者此时的目的是想加强主语和动词之间的联系，让听话者确信赞美是句中主

---

① 需要指出的是，朱尔加尼此处所谓的主语提前，是指句中承担主语功能的成分从谓语后的位置移动到谓语前，从而达到说话者想要达到的语用目的。这种提前所导致的句子由动词句变为名词句的变化不能用来说明名词句是从动词句那里派生得到的。

② الجرجاني, دلائل: 131.

语"他"经常做的行为（تحقق على السامع أن حب الثناء دأب）。①简言之，在这两种主语提前中，前者在语用上倾向于表示对主语的限定（قصر），即非此即彼；后者则表示对施动者的强调（تأكيد）和确认（تحقيق）。

为了进一步说明"起语＋小句型述语"结构对主语的强调和确认，朱尔加尼还列举了其他该结构所能表达的语用目的，如反驳（تكذيب）、允诺（وعد）、保证（ضمان）、赞美（مدح）和夸耀（افتخار）等。当说话者想要表示自己对某事有信心，或想赞美某人时，通常会优先说出主语。因为此时动作的施动者比动作本身更为重要，是说话者更想传达的信息。特别是在表达允诺和保证时，说话者往往已经预料到听话者的怀疑和不信任，所以会倾向于用该结构对施动者进行强调。②另外，当说话者想要明确自己或其他人怀有的情感或态度时，他也会强调这些主观情绪的感受者是谁。而对于主语可以隐含在动词中的阿拉伯语来说，把隐含的主语独立化并提前就是一种进行强调的有效方式，（إن الشيء اذا أضمر ثم فسر، كان ذلك أفخم له من أن يذكر من غير تقدمة/ إضمار）。③

除此之外，朱尔加尼在《奇迹例证》里还提到"起语＋小句型述语"结构在状语句中起到加强语气的作用。他比较了جئته وهو قد ركب（我到了他那里，他呢，已经骑走了）和جئته وقد ركب（我到了他那里，他已经骑走了）两个句子，并指出，前者只适用于当说话者认为他能够在他想

---

① الجرجاني, دلائل: 128, 129. 另外，主语提前达到强调语义的目的不仅限于肯定句，朱尔加尼还把它应用在否定句中。比如，在对أنت لا تحسن هذا（你，你没有做好这件事）和لا تحسن هذا（你没有做好这件事）两个句子的对比中，朱尔加尼指出主语位于谓语前时，句子对主语的否定程度比它后置时更高。同时，لا تحسن هذا أنت要比أنت لا تحسن هذا在语气上更强烈（الجرجاني, دلائل: 138）。卡麦尔认为，لا تحسن هذا和أنت لا تحسن هذا، لا تحسن هذا أنت三个句子在标记程度上依次减弱。لا تحسن هذا是无标记的句子，أنت لا تحسن هذا中主语提到谓语前的位置，而لا تحسن هذا أنت中主语位于谓语后做强调语（Kamel, 2006: 124）。

② الجرجاني, دلائل: 133-135.

③ الجرجاني, دلائل: 132.

见的人离开前遇到该人时的情况。在这一情境中,说话者相信两人可以见面,但没有预料到他想见的人会先离开。相反,当说话者知道他想见面的人可能会离开,即这种情形在说话者的意料之中时,相应的表述则为后者。①朱尔加尼认为,这两个句子都含有表示不确定性(شك)的含义,但是前句在语气和程度上比后句更强烈(إن الشك لا يقوى حينئذ قوته في الوجه الأول)。类似的例子还包括أتانا قد طلعت والشمس(他到我们这儿的时候太阳早早就升起了)与أتانا وقد طلعت الشمس(他到我们这儿的时候太阳已经升起了)。当想表示一个人动作慢时,前者是比后者更有说服力的(أبلغ)表达。②

二、否定句和一般疑问句中的语序

巴尔贝基指出,朱尔加尼的研究关注的是在特定语境中句子是否精确地表达了该语境所要求的语义。③这一点在朱尔加尼对否定句和一般疑问句的解释中得到了充分的体现。

在朱尔加尼对西伯威"重视和关注"原则的分析中,句子成分在言语情境中的相关性被朱尔加尼视作决定宾语与主语语序的语用原则。不过,相关性原则在肯定句中参照的是情景语境(situational context),是从语用角度做出的解释。而在否定句中,朱尔加尼对该原则的运用则是语义层面的,此时他参照的是语言语境(linguistic context)。

在朱尔加尼看来,否定句的主要功能是传递信息,一般不包含说话者对听话者心理的考量。换言之,与言语情境有关的会话含义(conversational implicature)一般不体现在否定句中,否定句中句子成分的相关性是相对

---

① الجرجاني, دلائل: 135-136.

② الجرجاني, دلائل: 136.

③ Baalbaki, 1983: 21.

说话者而言的。对此，朱尔加尼提出下述一对例子：ما ضربت زيدا（我没有打宰德）和ما أنا ضربت زيدا（不是我打的宰德）。在前句中，ما所否定的内容是"我打了宰德"这个事件。可能宰德被打了，但打他的人不是"我"；可能"我"确实打了人，但"我"打的不是宰德；也可能宰德没有被任何人打，即"打"这个动作根本没有发生。或者说，当ما后紧跟的成分是一个动词时，它否定的对象是这个动词及其论元所表示的整个事件，或事件中的某个部分。但在后句中，ما后的成分是名词أنا，此时它否定的对象变为主语"我"，即"我"不是打宰德的那个人。但是，宰德被打是业已发生的事实。在说话者说出这句话的时候，动词所表示的事件或行为必定发生、完成了。从相关性原则出发，ما ضربت زيدا中的相关性成分是谓语，ما أنا ضربت زيدا中的则是主语/施事。朱尔加尼认为，在ما引导的否定句中，紧跟在ما后的句子成分在语义上具有最高程度的相关性，是说话者想要否定的对象。对于宾语/受事，这一点同样适用：

(38) واذا قلت: ما زيدا ضربت، فقدمت المفعول، كان المعنى على أن ضربا وقع منك على إنسان، وظن أن ذلك الإنسان زيد، فنفيت أن يكون إياه.①

[如果你说"我打的不是宰德"，那么你把宾语提前了。这句话的意思是你确实打了某人，而人们认为那个人是宰德，你对此予以否定。]

由此可见，否定工具词ما后的句子语序是由紧跟在其后的成分是否定对象这一语义因素决定的。不管是施事、谓语还是受事，其中任何一个都因前置于另两个成分而被赋予语义上最高的相关性。②

在把否定句的语序建立在语义相关性原则的基础上后，朱尔加尼列

---

① دلائل, الجرجاني: 126.
② 阿尤布分析了《西伯威书》中否定工具词ما后的句子结构。他引用的例子包括ما后的成分为提前的宾语和起语的情况。与朱尔加尼的分析类似，两者在两个句子中都是ما否定的对象（Ayoub, 2015: 25）。

举了一系列他认为错误的否定句：

(39) أنه يصح لك أن تقول: ما قلت هذا، ولا قاله أحد من الناس [...] فلو قلت: ما أنا قلت هذا، ولا قاله أحد من الناس، كان خلفا من القول [...] أنك تقول: ما ضربت إلا زيدا، فيكون كلاما مستقيما، ولو قلت: ما أنا ضربت إلا زيدا، كان لغوا من القول، وذلك لأن نقض النفي ب ((إلا)) يقتضي أن تكون ضربت زيدا [...] ولايصح أن تقول: ما زيدا ضربت، ولكني أكرمته، وذاك أنك لم ترد أن تقول: لم يكن الفعل هذا ولكن ذاك، ولكنك أردت أنه لم يكن المفعول هذا، ولكن ذاك. فالواجب إذن أن تقول: ما زيدا ضربت ولكن عمرا.①

［如果你说"我没说过这个，也没有任何人说过"，这么说是对的……如果你说"不是我说的这个，也没有任何人说过"，这是违反话语规则的……若你说"我谁都没打，只打了宰德"，这么说是正确的。但若你说"不是我打的，除了宰德"，这便是说胡话了。因为用إلا进行否定的前提是你确实打了宰德……"我打的不是宰德，相反我款待了他"，这么说是错误的。因为你（这么说）不是想表达完成的动作是这个而不是那个，而是想表达宾语是这个不是那个。因此你应该说"我打的不是宰德，是阿穆尔"。］

例（39）中的ما أنا قلت هذا، ولا قاله أحد من الناس在语义上存在矛盾。因为该句的前半句暗示"说了这个"已经发生，只是说话者否认"我"是完成该动作的施事。但后半句却又将"说了这个"予以完全否认。而ما قلتُ هذا، ولا قاله أحد من الناس之所以是正确的句子，是因为紧接在ما后的成分是谓语قلتُ，它所表示的事件本身是说话者否定的对象，与后半句在语义上并不冲突。而在ما أنا ضربت إلا زيدا一句中，إلا在句中对ما起否定作用。它表示宰德确实被打了，并且是被"我"打的。但这句话中的"我"却被ما否定，说明打宰德的人不是"我"。句中的两处否定相互矛盾（يتدفعان）了。ما أنا قلت هذا، ولا قاله أحد من الناس——ما زيدا ضربت، ولكني أكرمته一句的错误原因与

---

① الجرجاني, دلائل: 125, 126, 127.

一句相似。它说明的是在并列句中，受相关性原则限定的句子成分在句中担任的语义角色必须前后一致。既然前半句ما ضربت زيدا中的相关成分是受事宰德，那么在后半句中转折的对象必须同样是受事，不能是谓语、施事等其他成分。

语义的相关性除了反映在朱尔加尼对ما引导的否定句的语序解释中，也体现在疑问虚词أ引导的一般疑问句上。朱尔加尼指出，在أأنت بنيت هذه الدار（是你造了这座房子吗）和أبنيت الدار التي كنت على أن تبنيها（你造完了那座你要造的房子吗）两个句子里，前句中紧跟在疑问虚词أ后的是主语"你"。说话者实际的疑问对象是人（施事），即他不知道是谁造了这座房子，可能是"你"，也可能不是。而对于房子已经造完这一事实说话者是肯定的。而在后句中，紧跟在أ后出现的是谓语بنيت。此时说话者的询问对象变成了造房子这件事情，他的疑问在于房子是否造完。①可以看到，朱尔加尼强调的是说话者在أ引导的一般疑问句中所疑虑的对象有且只能有一个，即紧跟在أ后的句子成分所表达的内容。②

同样地，在明确了疑问工具词أ之后的成分在句中具有最高的语义相关性后，朱尔加尼给出了一些错误的例子，比如：أأنت بنيت الدار التي كنت على أن تبنيها（是你造完了那座你要造的房子吗？）、أبنيت هذه الدار（你造完这座房

---

① دلائل, الجرجاني: 111.
② 对此，卡麦尔指出，在朱尔加尼的理论中，否定工具词和疑问工具词后的位置是句子的焦点（Kamel, 2006: 117）。另外，西伯威对由أ引导的一般疑问句的分析与朱尔加尼十分相似。他提出在أزيد عندك أم عمرو（是宰德在你那里还是阿穆尔）和أزيدا لقيت أم بشرا（你见的是宰德还是巴沙尔）这样的句子里，说话者的目的是询问أ之后的名词，而非其后的动作。因此把名词提前是更好的选择（تقديم الاسم أحسن）。而أضربت زيدا أم قتلته（你打了宰德还是杀了他）一句中则应把动词前置，因为说话者此时的询问对象变成了动作（سيبويه, كتاب 3: 169-170, 171）。巴尔贝基指出这种分析反映了西伯威对语义的重视。西伯威认为说话者选择的话语形式是他认为最能向听话者表达其想表达含义的那一个（Baalbaki, 2008: 286）。

子了吗？）。① 在第一句中，紧跟在 أ 后的是主语"你"，说话者质询的对象是施事。但是 أن تبنيها 又表示说话者知道造房子的人是"你"，句子在语义上产生了矛盾，因此这是一个错误的问句。换言之，因为说话者只能在一个一般疑问句中怀疑一个对象或事件，所以句中的其他成分不能与怀疑对象产生语义上的矛盾。根据朱尔加尼的理论，如果想要表达相同的意思，这个疑问句应该为 أبنيت الدار التي كنت على أن تبنيها。类似地，第二个句子的错误之处在于说话者此时的疑问对象是 تبنيت 这一动作是否完成，但其后的 هذه الدار 表明这座房子已经造完了，甚至可能就在眼前。句子前后同样发生了矛盾。用朱尔加尼的原话说，即 ذاك لفساد أن تقول في الشيء المشاهد الذي هو نصب عينيك أموجود أم لا（这么问是妄言的，好比你在问一个在你眼前的东西是否存在）。②

对于上述例子中的否定句和一般疑问句，朱尔加尼从语义的角度分析了句子主要成分的语序。句中的相关性成分紧跟在否定工具词 ما 和疑问工具词 أ 后出现，是说话者进行否定或询问的内容。如果说这些否定句的功能是传递信息，那么这些一般疑问句的目的便是获取信息。另外，与否定句不同的是，朱尔加尼对以 أ 引导的一般疑问句的讨论还涉及语义相关性之外的情况。在这些句子中，说话者的语用目的再次成为决定语序的因素。与获取信息的一般疑问句相比，此时说话者对相关性原则的运用参考的是言语情境，而非语言语境。并且，说话者希望听话者能够理解句中隐含的会话含义。对此，他列举了三种典型的会话含义：使承认（تقرير）、否认（إنكار）和责备（توبيخ）。其中，表示否认的言外之意是他着重阐述的对象。比如，在 أأنت قلت هذا الشعر؟ كذبت، لست ممن يحسن مثله（是你作了这首诗吗？你说谎了，你不是能写出这样好诗的人）一句中，说

---

① الجرجاني, دلائل: 112.

② الجرجاني, دلائل: 112.

话者的目的不是为了询问听话者是否是作诗之人，而是否认听话者的这一身份，切断主语和谓语之间语义上的关系。①又如，在 أهو قال ذاك بالحقيقة أم أنت تغلط (他真的这么说了，还是你弄错了）一句中，说话者似乎想得到"他"到底有没有这么说的信息。但考虑到整句的言语情境，说话者实际认为"他"并没有那么说，并对听话者对"他"的描述予以否定。②

对于表达否认含义的一般疑问句，朱尔加尼还注意到其中蕴含的其他语用含义：

(40) أنه ليتنبه السامع حتى يرجع إلى نفسه فيخجل ويرتدع ويعيى بالجواب، إما لأنه قد ادعى القدرة على فعل لا يقدر عليه [...] وإما لأنه هم بأن يفعل ما لا يستصوب فعله [...] وإما لأنه جوز وجود أمر لا يوجد مثله.③

[（这么说）是为了让听话者引起注意并使他自省，从而使他感到羞愧、威慑、无言以对。这可能是因为听话者宣称自己能做他力所不能及之事……或想做不应该做的事……或让没有发生的事发生了。]

在这些一般疑问句中，说话者的目的从表达直接的否定转变为向听话者暗示句中所描述的事件是不现实或不正确的。此时的一般疑问句在功能上相当于反问句。在这类句子中，动词往往表示将来的情况。例如，在 أتجد عنده ما تحب وقد فعلت وصنعت（在你的所作所为后，你还能在他身上找到你期望的吗）一句中，说话者想表达"在他身上找到你期望的"这件事是很难实现的。④因为这个句子的后半句展示的语境是，由于听话者的所作所为给"他"带来了消极影响，因此听话者所期望的事很难实现。类似的情况也适用于解释"起语＋小句型述语"的结构以及宾语前置的句子。如在 أهو يسأل فلاناً؟ هو أرفع همة من ذلك（他会问任何人

---

① الجرجاني, دلائل: 114.
② الجرجاني, دلائل: 115.
③ الجرجاني, دلائل: 119-120.
④ الجرجاني, دلائل: 117.

吗？这一点上他很坚决）一句里，说话者通过指出"他"在这方面的坚决性暗示听话者"他"不会问任何人，指望"他"问其他人不符合现实中的情况。① 而在 أتضرب زيدا（你要打宰德吗）一句中，朱尔加尼构建的言语情境是该句蕴含对宾语宰德的否定。说话者想让听话者推断出"你"不应该打宰德的言外含义。因为宰德不是"你"敢打的那类人，或者打宰德是被禁止的（قد أنكرت أن يكون زيد بموضع أن يجترأ عليه ويستجاز ذلك فيه）。②

综上，朱尔加尼的功能语言观在他对肯定句、否定句和一般疑问句语序的描述和解释中得到了充分的展现。当句子发生主语或宾语提到谓语之前，或宾语前置于主语的语序变化时，其背后总存在功能层面的原因。对于肯定句和部分表示将来的以疑问虚词引导的一般疑问句，朱尔加尼采取的是语用解释。他将句子放到具体的语言情境中，在参考情景语境的条件下分析了句中主要成分的语序变化。在肯定句中，主语提前可能表示限定、强调、确认。朱尔加尼对宾语前置于主语的理解来自于西伯威提出的"重视和关注"原则。他把这一原则引申为相关性原则，即说话者认为与听话者最相关的信息在特定语境中应当被提前。在不以获取信息为目的的一般疑问句中，句子经常隐含说话者想要听话者推断出的会话含义。这种语用目的决定了句子成分的语序。另一方面，朱尔加尼对相关性原则在ما引导的否定句和表示过去时间的一般疑问句中的解释则是从语义角度做出的。此时说话者参照的是语言语境，句中成分的相关性是相对说话者而言的。在语义上具有最高程度相关性的句子成分

---

① الجرجاني, دلائل: 118.
② الجرجاني, دلائل: 121. 此处值得引证黛耶的观点。她以西伯威为例证，认为阿拉伯语中疑问工具词的句首属性并非为说话者语序的选择带来限制。相反，它为说话者达到某种交际目的给予变化语序的权利（Dayyeh, 2019: 115）。尽管黛耶在研究中没有引用朱尔加尼的例子，但可以认为她所指的权利与朱尔加尼此处对疑问工具词后的句首位置所做的解释存在相似之处。

应当紧跟在否定工具词和疑问工具词后，前置于其他成分。①整个句子的语义不能和说话者否定或询问的对象产生冲突。

可以看到，朱尔加尼在《奇迹例证》中对阿拉伯语语序的解读采取的是功能视角。他强调在具体的情景语境或语言语境中对句子语序进行解释。说话者对听话者思维的考虑以及说话者本人对句子成分相关性的预设是决定语序的重要依据。同时，朱尔加尼也注重对会话含义的解读。他把语用和语义作为他的核心语言观，以此展开论述，并借助它们在句子的意义和句子成分的位置关系间建立紧密的关联。

第五节　代词的指代方式

一、回指与底层结构

上文提到，阿拉伯语中代词以回指的方式在句中出现，代词不可在表层和底层结构中同时出现在它所指代的对象之前。在对这一规则做进一步分析前，有必要对代词与其指代对象在句中可能存在的各种位置关系进行梳理。

伊本·欧斯福尔对阿拉伯语中的代词和代词的指代对象进行了分类和总结。他把代词分为需要在句中说明其指代对象（تفسير）和不需要说明指代对象两类。②第一人称代词（ضمير المتكلم）和第二人称代词（ضمير المخاطب）的指代对象可以通过目击得到说明（المشاهدة تفسرهما）。部分第三

---

① 比斯顿曾提出，在与阿拉伯语语序有关的问题中，最令人困惑的是何种因素决定了句子主句应采用"起语＋述语"的主题（thematic）结构，还是"动词＋施事"的动词句结构（Beeston, 2017: 108）。朱尔加尼在《奇迹例证》中对否定句和一般疑问句的分析或许对此提供了一种解答。

② تفسير的本意为"说明、解释"，该词在阿拉伯语法传统中被用来表示代词在句中的指代对象。与تفسير的这层含义相近的另一个单词是ظاهر，它与مضمر相对，表示"明显的、非指代的"。

人称代词（ضمير الغائب）的指代对象是说话者和听话者双方共有的背景知识，如إنَّا أنزلناه في ليلة القدر（我在那高贵的夜间确已降示它①）一句里的代词هاء指代的是《古兰经》。这些代词属于不需要在句中说明其指代对象的那一类。而本节探讨的对象是除它们之外，需要在句中明确指代对象的第三人称代词。②伊本·欧斯福尔把这一类代词与其指代对象的位置关系分为四种：（1）指代对象在表层和底层结构中都位于代词前，如ضرب غلامه زيد；（2）指代对象在表层结构中位于代词前，在底层结构中位于代词后，如ضرب زيدا غلامه；（3）指代对象在表层结构中位于代词后，在底层结构中位于代词前，如ضرب غلامه زيد；以及（4）指代对象在表层和底层结构中都位于代词后，如ضرب غلامه زيدا。③相同的分类亦见于阿布·哈扬、伊本·希沙姆等语法学家的描述中，他们之间的主要不同在于对底层结构的选词上。伊本·欧斯福尔使用的是مرتبة一词，阿布·哈扬使用了رتبة，而伊本·希沙姆则同时用到了رتبة和تقدير两词。④

在这四种位置关系中，第一种关系被视为代词与其指代对象之间最基础的、本质的关系。⑤此时代词在表层和底层结构中的指代方式都是回指的。相对地，语法学家普遍认为第四种关系是不符合语法的，他们不允许代词在表层和底层结构中都以后指的形式出现，并常用قبل الإضمار

---

① شرح ابن عصفور 2: 11. 相似描述见همع السيوطي, 1: 227; التذييل أبو حيان, 2: 252。例句出自《古兰经》，97章1节。
② 指事/事物代名词（ضمير الشأن/الحديث/القصة）和分隔代名词（ضمير الفصل）在句法功能和作用上明显区别于一般的人称代词，前者通常指代一个句子，后者则没有句法地位。本节中不涉及对这两种代词的讨论。
③ شرح ابن عصفور 2: 13-14.
④ شرح ابن عصفور 2: 13-14; التذييل أبو حيان, 2: 258; شذور ابن هشام: 169. تقدير在阿拉伯语语法传统既表示底层结构，也表示假定底层结构的分析方法（Versteegh, 1994: 280）。
⑤ 参考伊本·希沙姆和苏尤提的表述：همع السيوطي, 1: 198; شرح ابن هشام: 309; قطر ابن هشام: 227。

第二章 提前与后置

لا يجوز الذكر（在提及前指代是不允许的）一句话来描述这条规则。①宰加吉是较早对代词的指代方式做出明确描述的语法学家，他指出：

(41) اعلم أن حكم المضمر أن يجيء بعد ظاهر يتقدمه يعود عليه، لأنه مبهم ولا يعقل على من يعود عليه حتى يتقدمه اسم ظاهر يعود عليه، هذا أصله.②

［需知道，代词原则上必须出现在一个明显的（名词性）成分后，并回指于该成分。因为代词（的含义）是模糊的，代词前若没有明显的名词作为其回指的对象，它（的含义）便是无法被理解的。这是代词的基本（规则）。］

宰加吉在这段描述中没有提及句子的表层和底层结构，只是强调了代词必须以回指的方式归于出现在其前的指代对象。但他紧接着在后文中提出，一些代词虽然在表层结构中出现在指代对象前，但在底层结构中它们实际位于指代对象之后（تقدم لفظا ومؤخر في المعنى）。比如ضرب غلامَه زيدٌ中的代词هاء在字面上后指其指代对象زيد。但在该句的底层结构ضرب زيدٌ غلامَه中，提前的宾语غلامَه回到了主语زيدٌ之后，هاء的指代方式由后指变为回指。符合这种条件的句子虽然在表层结构中出现代词后指的情况，但

---

① الحلل, البطليوسي 1: 188; شرح الأستراباذي 1: 332, 333; المقتصد, الجرجاني 2: 294; الخصائص, ابن جني 1: 230. همع, السيوطي 1: 203, 235; شرح, ابن يعيش 229; 必须指出的是，代词的指代对象在表层和底层结构中都位于代词后的现象虽然在简单句中被语法学家一致禁止，但在并列句、除外句、褒贬动词句（以نعم、بئس开头的句子）等特殊句式，以及出现指事代名词的句子中，该现象却是允许的。伊本·希沙姆和苏尤提对此进行了较为详细的总结（见همع, السيوطي 1: 230-232；مغني, ابن هشام 2: 562-567；شذور, ابن هشام 169-170）。他们列举的大部分情况均不在本书的研究范围内。但有一种情况需要特别指出，即以伊本·吉尼、艾赫法什和库法派学者阿布·阿卜杜拉·杜瓦勒（أبو عبد الله الطوال, 857-?）为代表的小部分语法学家允许类似"ضرب غلامَه زيدا"这样的主语中有指代宾语的代词的句子。他们的理由通常是这些句子很常见，特别是在诗歌中，但大部分语法学家不允许这类句子出现在日常话语中（شرح الأستراباذي 1: 188-189；أبو حيان، التذييل 2: 265；همع, السيوطي 1: 230；مغني ابن هشام 2: 566；شذور, ابن هشام: 170）。

② الجمل, الزجاجي: 117.

句子仍是被允许的。①

佩莱德把宰加吉就代词与指代对象的位置关系所做的描述称为"宰加吉的后指原则"（Zaǧǧāǧī's principle of cataphora）。他认为宰加吉把后指代词限定为只出现在表层结构中发生过位置变化的成分身上（a dislocated constituent in the lafẓ-structure）。②佩莱德归纳的这条原则尽管如实地反映了宰加吉对后指代词的描述，但相似的观点并非由宰加吉首创。在更早的著作中，穆巴里德和伊本·塞拉吉（后者为宰加吉的老师）就在他们的论述中提到，ضرب غلامه زيد 一句中代词的后指之所以被允许，是因为主语 زيد 本质上位于宾语 غلامه 之前。由于在该句中 زيد 没有出现在它原本的位置上，因此它可以在底层结构中被假定为其他位置（从而使宾语中指代它的代词出现在它之后）。但是，在 ضرب غلامه زيدا 一句里，主语 غلامه 已经出现在它原本的位置上，所以它无法被假定为任何其他位置（لا يجوز أن يقدر لغيره）。或者说，主语不能再借由其他位置被指出（لا ينوى به غير ذلك الموضع）。③这导致 ضرب غلامه زيدا 一句中的句子成分在表层和底层结构中的位置是相同的。此时代词在两层结构中都以后指的形式出现，句子因此不成立。

从上述三位语法学家的论述中可以得出关于表层结构和底层结构关系的一条重要信息：当句子的底层结构在语序上区别于它的表层结构时，句中的某个成分实际所处的位置往往与它原本在句中应该出现的位置有所不同。安巴里对此所做的描述是：

(42) التقدير إنما يخالف اللفظ اذا عدل بالشيء عن الموضع الذي يستحقه، فأما اذا وقع في الموضع الذي يستحقه فمحال أن يقال إن النية به غير ذلك. ④

---

① الزجاجي, الجمل: 118.

② Peled, 1992b: 98, 103-105.

③ ابن السراج, الأصول 2: 238; 4: 102; المبرد, المقتضب 2: 67.

④ الأنباري, الإنصاف 1: 70.

第二章　提前与后置

　　〔如果一个成分脱离其（原本）应当出现的位置，那么（句子的）底层结构便会和表层结构有所不同。如果该成分出现在其应当出现的位置上，那么便不可能说该成分在底层结构中（的位置）并不像它在表层结构中的那样。〕①

　　从例（42）的描述中引申出的一个疑问是，句子成分在句中原本应当出现的位置是由什么因素决定的？根据上文中语法学家对以 ضرب غلامه زيد 为基础的四个句子的分析，可以推断在动词句中，主语和宾语在句中原本的位置就是当两者体现主语—宾语这一基本语序时的位置。如果两者中的某一个在表层结构中发生提前或后置，在假定底层结构时，为了显示它们在句中原本的位置，需要将它们恢复成主语在前，宾语在后的语序。那么，这种根据句子的基本语序构建底层结构的方法是否也适用于名词句？并且，如果代词的后指发生在句子的两个非必要成分之间，那么两者在底层结构（如有必要建立）中是否也拥有各自原本的位置？如果有，其背后的依据是什么？

　　巴特尤西的论述对这些问题予以明确的答复。他提出，句子成分在地位上存在高低之分。主语的地位高于宾语；直接宾语的地位高于间接宾语；在及两物的动词中，意义上是主语的第一宾语的地位高于意义上是受事宾语的第二宾语；②最后，起语的地位要高于述语。巴特尤西将这八种句子成分根据地位高低两两结对是为了说明，在这四对成分中，当地位较高的成分（在表层结构中）出现在地位较低的成分之前时，前者中不得含有表示后者的代词。③虽然巴特尤西没有用例句对他的观点

---

① 朱尔加尼提出的相似表述是 النية إنما يخالف اللفظ اذا عدل بالشيء عن الموضع الذي يستحقه (الجرجاني, المقصد 1: 333)，他和安巴里的描述证明了 تقدير 和 نية 两词在阿拉伯语语法传统中都能用来表示底层结构。
② 如在 كسوت زيدا ثوبا（我给宰德穿上了衣服）一句中 زيد 的地位高于 ثوب。
③ البطليوسي, الحلل: 229-230.

157

做进一步说明，但相关的论证可以在艾斯特拉巴齐的著作中找到。后者指出，在 أعطيت زيدا درهمه（我把宰德的迪尔汗给了他）一句中，第二宾语 درهمه 中的代词指代其后的第一宾语 زيد。但因为第一宾语的地位高于第二宾语，在该句的底层结构 أعطيت درهمه زيدا 中，它出现在第二宾语之前。此时代词的后指只发生在表层结构中，因此这个句子是允许的。相对地，أعطيت صاحبه الدرهم 一句中的代词 هاء 如果指代的是其后的 الدرهم，那么句子是不合语法的。原因是地位更高的第一宾语 صاحبه 在表层结构中已经出现在第二宾语 الدرهم 之前的位置上，句子底层结构的语序与表层结构是相同的，这使得代词在表层和底层结构中同时发生了后指。①除了艾斯特拉巴齐的解释，伊本·欧斯福尔的论述可以视作对巴特尤西观点的概括和补充。这位语法学家认为，主格名词的地位总是高于宾格和属格名词，而宾格名词的地位又总是高于属格名词。在主格名词中，起语的地位高于述语；在宾格名词中，除了巴特尤西提到的第一宾语的地位高于第二宾语外，伊本·欧斯福尔还指出在 ظن 类心意动词中，原本在句中充当起语的宾语，其地位要高于原本在句中充当述语的宾语。根据不同格位的名词之间地位的高低，代词在表层结构中的后指问题可以得到充分的解释。比如，在 رأيت في داره زيدا（我在宰德的屋子里看到了他）和 في داره زيد（宰德在他屋子里）两句中，属格代词 هاء 分别指代其后的宾格和主格名词 زيد。②但因为前句中宾格名词的地位高于属格名词，后句中的起语在地位上高于由介词短语充当的处于主格地位的述语，从而使得 هاء 在两个句子的底层结构 رأيت زيدا في داره 和 زيد في داره 中均以回指的形式出现，هاء 在表层结构中后指的合理性因此得到了解释。

巴特尤西、艾斯特拉巴齐和伊本·欧斯福尔的例子帮助明确了假定

---

① الأستراباذي, شرح 1: 189.

② ابن عصفور, شرح 2: 15-16.

底层结构在解释代词在表层结构中发生后指时的作用。通过使代词在底层结构中回归到以回指的形式出现，代词便满足了只能在表层和底层结构中的至多一层中发生后指的条件。同时，三位语法学家的论述还反映了阿拉伯语语法传统中的一个重要特点，即对于不同句子成分地位高低的排列。这种等级之分不仅存在于支配词和被支配词之间，也存在于句子的必要成分和次要成分之间。对于代词与指代对象的位置关系而言，地位较低的成分中若含有指代地位更高的成分的代词，那么即使句子在表层结构中存在代词后指现象，它的语法性仍可通过假定底层结构得到解释。因为在底层结构中，地位较高的成分总是出现在地位较低的成分之前。但若地位较高的成分中含有指代地位较低的成分的代词，且前者在表层结构中也位于后者之前时，由于它本身已经出现在它原本应当出现的位置上，两者在底层结构中的位置关系与在表层结构中是相同的，此时代词的后指便无法得到解释。

在讨论了代词在表层结构中后指，在底层结构中回指的现象后，本节开头提到的代词与指代对象的四种位置关系中还剩下第二种情况未作分析，即以 ضرب زيدا غلامه 为代表的句子。不过，这样的句子似乎无需对其进行赘述。因为尽管代词 ها 在句中附着于地位更高的主语 غلام 上指代地位较低的宾语 زيد，但在表层结构中主语出现在宾语后，代词回指的指代方式已经得到满足。但是，语法学家在分析这种句子时仍把它描述为"代词在表层结构中回指，在底层结构中后指"的情况。这样的做法引发的一个疑问是，既然代词在表层结构中已经以回指的形式出现，在分析类似的句子时是否仍有必要假定底层结构？

从代词不可在表层和底层结构中同时出现在它所指代的对象之前这条根本原则出发，为 ضرب زيدا غلامه 一句假定底层结构显然是多余的。并且，这个句子的底层结构 ضرب غلامه زيدا 还是一个不符合语法的句子，它的存在不仅无法为表层结构提供任何有效的解释，反而还让一个简单的问题复杂化了。由此可见，语法学家运用的假定的分析工具在论述代词与指代对象的语序问题时，只有在表层结构中出现代词后指的情况中才能起到实际的解释作用。对于ضرب غلامه زيدا和زيدا غلامه ضرب两个句子，假定底层结构分别给予它们合乎语法性和不符合语法的判断。但就ضرب زيدا غلامه和غلامه زيدا ضرب两个而言，假定底层结构的作用与其说是为了解释两个句子本身，不如说是为了使阿拉伯语语法传统中为解释代词与其指代对象的位置关系提出的原则在整体上显得连贯和一致。①毕竟，如果在分析过程中不为这两个句子设立底层结构，会使得代词在表层和底层结构中不得同时以后指形式出现这条规则无法涵盖代词与指代对象的所有四种位置关系。

另外，如果把语法学家对زيدا ضربته结构中اشتغال一句的分析和他们对代词指代方式的讨论结合起来看，那么假定的分析工具又一次起到使得中世纪阿拉伯语语法理论显得更为完整和统一的作用。语法学家认为ضربت زيدا ضربته中句首名词زيد的宾格地位由该句的底层结构ضربت زيدا ضربته中假定的动词ضربت赋予。这种分析解决了زيد的宾格支配词的问题，使得句子中与زيد指称相同的代词ه以及زيد本身分别拥有自己的支配词，从而让这个句子得以符合变因理论对句子成分支配关系的统一要求。②此外，从ضربت زيدا ضربته和ضرب غلامه زيدا两个句子中可以看到，底层结构可以是不符合语法，或不在实际中使用的句子。这是因为本书中提到的大部分句子的底层结构都属于句法层面，而非语义层面的重建。为了解释表层结构的语义而在底层结构中增加的成分一般不影响句子的句法结构。但句法层面的重建却和句子成分的语法关系直接相关，其目的是使阿拉伯语

---

① 参考弗斯戴对تقدير一词在阿拉伯语语法传统不同历史阶段中的含义和作用的研究（Versteegh, 1994: 280-286）。

② Bohas et al., 1990: 63; Versteegh, 1994: 284-285.

语法传统中形式层面的规则和现象能够获得合理的解释。所以，在底层结构中构建的句子为了使句法理论和原则具备连贯和一致的特点，它们本身的语法性不是必须的。

二、تقديم和تأخير的含义

语法学家构建底层结构解释代词指代方式的方法对于理解提前与后置的含义提供了一种思路。既然句子成分在表层结构中的位置可以被视为由其原本在底层结构中的位置经过变化得到，那么تقديم和تأخير便可以被释义为"把××成分移动到前"、"把××成分移动到后"。这种解读强调的是句子成分通过移位（规则）从一个位置转换到另一个位置。

佩莱德认为，在阿拉伯语语法传统中，有两种句子成分的位置变化被语法学家解读为通过移位形成。①第一种是代词在表层结构中的后指。在ضرب غلامه زيد一句中，غلامه在表层结构中的位置被视为从زيد后移动到زيد前。第二种是疑问词位于句首。在分析أين زيد（宰德在哪）一句时，伊本·艾比·拉比厄将它的底层结构视为أزيد في الدار أم في السوق أم في الحانوت（宰德在家、在市场、还是在商店）。在底层结构中充当述语的أم في الدار先是移动到زيد前、疑问虚词أ后的位置，使句子变成أفي الدار أم في السوق أم في الحانوت زيد。随后，疑问名词أين同时代替了时空语、疑问虚词أم以及虚词أ（نائبة مناب الظرف وهمزة الاستفهام وأم）。促使أين必须移动到起语زيد前的原因是它所包含的疑问含义，它在底层结构中正是由疑问虚词أ以及虚词أم共同体现的。②另一位语法学家朱尔加尼举的例子是ما أردت（你想要什么）。他将这句话的含义解释为أي شيء أردت，并表示宾语أي شيء具有的疑问含义使它必须位于句首。如果宾语回到它原本的位置（تؤخره

---

① Peled, 2009: 64.
② ابن أبي الربيع, البسيط 1: 587.

—ما أردت (إلى موضعه), 使句子变成أي شيء, أردت, 这是不允许的。① 因此, ما أردت 一句经历了将底层结构ما أردت中的疑问名词ما 移动到أردت前的位置, 使其在表层结构中位于句首。由于疑问词的句首属性, 这种移动是必须的。②

除了疑问词的移位，朱尔加尼对اشتغال结构的分析实际上也反映了他把句子成分的位置变化理解为移位。上文提到，朱尔加尼认为زيد ضربته 和ضربت زيدا 两个句子都是从ضربت زيد一句那里经过语序和格位变化得到的。③ 在ضربت附着指示زيد的代词هاء 前，زيد 首先经历了从动词和主语后的位置移动到两者前的过程。另外，在《奇迹例证》中"提前与后置"一章的开头，朱尔加尼就把提前与后置描述为词句从一个位置转移到另一个位置（حُول اللفظ عن مكان إلى مكان）。④

不过，尽管语法学家对上述现象的论述，尤其是其中利用底层结构对语序变化做出的解释，使得تقديم和تأخير可以被理解为把句子成分从某位置向前或向后移动到另一位置。但在大多数时候，语法学家对两词的使用并不体现移位的内涵。这一点可以从以下四个方面得到论证。第一，تقديم与动词、主语、起语的搭配在语法学家的论述中并不少见。三者相对于宾语和述语，本身就是在基本语序中位置靠前的句子成分。因此，动词、主语或起语的提前（تقديم الفعل/الفاعل/المبتدأ）不应被理解为三者向前移动到某位置，而应被解读为"把××成分置于前"、"把××成分放在靠前的位置"。同理，تأخير也常与宾语和述语两个在基本语序中位置靠后的句子成分一同出现。⑤两者的后置也应相应地被解读为把它们放在靠后的位置，而非从靠前的位置向后移位。第二，在功能视角的语境

---

① الجرجاني, المقتصد 1: 334-335.
② 佩莱德把这一现象类比为转换生成语法中的疑问词移位（Wh-movement）（Peled, 2009: 64）。
③ الجرجاني, المقتصد 1: 229.
④ الجرجاني, دلائل: 106.
⑤ 一些句子的非必要成分，如状语、区分语、时空宾语等，也会与تأخير共同出现。

下，形式（规则）是服务于意义的。更广泛地说，形式是服务于交际目的的。语法学家从功能角度解释语序变化时很少提及句子的底层结构，句子成分在句中的位置往往被认为是说话者为实现某种交际意图而决定的。此时句子成分的提前与后置不应被视为根据形式规则发生的移位，而应被视为说话者根据交际目的，把某种成分置于句中靠前或靠后的位置。第三，在论述部分宾语和述语必须提前的现象时，如宾语以连接代名词的形式出现，同时主语以独立的明显名词的形式出现；或起语是由أنّ引导的句子时的情况，语法学家并不借助底层结构这一分析工具。或者说，此时宾语和述语在表层结构中的前置并不一定被拿来与它们在基本语序中后置的位置进行比较。在这些情况中，تقديم المفعول/الخبر 应当被理解为把宾语/述语放置在主语/起语前，而不是移动到主语/起语前。第四，即使在利用底层结构分析语序的例子中，句子成分的位置变化也并不一定被解读为移位。比如，当起语为泛指，述语为时空语或介词短语时，述语必须提到起语前。语法学家对这种结构的解释是述语的提前是为了避免产生它位于泛指起语后时作为起语修饰成分的歧义，或是泛指起语出现在本质上为泛指的述语位置上时所达到的形式上的和谐。他们并没有把这种情况下述语的提前描述为根据某种规则必须进行的位置移动，而是强调这样的位置关系所达到的语义或形式上的效果。

    综上，提前与后置这对术语在阿拉伯语语法传统中有两种解读。一种是"把××成分置于前/后"，另一种是"把××成分移动到前/后"。两者的差别在于句子成分出现在句中的某一具体位置时是否被理解为经历了移位的过程。在对语法学家使用两词的语境和例子进行分析后，本书提出的结论是：تقديم和تأخير在使用时不被视为具有移动的内涵的情况要比两者具有该内涵时的情况更多、更常见。因此，将تقديم和تأخير释义为"把××成分置于前/后"在阿拉伯语语法传统中是适用性更广的选择。

第六节 小结

句子成分的位置变化首先可以从支配关系中获得理论依据，即被支配词可以出现在它的支配词出现的位置上。这种依据是解释性的，而非限定性的。被支配词允许出现在支配词出现的位置上，并不表示它必须或一定能出现在该位置上。在明确了提前与后置理论上的可行性后，语法学家对名词句中述语的提前，以及动词句中宾语提前的现象进行了分析。他们对这些问题的描述和解释涵盖若干视角，囊括诸多结构。对此，可以从形式和功能的角度把他们对提前与后置现象的解读分为两类。

第一类句子成分的提前与后置主要出于形式层面的要求。它们包括：（1）当主语中含有指代宾语的代词时，宾语必须提到主语前。与此类似的情况是当起语中包含表示述语的代词时，述语必须提到起语前。这两种提前的原因都是由于阿拉伯语中代词的指代方式为回指，代词在表层结构和底层结构中都以后指的方式出现是不允许的；（2）当宾语是疑问名词，或包含疑问含义的条件名词时，宾语必须同时提到主语和动词前。类似地，当述语由疑问名词充当时，述语也必须位于起语前。这是因为阿拉伯语中的疑问工具词拥有句首属性，并且疑问工具词之后的成分不能支配其前的成分；（3）当主语和起语做除外语，或两者和表示类似含义的词（如انما）在语义上有关联时，必须把宾语和述语提到两者之前；（4）当宾语以连接代名词的形式出现，同时主语以独立的明显名词的形式出现时，宾语必须前置于主语。语法学家认为当代词可以以连接的形式出现时，则不应使其以独立的形式出现；（5）当起语是由أن引导的句子时，起语必须后置于述语。这是为了避免当أن类虚词加入这类名词句中时出现أن与أن相连的情况；（6）当起语为泛指，述语为时空语或介词短语时，述语必须提到起语前。一些语法学家认为这类"时空语/

介词短语＋泛指起语"的结构属于形式上的修正。一方面，述语的提前是为了避免它被理解为泛指起语的修饰成分。另一方面，由于名词句的基本结构是由确指的起语开头，通过泛指的述语对其进行描述，以泛指的起语开头的名词句原本是不合语法的。但当泛指起语后置到句中述语原本所在的位置上时，由于述语本质上是泛指的，两者在泛指性上达成形式上的和谐。

除了上述六种情况，语法学家对另外三类结构的分析也是从句法层面进行的。但由于这些结构的特殊性，语法学家对它们持不同见解。首先，他们认为由زيد قائم所代表的结构可以有两种解读。一种是把قائم视为提前的述语，把زيد视为后置的起语。此时句子是名词句。另一种则是把قائم视作起语，把زيد视作占据述语位置的主语。زيد的主格地位由قائم赋予，而قائم的主格地位则由起首结构赋予。这种支配关系上的特殊性使得这类句子无法被纳入名词句、动词句或时空句中的任意一种。其次，动词句述语能否提到起语前需根据动词句的主语和起语在数量和指称上的异同视情况而定。当动词句述语中的主语与起语在指称上不一致时，动词句述语可以提到主语前。当两者指称相同时，该主语往往以指代起语的代词的形式出现。语法学家将此类情况分为主语是单数和主语是双数或复数两种。当主语是单数时，他们一致禁止动词句述语提前；当主语是双数或复数时，有些语法学家允许动词句述语提前，有些不允许。第三类结构是اشتغال。以ضربته زيد和ضربته زيدا为代表的اشتغال结构反映了阿拉伯语语法传统中一种较为特别的语序现象。有少数语法学家认为，该结构是从以动词—主语—宾语为语序的动词句（ضربت زيدا）中转换而来的。但其他语法学家则认为زيد ضربته是一句由起语和小句型述语构成的名词句，它与ضربت زيد之间不存在任何转换关系。至于زيدا ضربته，这种结构中句首名词的宾格支配词是زيد前假定的动词ضربت。相比之下，一般的宾语提前的句子中宾语的支配词是位于宾语前或后，并在表层结构中显现的动词。由于两个宾格名词在句中支配方式的区别，大部分语法学家没有将这类结构纳入宾语提前的讨论范围。

第二类提前与后置则是出于功能层面的原因。在总结语法学家从这种视角对该现象所做的分析前，必须指出他们对上述六种情况包含的部分句法规则的解释也是功能性的。比如，他们就宾语、述语在除外句和表示强调的انما的句子中的位置关系所做的解读是从语义和信息结构的角度做出的。在除外句中，如果把除外词后的成分与其前的成分进行位置上的互换，会导致句子含义发生改变。而在表示强调的انما的句子中，句末的成分往往是句子的焦点，是说话者想要重点说明的部分，并且它常作为句中的新信息出现。另外，语法学家对疑问工具词句首属性的解释也包含了语用和语义层面的因素。他们的观点可以概括为，疑问工具词与其后的成分一起构成完整的疑问含义，疑问工具词位于句首是为了使句子的疑问目的更为明确。

在对宾语提前的分析上，西伯威提出的"重视和关注"原则被后来的语法学家效仿和引用。但由于西伯威本人对该原则的描述过于简洁，其他语法学家对它的解读众说纷纭。比如，什么样的句子成分可以被视为更被重视、更受关注；受到重视和关注的成分是对于听话者还是说话者而言。在回答这些问题时，语法学家经常为他们使用的例句设立各自不同的语境。他们对同一句子的解释可能完全相反，也可能大体相同。这反映了"重视和关注"原则并没有成为一种对句子成分的位置变化进行限定的功能性规则。它的作用和目的更多地体现在对语序变化的解释上。

在对述语提前进行功能层面的解析时，语法学家并不像他们在分析宾语提前的功能原因时那样以某一原则为基础。并且，他们几乎从不提及西伯威的"重视和关注"原则。这可能是因为西伯威只把该原则应用于宾语提前的分析上,所以后来的语法学家便效仿他的做法,也只把该原则用于解释宾语的提前上。中世纪语法著作中关于述语提前的功能解读主要集中在三种结构上:(1)时空语/介词短语+泛指起语;(2)泛指述语+确指起语;(3)确指述语+确指起语。对于第一类结构,述语提前的目的有时是为了对其进行特指说明。同时,这类结构中承担主语功能或话题的成分往往是述语,承担谓语功能或评论的成分则是起语。起语与述语在功能层面的作用虽然发生了变化,但它们的句法地位并没有改变。在第二类结构中,泛指述语的提前通常是为了表示强调,或达到其他语用目的。语法学家认为在这种情况下,泛指述语的提前能够表达它位于起语后时所不能表达的含义。至于由确指述语与确指起语组成的句子,语法学家在论述中展现的核心观点是:起语在句中倾向于表示旧信息,述语则相应地表示新信息。起语和述语的语序与信息结构之间存在一定的关联,但信息流动并不是两者位置关系的决定因素。起语和述语的语序并不一定遵循旧信息在前,新信息在后的原则。一些语法学家对这类结构的看法是,句子的新信息体现在起语和述语的语义关联上。如果听话者既知道起语,也知道述语,那么句子的交际价值在于两者的结合,两者之间的关系才是对听话者有用的信息。如果听话者连起语和述语之间的关系也知晓时,那么句子便没有交际价值。从语法学家对这三类结构的功能解释中可以归纳出的重要信息是:起语和述语与话题和评论,以及功能语言学中主题和述题两组概念之间并不是一一对应的关系。同时,起语代表旧信息,述语代表新信息也并非是绝对的。这表明在阿拉伯语语法传统中,起语和述语在本质上都是句法概念。两者只表示名词句中形式上的主语和谓语。在对这两个术语进行使用和解析时,需要明确地区分两者的句法地位和功能地位。

在对句子成分的提前和后置做出功能视角解读的语法学家中,朱尔加尼是为数不多的把这种视角作为核心，对包括语序在内的各类语言现象进行研究的语法学家。朱尔加尼认为，提前与后置的决定不是随意的。选择改变句子成分的位置是说话者为了达到某种目的而进行的。语序作为表达语义和语用含义的一种形式上的方式，是为两者服务的。任何语序的变化都有功能上的原因可循。并且，语序的变化应当伴随着语义或语用目的的变化，否则这种变化便是没有必要的。

朱尔加尼在《奇迹例证》一书中以话语意义为重点，结合说话者对听话者心理的预设对话语形成产生的影响，从功能语言学的角度对阿拉伯语句子中的语序变化进行了阐述。对于肯定句和部分表示将来的以引导的一般疑问句，朱尔加尼采取的是语用解释。他将句子放到具体的语言情境中，在参考情景语境的条件下分析句中主要成分的语序变化。在肯定句中，主语提前可能表示限定、强调或确认。朱尔加尼对宾语前置于主语的理解来自西伯威的"重视和关注"原则。他把这一原则引申为相关性原则，即说话者认为与听话者最相关的信息在特定语境中应当被提前。在一些不以获取信息为目的的一般疑问句中，句子经常隐含说话者想要听话者推断出的会话含义，这种语用目的决定了句子成分在句中的位置。另一方面，朱尔加尼对相关性原则在否定工具词ما引导的否定句和表示过去时间的一般疑问句中的解释则是从语义角度做出的。此时说话者参照的是语言语境，句中成分的相关性是相对说话者而言的。在语义上具有最高程度相关性的句子成分应当紧跟在否定工具词和疑问工具词后，前置于其他成分。并且，整个句子的句义不能和说话者否定或询问的对象产生冲突。可以看到，朱尔加尼强调在具体的情景语境或语言语境中对句子语序进行解释。在他的功能语序观中，说话者对听话者的考虑以及说话者本人对句子成分相关性的预设是决定语序的重要依据。同时，句子语序的变化还能够反映说话者的语用目的或句子会话含义方面的不同。

把语法学家对提前与后置现象的解读分为形式和功能两大类，除了可以对不同句子结构的语序变化进行更好地划分和归类，更为重要的是它反映了语法学家在研究方法和论述形式上的不同。从本节的总结中可以看出，语法学家在对提前与后置进行形式层面的分析时，经常从某种限定性的句法规则出发。此时句子成分常被描述成必须或不得出现在某位置。这样的分析方式偏向对语言现象的规定和标准化。而当他们从功能视角入手进行分析时，他们在论证方式上展现出的特点是偏重对语言现象进行描述和解释。从他们的论述中虽然可以察觉并论证语义关系、语用含义、信息结构等功能因素对于句子成分的语序产生的影响，但绝大部分语法学家并未从中归纳和抽象出具有概括性的理论或规则。即使是西伯威提出的"重视和关注"原则，以及朱尔加尼所坚持的"语序变化必定反映的是语义或语用目的的不同"这样的语言观，它们在本质上也是解释性，而非规定性的。

第三章 支配词为具有动词含义和动词能力的句子的语序

第一节 引言

在本书第一章和第二章引用的例句中,名词句起语的支配词几乎都是起首结构,动词句主语和宾语的支配词则几乎都是健全动词(فعل تام)。但在阿拉伯语中,还有大量句子的名词性成分不由这两个支配者支配。主动名词、被动名词、半主动名词等类似动词的名词性成分,كان类残缺动词(فعل ناقص),إنّ类虚词等词类都可以作为名词性成分的支配词。本书的第三章和第四章将对由这些成分支配的句子中支配词与被支配词之间的语序进行讨论。

上文提到,阿拉伯语中的支配词倾向于出现在被支配词前。这一原则在句子主要成分的支配词为健全动词时已经得到论证。那么,当句子主要成分的支配词为类似动词的短语或名词性成分时,这一原则是否仍然适用?这些新的支配词与被支配词之间的语序存在怎样的关系?它们之间的位置关系受到哪些因素影响?本章将就这些问题做出回答。

在开始本章的讨论前,需要对阿拉伯语语法传统中的一个概念——قوة(强度)进行解释。《西伯威书》中提到:起动词作用但不是动词的

第三章 支配词为具有动词含义和动词能力的句子的语序

成分，如主动名词和被动名词，在强度上不如动词（لا يقوى قوة الفعل ما جرى مجراه وليس بفعل）。半主动名词在强度上不如主动名词和被动名词（لم تبلغ）。①而类似（خير）（好、更好）这样只能以泛指形式出现，且只支配泛指成分的名词在强度上不如半主动名词（لا يقوى قوة الصفة المشبهة）。②巴尔贝基认为，西伯威将这些名词性成分按照强度的标准进行排列反映的是他对阿拉伯语词类的一种分类方式。在这种分类中，更强的成分所包含的特征被类比（قياس）到相对较弱的成分上。被类比特征的成分在强度上不能超过拥有该特征的成分。比如，及物动词可以支配主语和宾语的特征被类比到主动名词和被动名词上，两者经过类比后获得的该特征又被类比到半主动名词上。③因此，这四种成分之间的强度等级为：动词＞主动名词/被动名词＞半主动名词。巴尔贝基指出，西伯威提出强度的概念是因为他认为在语言中存在标准。根据这种标准，一些形式或结构在语言中代表基础、核心，另一些形式或结构则是附属的、次要的。不同形式和结构之间的强度也因此形成。④

巴尔贝基在他的另一篇论文中提到，西伯威以强度为标准，将不同词类和句子成分特征之间的强弱与语序联系在一起。比如，在类似动词的名词性成分中，名词性成分的强度高低与它们和动词之间的相似性有关。巴尔贝基以主动名词为例，指出从及物动词中派生出的主动名词与动词一样能支配宾语，这种相似性使得主动名词所支配的宾语也能像动词那样发生提前和后置。⑤弗斯戴对此提出相似的观点。他指出，阿拉伯语中的一些结构比另一些结构拥有更高的地位，或者说，强于另一些结

---

① سيبويه, كتاب 1: 33.
② سيبويه, كتاب 1: 203.
③ Baalbaki, 1979: 14, 17.
④ Baalbaki, 1979: 18.
⑤ Baalbaki, 1983: 22.

构。如果一种结构与比它更强的结构之间存在相似性,那么它会被赋予更多的权利(حقوق)。并且,这种相似性可以使该结构在形态变化或句法分布上更为自由。①

巴尔贝基和弗斯戴没有就不同支配词的强度高低与它们所支配成分的语序之间的关系做更深入的分析。本章以西伯威提出的强度概念为基础对这些关系做进一步研究,并尝试论证:阿拉伯语中的一些名词、类似动词的名词性成分、部分ن类虚词以及起支配作用的时空语和介词短语,它们在强度上有高低之分。这与阿拉伯语语法传统中的另一个概念——معنى الفعل之间存在直接的联系。本书把该术语解读为"动词含义"和"动词能力"两种含义。作动词含义一解时,它表示含有动词的意义,但不体现动词形式的单词和短语。如时空语、介词短语、指示名词、表示希冀的虚词、表示愿望的虚词和表示比拟的虚词等。一些语法学家把这些成分归纳为抽象支配词,它们因具有动词含义从而可以支配阿拉伯语中的两种宾格成分,状语和区分语。不过,当这两种宾格成分由这些支配词赋予宾格地位时,它们不允许提到支配词之前。这是因为具有动词含义的支配词不能像真正的动词那样进行屈折变化。因此,它们在支配能力上要弱于动词。这恰恰体现在它们所支配的状语和区分语不能前置于它们。但当状语和区分语的支配词为动词时,两者的提前是允许的。②معنى الفعل的另一层意义为动词能力。主动名词、被动名词、半主动名词和词根被视为阿拉伯语中主要的四种拥有动词能力的结构。它们和动词一样能够支配句子中的主格和宾格成分。与具有动词含义的结构有所不同,具有动词能力的这四种名词性成分既包含动词的意义,也具备动词的形式。作为从动词中直接或间接派生出的成分,它们与动词有一样的

---

① Versteegh, 1978: 262-263.
② 语法学家就区分语是否能够提前存在争议,见下文。

第三章　支配词为具有动词含义和动词能力的句子的语序

根母。在这四种成分之间可以建立一条关于支配强度（قوة العمل）的等级序列。该序列反映的是它们的支配能力与它们所支配成分的语序之间的关系。一种成分的支配强度越高，其所支配的成分在语序上越自由。主动名词和被动名词是从动词中直接派生而来的，两者在支配能力上的强度最高。词根被一些语法学家视为在强度上低于主动名词。半主动名词的支配能力最弱，因为它在形态上所近似的成分不是动词，而是主动名词。根据四者支配强度的高低，主动名词和被动名词的被支配词比词根和半主动名词的被支配词拥有更高程度的语序自由。前两个成分的宾语可以提到两者之前，但后两个成分的宾语只能位于两者之后。同时，不由主动名词和被动名词支配的单词或短语允许出现在两者和两者支配的成分之间。但词根和半主动名词的被支配必须紧跟在两者之后。除此之外，由于半主动名词在支配强度上的弱势，它只能支配与它在语义上有关联的成分。

第二节　什么是 معنى الفعل

معنى الفعل 的本意是动词的意义或动词的功能，将其解释为动词含义更接近该短语的字面意思。穆巴里德提到，在 زيد في الدار قائمًا（宰德在屋子里站着）一句中，宾格成分 قائمًا 的支配词是含有动词含义的介词短语 في الدار（تنصب قائمًا بمعنى الفعل الذي وقع في الدار），这个句子的意思是 استقر زيد في الدار。①伊本·塞拉吉对这个句子做出相同的描述，但他进一步指出，该句中 قائم 做 زيد 的状语，في الدار 做 زيد 的述语。如果句子变成 زيد قائم في الدار，那么两者的句法地位发生了变化，قائم 变成述语，في الدار 变成与动词有关的介词短语。②此时 قائم 和 في الدار 之间的支配关系发生了变化，后者

---

① المبرد, المقتضب 4: 166. 原文中为 استقر عبد الله في الدار—استقر زيد في الدار。
② ابن السراج, الأصول 1: 216.

不再是前者的支配词。

　　穆巴里德随后继续对具有动词含义的成分进行列举。他提出，زيد قائما أخوك（宰德是你的兄弟，他站着）这样的句子是不允许的。因为句中没有动词，也没有拥有动词含义的成分。但是，当这个句子想要表达兄弟情义（أخوة الصداقة）时，它是符合语法的。穆巴里德认为，此时句中的成分具备动词含义，句子可以被解读为 زيد يؤاخيك قائما（宰德站着和你结交为兄弟）。①此外，穆巴里德还指出：

(43) وتقول هذا زيد راكبا، وذاك عبد الله قائما [...] (هذا) إنما هو تنبيه. كأنك قلت: انتبه له راكبا. واذا قلت: ذاك عبد الله قائما. (ذاك) للإشارة. كأنك قلت: أشير لك إليه قائما. فلا يجوز أن يعمل في الحال إلا فعل أو شيء في معنى الفعل. ②

　　［你说"这个宰德骑着"，"那个阿卜杜拉站着"……"这个"一词表示提醒的意义，就好像你在说"注意，他骑着"。而在"那个阿卜杜拉站着"一句中，"那个"一词表示指示的含义，就好像你在说"我把那个站着的人指给你看"。状语的支配词只能是动词或具有动词含义的成分。］

　　例（43）的两个例句中，指示名词هذا和ذاك均被认为是具有动词含义的成分。前者表示提醒，后者表示指示。两者因而能像动词那样对句中的状语起支配作用。在提出状语支配词的两种类型后，穆巴里德对两者进行了区分。他表示，如果状语的支配词是真正的动词（فعل صحيح），状语和宾语一样可以提到动词前。③但当状语的支配词不是真正的动词，而是有动词含义的成分时，状语不允许提到这些成分前。原因是这些成分

---

① المقتضب, المبرد 4: 168. 相同描述见 ابن السراج الأصول 1: 218。
② المقتضب, المبرد 4: 168. 原文中قائما إليه لك أشير—راكبا له إليه لك أشير。
③ صحيح فعل在阿拉伯语语法术语中还表示根母中不含柔母的动词。此处穆巴里德使用该短语，是为了和有动词含义的成分进行对比，故应被译为真正的动词。

第三章 支配词为具有动词含义和动词能力的句子的语序

在支配宾格成分时与真正的动词间不完全相像（لا يعمل مثله في المفعول）。①伊本·塞拉吉对穆巴里德提到的两个支配词进行了补充。他指出，在فيها زيد قائما（宰德在里面站着）和هذا زيد منطلقا（这个宰德正离开）两句中，状语قائم和منطلق的支配词分别为فيها和هذا。介词短语فيها表استقرار（存在、稳定）之意，指示名词هذا表提醒之意。两者是拥有动词含义的名词性成分，而不是明显的动词（فعل ظاهر），因此两者支配的状语不允许提到它们之前。②伊本·塞拉吉随后还提到另一个句子：هو عبد الله حقا（他真的是阿卜杜拉）。他认为，该句中حق不能提到هو之前，因为它的宾格地位也是由具有动词含义的成分赋予的。他把该含义解释为أحق（消息被证实）。③

具有动词含义的成分能够支配的成分不仅限于状语。上文提到，一些语法学家认为某些结构中的主格成分在句中的支配词可以是时空语和介词短语，支持这一观点的语法学家把这些句子称为时空句。时空语和介词短语能够起支配作用的理由之一是它们拥有动词含义。艾斯特拉巴齐对此指出，库法学派以及艾赫法什认为في الدار رجل和زيد قائم两个句子中的رجل和زيد均可以被理解为主语。这是由于两者的支配词في الدار和قائم都具有动词含义（لتضمنه معنى الفعل）。④

拥有动词含义的成分因与动词之间在意义上的相似性从而获得类似动词的支配能力。从上述例句中可以看到，拥有动词含义的成分在支配强度上不如动词。根据上一节中西伯威的观点可以推断，这是由于拥有动词含义的成分的支配能力是通过把它们与动词进行类比后获得的。动词作为该特征原本的拥有者，在强度上高于被赋予该特征的具有动词含

---

① المبرد, المقتضب 4: 168, 170. 状语与不同支配词之间的语序见下节。
② ابن السراج, الأصول 2: 246.
③ ابن السراج, الأصول 2: 246-247.
④ الأستراباذي, شرح 1: 247.

义的成分。法里西解释了具有动词含义的成分在支配能力上弱于动词的原因。他指出，在في الدار زيد قائم一句中，支配قائم的成分不是纯粹的动词（أفعال محضة），而是في الدار中包含的动词含义。而拥有动词含义的成分

(44) أضعف من الفعل المحض واذا كان الفعل المحض يضعف عمله فيما تقدم عليه بدلالة قولهم: زيد ضربته. وامتناعهم من رفع زيد لو أخر فأوقع بعد ضربت، فأن يضعف عمل المعنى فيما تقدم عليه أجدر فلذلك أجازوا: في الدار زيد قائما، وفي الدار قائما زيد. ولم يجيزوا قائما في الدار زيد.[①]

［（的支配能力）比纯粹的动词弱。这是因为即使是纯粹的动词在对位于其前的成分进行支配时，支配作用也会减弱。这从ضربته زيد（宰德，我打了他）一句中可以得到证明。且当زيد出现在动词ضربت后时，زيد不允许标主格。既然如此，那么具有动词含义的成分在支配其前的成分时支配作用减弱则更是理所应当的。因此，允许说في الدار زيد قائما和في الدار قائما زيد，但不能说قائما في الدار زيد。］

法里西的分析需要做进一步解释。在ضربته زيد这样的اشتغال结构中，动词不对其前的成分زيد起支配作用，而是支配其后指代زيد的代词هاء。而当زيد后置于动词时，动词必须执行对它的支配作用，زيد必须标宾格。法里西的观点可以理解为，句子由ضربت زيد转变为ضربته زيد的过程反映的是动词支配作用减弱的过程。动词对其后出现的成分的支配作用强于对其前出现的成分。而动词的这一特征被类比到与它在意义上相似的拥有动词含义的成分上。后者对后置于它们的成分的支配作用同样强于对前置于它们的成分。状语不能提前便是它们支配作用变弱的体现。而由于该支配作用强弱变化的特征也是从动词类比到具有动词含义的成分上，因此后者在强度上要低于前者。这表现在动词支配的状语允许提前，但具有动词含义的成分支配的状语不允许提前。朱尔加尼对法里西的这段分析进行了补充说明。他指出，في زيد ضربت وزيدا ضربت（后句的动词中含有假定

---

① الفارسي, العضدي: 199-200.

第三章　支配词为具有动词含义和动词能力的句子的语序

的宾格连接代名词هاء）两个句子反映的现象是，动词对其前的成分能起支配作用，但这种作用也会失效（إبطال عمله）。但是ضربت زيد这样的句子，即使是在动词后假定宾格连接代名词هاء，也是不允许的（ضربته　زيد）。因为当动词前置于被支配词时，动词的支配作用变强，زيد必须受动词支配处于宾格地位。①拥有动词含义的成分在这方面体现出相同的特点。这些成分支配作用变弱的特征相比动词表现得更加显著，因此当宾格成分提前时它们便失去了对它的支配能力كان معنى الفعل فوقه في الضعف، فلا）يعمل عند تقدم المفعول）以قائما في الدار زيد为例，当في الدار不对قائما进行支配后，句子变为قائم في الدار زيد。此时قائم不再是状语，它与في الدار一起充当提前的述语。②

　　具有动词含义的成分在支配强度上弱于动词的特点得到了论证。不过，上文的引文中只包括指示名词、介词短语和主动名词三种具有动词含义的成分。③在中世纪阿拉伯语语法理论中，还有另一些成分也被视为拥有动词含义。并且，语法学家对这些成分进行了区分。伊本·马立克在对主语进行定义时指出主语的要素之一是被指派动词，或包含动词意义的成分（هو المسند إليه فعل، أو مضمن معناه）。④阿布·哈扬对伊本·马立克所用的معناه　مضمن进行了解释。他表示该短语指赋予主语主格格位且不

---

① 类似地，伊本·艾比·拉比厄提出支配词在被支配词前时的支配作用比它在被支配词后时更强的观点，见ابن أبي الربيع, البسيط 1: 512-513。
② الجرجاني, المقتصد 1: 674-675。
③ 关于主动名词动词含义的描述可以追溯到《西伯威书》。在讨论主动名词一章的标题中，西伯威把可以起支配作用的主动名词描述为صار الفاعل فيه بمنزلة الذي فعل في المعنى（主动名词获得了与فعل الذي一样含义的地位）。他用هذا الضارب زيدا（这是打了宰德的那个人）一句对此进行说明，指出这句话的意思是هذا الذي ضرب زيدا。主动名词ضارب在句中起类似动词的支配作用（سيبويه, كتاب 1: 181-182）。西拉菲在注解中补充道：الضارب中的定冠词ال处于关系名词الذي的地位，与其相连的主动名词ضارب成为具有动词含义的成分（السيرافي, شرح 2: 37）。
④ شرح ابن مالك 2: 105。

是动词的成分，它们包括主动名词、在依靠原则下起类似主动名词支配作用的形容成分和定形名词（ما أجري مجراه في العمل من الأوصاف والجوامد بشرط الاعتماد）、半主动名词、词根、处于动词位置上的词根或非词根名词、动名词，和在依靠原则下的时空语、介词短语等。①阿布·哈扬此处对معنى الفعل的定义是广义的。凡是有动词的意义且能够支配句子主格成分的除动词外的所有词类和结构都被他纳入具有动词含义的范围。不过，他在同本著作中的另一处又指出两种拥有动词含义的成分——时空语和主动名词间的区别：

(45) أن الفرق بين الظرف واسم الفاعل أن اسم الفاعل مشتق، وفيه لفظ الفعل. فاذا اقترنت به قرينة من القرائن التي يقوى بها معنى الفعل عمل عمله، والظرف لا لفظ للفعل فيه، إنما هو معنى يتعلق بالحرف، ويدل عليه، فلم يكم في قوة القرينة التي اعتمد عليها أن تجعله كالفعل، كما لم يكن في قوته اذا كان ملفوظا به دون قرينة أن يكون كالفعل حتى يجتمع الاعتماد المقوي لمعنى الفعل مع اللفظ المشتق من الفعل، فيعمل حينئذ عمل الفعل.②

[时空语和主动名词的不同在于主动名词是（从动词中）派生的，它含有动词的形式。如果主动名词出现在能使它的动词含义得到加强的上下文中，那么它能起动词那样的支配作用。而时空语中没有动词的形式，它的意义与虚词有关并由虚词体现。能让时空语依靠的上下文不能使它变得像动词那样，就像当它本身脱离上下文出现时它也不能像动词那样。而只有当可以加强动词含义的依靠成分和由动词派生出的形式两者一起出现时，这样的成分才能起动词的支配作用。]③

阿布·哈扬在引文中提到的使动词含义得到加强的上下文和依靠成分，指的是阿拉伯语语法传统中的依靠（الاعتماد）原则，本章第四节

---

① التذييل, أبو حيان 6: 176.
② التذييل, أبو حيان 4: 56.
③ 关于该段中提到的时空语与虚词之间的关联，见伊本·瓦拉格对不同种类的时空语与虚词之间形式和意义上的关系所做的分析：علل ابن الوراق: 367-369。

第三章 支配词为具有动词含义和动词能力的句子的语序

将对该原则进行分析。该段描述中与本节的讨论更为相关的是阿布·哈扬对时空语和主动名词的区分。两者的差异在于时空语不包含动词的形式,而主动名词作为从动词中派生出的成分,自然地体现动词的形式。同时,体现动词形式的成分在使其动词含义得到强化的上下文中可以起类似动词的支配作用。不体现动词形式的成分不管是否出现在能强化其动词含义的上下文中,都不能起支配作用。这可以解释为,在 زيد عندك 和 أعندك زيد 两句中,زيد 的支配词都是起首结构,而非时空语 عندك。[①]但也有少部分巴士拉派学者以及库法派的语法学家把 عندك 的支配词视为 عندك。

除了阿布·哈扬,艾斯特拉巴齐也对具有动词含义的成分做出了区分。在对伊本·哈吉布关于主语的定义进行注解时他提到,伊本·哈吉布所说的与动词相似的成分 (شبه الفعل),

(46) يعني به اسمي الفاعل والمفعول والصفة المشبهة والمصدر، واسم الفعل، ولم تقل، أو معناه فيدخل الظرف والجار والمجرور المرتفع بهما الضمير [...] أو الظاهر.[②]

〔指的是主动名词、被动名词、半主动名词、词根和动名词。他没有用 معناه(动词含义)一词,这一概念还包括时空语和介词短语,两者能使句中的代词或明显名词成为主格。〕

从艾斯特拉巴齐的描述中可以推论出,他所提到的五种成分以及时空语、介词短语都可以视作具有动词含义的成分。但前五种被称为 شبه الفعل,时空语和介词短语不在该短语表示的范围内。尽管艾斯特拉巴齐没有进一步说明他如此划分的原因,但具有动词含义的成分可以按照某种标准被分类的事实得到了证明。

根据阿布·哈扬和艾斯特拉巴齐的描述,以及上文中引用的其他语法学家的例证,معنى الفعل 一词在阿拉伯语语法传统中有广义和狭义之分。

---

① 在 أعندك زيد 一句中,疑问工具词就是可以加强时空语 عندك 动词含义的依靠成分。
② الأستراباذي, شرح 1: 186.

广义的معنى الفعل表示动词含义。它的范围覆盖了除动词以外，所有在意义上与动词相似且可以起类似动词的支配作用的词类和结构。起首结构因不包含动词的意义，因此不属于具有动词含义的支配词。而معنى الفعل这一概念可以根据是否体现动词形式这一标准分成两类。第一类指那些含有动词的意义，在形式上不体现动词特征（如动词的根母和其形态变化）的成分。主要包括时空语、介词短语、指示名词以及一些虚词。第二类指那些含有动词的意义，在形式上也体现动词特征的成分。主要包括主动名词、被动名词、半主动名词和词根等。为了对这两类معنى الفعل进行区别，本书中将第一类释义为具有动词含义的成分，这类成分属于狭义的معنى الفعل；将第二类释义为具有动词能力的成分。①这是因为第一类支配词在形式上不体现动词的根母，它们能像动词一样起支配作用的主要原因在于它们在语义上与动词相近。动词的意义相比动词的形式更能反映这类结构被赋予支配能力的缘由。第二类支配词大多从动词中派生而来，并拥有和动词相同的根母。尽管如此，它们在形态上与动词仍有明显的差别。这一类支配词在起支配作用时展现的支配能力比第一类支配词更接近动词。因此，动词能力较好地概括了这类支配词的特点。另外，之所以不选择用动词功能解释معنى الفعل一词，是由于两类支配词都拥有动词在句法层面最重要的功能——支配作用。因此，该称呼不能很好地体现两者间的差异。

第三节　状语和区分语的位置

一、状语和支配词的语序

上一节中提到，状语与其支配词之间的语序根据支配词类型的不同

---

① 除非特别指明，下文的论述中所出现的动词含义均指狭义的动词含义。

第三章　支配词为具有动词含义和动词能力的句子的语序

而产生相应的变化。本小节将对状语与不同类型支配词之间的位置关系进行分析，并试图说明语法学家对状语支配词的区分是本书对معنى الفعل所做分类的验证。

上文指出，具有动词含义的成分在支配强度上不如动词是状语由前者支配时不能前置的一个原因。西伯威指出，قائما فيها زيد是不合语法的表达。该句中的介词短语فيها处于和مر زيد راكبا（宰德骑着经过）中的动词مر一样的地位，但前句中的状语不能像后句中的那样提前到句首。这是因为فيها和与其类似的结构不是动词，它们所支配的成分在语序上不像动词所支配的成分那样可以出现在更多的位置上（لأن فيها وأخواتها لا يتصرفن بفعل تصرف الفعل، وليس ）。①西拉菲对此补充道：除了西伯威提到的介词短语，当支配词为时空语、指示名词或表示提醒的虚词时，状语都不允许提到它们之前。因为这些结构与介词短语一样，在支配方式上与动词不一样（لا يتصرف كتصرف الفعل）。②伊本·瓦拉格也解释了为何状语不能前置于具有动词含义的成分。他首先指出，当状语的支配词为变体动词（فعل متصرف）时，状语可以像宾语一样提前，原因是这种动词所具有的强度。③随后他指出，当状语的支配词为具有动词含义的成分时，状语不允许提前。比如，المال لك خالصا（这笔钱是专门给你的）中状语的支配词是介词لام，它包含拥有、占有（ملك）的动词意义。但是动词在句中没有出现，لام此时被解释为动词（بتأويل الفعل）。由于介词（短语）作为支配词的弱势性，它所支配的成分因而不允许出现在其他位置（لما كان العامل ضعيفا）。④伊本·瓦拉格所举的另一个例子是زيد خلفك ضاحكا（宰، لم يجز تصريفه

---

① سيبويه, كتاب 2: 124.
② السيرافي, شرح 2: 452.—تصرف一词在阿拉伯语语法传统中是一个较为复杂的概念，本书将在第四章中对它进行分析。
③ ابن الوراق, علل: 371-372.
④ ابن الوراق, علل: 372.

德在你后面笑）的情况则更复杂些。一些人认为，句中的时空语خلفك的宾格支配词为假定的动词استقر，状语ضاحكا也由其支配。所以，ضاحكا应该允许提到خلفك之前，因为在这种解读下خلفك并不是ضاحكا的支配词。伊本·瓦拉格对此回答道：假定的动词استقر在该句中根据规则应当被省略，不允许出现（هذا الفعل حكمه مسقطا بأن لا يجوز إظهاره）。此时，时空语代替了استقر在句中对状语起支配作用。①因此，状语此时的支配词仍不是动词，而是支配强度上较弱的时空语，故它不可提前。②

在明确了状语是否可以提到支配词前取决于支配词本身的强度后，

---

① ابن الوراق, علل: 372.
② 在有关状语与支配词位置关系的讨论中，一些语法学家把状语与时空语在句中的分布状况进行对比。他们的结论是当两者的支配词都是具有动词含义的成分时，状语不能提到这些成分之前，但时空语允许。如在 زيد اليوم في الدار（宰德今天在屋子里）一句中，时空语اليوم的支配词是介词短语في الدار，但它可以出现在في الدار前。伊本·瓦拉格对此表示，时空语允许提到具有动词含义的支配词前的理由是它在语义上与其所在小句在整体上都有关联（لاحتوائه على الجملة المتعلق بها）（参考穆巴里德的类似表述：المبرد, المقتضب 4: 328），所以它在小句中的语序相对自由。但状语并不与小句中的每个成分都有关联，因此它的位置需要根据支配词强度的高低而定（ابن الوراق, علل: 239, 373）。朱尔加尼认为，状语与纯粹的宾语（مفعول صحيح）、时空语之间存在相似之处。它与纯粹的宾语的相似性体现在单词型状语以宾格形式出现，不需要介词。比如جاءني زيد راكبا（宰德骑着到我这儿来）不会被表达为جاءني زيد في راكب，就像ضرب زيد عمرا不会说成ضرب زيد في عمر那样。而状语和时空语的相似性则在于，جاءني زيد راكبا一句话在意义上相当于جاءني زيد في حال الركوب。说话者可以对此询问："宰德以何种状态去你那儿"（في أي حال جاءك زيد），这就好比说"宰德在哪个位置"（في أي موضع زيد）一样。由于状语与这两种成分之间的相似性，它分别拥有两者的一部分特征，因此它的句法特征既不完全效仿纯粹的宾语，也不完全效仿时空语（فلما كان الحال تتضمن مشابهة تجمع النوعين كان لها شطر من حكم كل واحد منها، فلم تجر مجرى المفعول الصحيح على الإطلاق ولا مجرى الظرف على الإطلاق）。而它与时空语之间的差异正是反映在时空语在由具有动词含义的成分支配时仍能提前，但状语不能（الجرجاني, المقتصد 1: 672-673, 674-675）。第四章中将对时空语的语序做更多讨论。关于状语与时空语之间区别的分析，见ابن الوراق, علل: 367-369; ابن عصفور, شرح 1: 335; ابن أبي الربيع, البسيط 1: 512, 526.

第三章　支配词为具有动词含义和动词能力的句子的语序

语法学家对状语的支配词进行了不同程度的划分。宰加吉的方式相对较为笼统。他直接把状语的支配词分为动词和非动词。状语可以提到前者前，但不得提到后者前。对于非动词支配词，他只举了指示名词的例子。①伊本·吉尼和安巴里在分类时都使用西伯威和伊本·瓦拉格提到的متصرف一词。伊本·吉尼将状语的支配词分为具有形态变化的支配词（عامل متصرف）和没有形态变化的支配词。前者指那些体现时范畴变化的成分（التنقل في الأزمنة），如动词。状语由此类支配词支配时可以提前。伊本·吉尼没有明确定义后一类支配词，但他的例句中出现的支配词包括指示名词和介词短语。两者支配状语时，状语只能在它们之后出现。②安巴里则认为状语的支配词包括动词和具有动词含义的成分两种。动词能发生屈折变化，在进行支配时它的被支配词可以出现在多个位置上（لما كان متصرفا، تصرف عمله），所以被支配词的前置是允许的。③而具有动词含义的成分在支配方式上与动词不相同（معنى الفعل لا يتصرف تصرفه），因而它们的被支配词不能提前。④

对状语的支配词及两者之间的语序做出详细分类和解释的语法学家是伊本·叶伊什。他的分析基于扎马赫谢里对状语支配词所做的描述：

(47) والعامل فيها إما فعل وشبهه من الصفات، أو معنى فعل، كقولك: فيها زيد مقيما، وهذا عمرو منطلقا، وما شأنك قائما؟ وما لك واقفا؟ [...] وليت ولعل وكأن ينصبنها أيضا؛ لما فيهن من معنى الفعل.

---

① الزجاجي, الجمل: 10.
② ابن جني, اللمع: 52-53.
③ 安巴里在另一本著作中把这种分析方式视为从类比角度对状语提前做出解释，即动词本身形态变化的属性被类比到它支配方式的变化性上。这种变化性体现在动词的被支配词可以出现在不同的位置上，最明显的例子便是宾语可以提到动词前。而状语和宾语一样都是宾格成分，因此宾语的这一属性又被类比到状语上（الأنباري, الإنصاف 1: 251）。
④ الأنباري, أسرار: 191-192. 伊本·艾比·拉比厄的分类与安巴里相同，见 ابن أبي الربيع, البسيط 1: 525.

فالأول يعمل فيها متقدما ومتأخرا، ولا يعمل فيها الثاني إلا متقدما.①

[状语的支配词要么是动词，或是与动词相似的形容词，要么是具有动词含义的成分。（支配词是具有动词含义的成分的）例子如 فيها زيد مقيما（宰德在里面站着）、هذا عمرو منطلقا（这个阿穆尔正离开）、ما شأنك قائما（你站着想干嘛）和 ما لك واقفا（你为什么停下）......ليت（但愿）、لعل（或许）和 كأن（像）也能使状语成为宾格，因为它们都含有动词含义。第一种（支配词）可以出现在状语的前后；第二种（支配词）只能出现在状语前。]②

扎马赫谢里把状语的支配词分为两类，并为第二类具有动词含义的支配词举了若干例子，但他没有指明这些例子中的支配词具体是哪一个。在对扎马赫谢里的观点进行注解时，伊本·叶伊什提出的分类与前者基本相同。两人主要的差别体现在对支配词的表述上。伊本·叶伊什把扎马赫谢里所谓的与动词相似的形容词称为起动词作用的名词性成分（ما هو جار مجرى الفعل من الأسماء），并指出这类支配词包括主动名词、被动名词和半主动名词。③至于具有动词含义的支配词，伊本·叶伊什对扎马赫谢里的四个例句进行了详细说明。在 فيها زيد مقيما 一句中，状语的支配词是介词短语 فيها。伊本·叶伊什明确提出，فيها 被视为拥有动词含义是因为它代替动词 استقر 在句中起支配作用。并且，真正执行该作用的是 فيها 中包含的意义而非形式，因为动词的形式并未在它身上体现（العامل اذا معنى الفعل، لا لفظه، ولفظ الفعل ليس موجودا）。④第二个例句 هذا عمرو منطلقا 中的支配词是指示名词 هذا。هذا 可以作为支配词的含义有两种。一种是由 ها 表示的提醒

---

① المفصل, الزمخشري: 79.

② 引文的末句中扎马赫谢里提到的第一种支配词包括动词和与动词相似的形容词，第二种指具有动词含义的成分。

③ شرح, ابن يعيش 2: 7.

④ شرح, ابن يعيش 2: 8.

第三章　支配词为具有动词含义和动词能力的句子的语序

之意，另一种是由ذا表示的指示之意。这句话可以分别解读为انتبه له منطلقا（注意，他正离开）和أشير إليه منطلقا（我指给你看，他正离开）。①第三个句子ما شأنك قائما中状语的支配词是由شأنك表示的含义（ما تصنع（你要做什么），或الحال في هذه الحال（你在这种情况下所做的有什么关系）。说话者的目的是向听话者询问"站着"这一状态与听话者想要做的事之间的关系。ما لك واقفا一句的情形则与ما شأنك قائما一句类似，句中的动词含义也是ما تصنع。②

在解释了四个句子中具有动词含义的支配词后，伊本·叶伊什分析了状语和三类支配词之间的位置关系。他的观点与扎马赫谢里一致，即当状语由动词或起动词作用的名词性成分支配时，状语允许提前。当状语的支配词是具有动词含义的成分时，状语的提前应被禁止。③伊本·叶伊什的分析传递了两条重要信息。第一，具有动词含义的成分和起动词作用的名词性成分作为两种不同的支配词被区分开，这与本书对معنى الفعل一词的分类相呼应。前者对应时空语、介词短语、指示名词等结构，属于狭义的动词含义。后者对应主动名词、被动名词、半主动名词等拥有动词能力的成分。第二，拥有动词能力的成分支配状语时，状语的语序更为自由，它可以出现在当其由具有动词含义的成分支配时不能出现的位置上——支配词之前。导致该差别的原因可以从两类支配词与动词的相似性上得到解释。具有动词能力的成分因在形式和意义上都与动词存在相似之处，因而比仅在意义上与动词相似的具有动词含义的成分更

---

① شرح ابن يعيش 2: 9. 伊本·叶伊什还进一步指出هذا عبد الله وهذا عمرو منطلقا两个句子在交际目的上的不同。前者的目的是在阿穆尔正在离开的时候提醒听话者阿穆尔的这一状态，句子的交际价值由منطلق一词所传达的信息体现。从信息结构的角度看，此时منطلق是句子的必要成分。而هذا عبد الله的语用目的则可能是说话者推测听话者不知道"这个人"是谁，因而告诉听话者"这个人"是阿卜杜拉。

② شرح ابن يعيش 2: 10.

③ شرح ابن يعيش 2: 8.

接近动词。这种相似程度上的差异使得具有动词能力的成分在支配强度上高于具有动词含义的成分，因此它所支配的成分在句中呈现更高的自由度。

伊本·叶伊什的分类方式被后来的语法学家继承。他们的观点与伊本·叶伊什一致，但在对具有动词含义的支配词的称谓上稍显不同。并且，他们还列举了更多属于这一类的支配词。第一个称谓是抽象支配词。伊本·哈吉布、艾斯特拉巴齐、伊本·艾比·拉比厄和伊本·阿齐勒都指出，状语不允许提到支配它们的抽象支配词前。①以伊本·阿齐勒的描述为例。他把支配状语的抽象支配词定义为具有动词含义但不包含动词字母的支配词（ما تضمن معنى الفعل دون حروفه），如指示名词、表示希冀的虚词（即ليت）、表示比拟的虚词（即كأن）、时空语和介词短语。②这一定义与本书对具有动词含义的成分的定义相一致。第二个称谓是包含派生含义的定形词（جامد ضمن معنى مشتق）。该短语在伊本·马立克、艾斯特拉巴齐、阿布·哈扬以及苏尤提的著作中均有提及。③但与第一个称谓有所不同，时空语和介词短语不属于包含派生含义的定形词。隶属此类的支配词主要包括指示名词、ليت、كأن、表示愿望的虚词（即لعل）、表示提醒的虚词هاء、呼唤虚词、ما شأنك、أما等。由此可见，支配状语的抽象支配词在范围上比包含派生含义的定形词更广，它与具有动词含义的成分

---

① شرح ,ابن عقيل 271-272 :2؛ الكافية: 24؛ شرح الأستراباذي, 24: البسيط, ابن أبي الربيع 1: 526؛ شرح, ابن الحاجب

② شرح, ابن عقيل 2: 271-272. 需要指出，此处的抽象支配词仅指根据伊本·阿齐勒的定义，对状语起支配作用的抽象支配词。起首结构不在这一类特殊的抽象支配词之中。

③ همع ,السيوطي 4: 30. 其中9: 95؛ التذييل, أبو حيان 2: 25-26؛ شرح, الأستراباذي 2: 343, 344؛ شرح, ابن مالك伊本·马立克把主动名词、被动名词和半主动名词称为与动词相似的形容词，状语允许提到这一类支配词前。这种表述与扎马赫谢里相同。并且，伊本·马立克还指出这一类支配词既包含动词含义，也包含动词的字母，同时还包含阴性标志、双数和复数标志这样的分支标记（علامات الفرعية）（شرح, ابن مالك 2: 343）。

第三章 支配词为具有动词含义和动词能力的句子的语序

在概念上更为接近。但是，无论是哪一种称谓，状语在由这些成分支配时均不允许提到它们之前。艾斯特拉巴齐对此给出的原因是，这些支配词与动词的相似性较弱，且与动词在结构上不相符（لضعف مشابهة الفعل، لعدم موافقتها له في التركيب）。①

本小节探讨了语法学家对状语支配词的分类以及状语与不同类型支配词之间的位置关系。与支配词之间存在相似位置关系的另一个宾格成分是区分语。不过，在讨论区分语的情况之前，有必要指出少部分语法学家允许状语前置于具有动词含义的支配词。比如，伊本·欧斯福尔、艾斯特拉巴齐和苏尤提等语法学家都提到艾赫法什是此观点的支持者。②其中，艾斯特拉巴齐指出，艾赫法什允许位于起语后的状语提到作为其支配词的具有动词含义的成分前，如 زيد قائما في الدار 一句中表现的那样。但当状语出现在起语前时，艾赫法什与他的老师西伯威一样不允许这种情况发生。③伊本·马立克是另一位允许状语前置于具有动词含义的支配词的语法学家。他的例子中包含支配词为时空语和介词短语的情况。不过，他用 ندر（罕见）一词描述这种语序。④此外，法拉是库法学派中允许这种情况的语法学家之一。他认为，والسموات مطويات بيمينه（诸天将卷在他的右手中⑤）中 مطويات 有开口符和齐齿符两种读法。当读作齐齿符时，该成分在句中做状语，此时它提到支配词 بيمينه 前。法拉认为将 مطويات 理解为状语更好（الحال أجود）。⑥

---

① الأستراباذي, شرح 2: 26.
② 32 :4 همع, السيوطي; 273 :2 شرح ابن عقيل; 24 :2 شرح, الأستراباذي; 335 :1 شرح, ابن عصفور.
③ الأستراباذي, شرح 2: 24-25.
④ شرح ابن عقيل 2: 272-273; 113: ألفية, ابن مالك.
⑤ 《古兰经》，39章67节。
⑥ الفراء, معاني 2: 425.

二、区分语的提前

阿拉伯语中的区分语一般包括单词的区分语（تمييز المفرد）和句子的区分语（تمييز الجملة/النسبة）。①常见的单词的区分语包括数词、计量单位的区分语，以及疑问性的كم和叙述性的كم的区分语等。单词的区分语不允许任何形式的提前，因为它的支配词是位于其前的、在语义上含糊不清、需要对其进行说明的原生名词（اسم جامد）。由于这些名词与动词的相似度极低，它们的支配能力很弱，因此受它们支配的区分语不得提前。②相对地，句子的区分语的支配词是动词或类似动词的成分。语法学家对句子的区分语能否前置于它们的支配词存在明显分歧。本小节讨论的对象是句子的区分语与它们的支配词之间的关系。③

语法学家对于区分语和支配词位置关系的描述主要从两个层面进行。第一个层面与状语的情况类似，即根据区分语支配词的不同类型分析两者之间的语序。伊本·叶伊什指出，以西伯威为代表的一些语法学家认为，无论区分语的支配词是动词还是具有动词含义的成分，区分语均不允许提前。عرقا تصبب زيد（宰德汗流浃背）、نفسا طبت（我感到心满意足）在他们看来是不合语法的句子。在解释区分语为何不能提到具有动词含义的支配词前时，语法学家给出的理由是这类支配词在支配强度上的弱势性。④伊本·马立克提到，若区分语的支配词为变体动词，有的语法学家允许区分语提前，如他本人；有的则不允许。当区分语的支配词是非变体动词、或不是动词时，语法学家一致不允许区分语提前。⑤艾斯特拉巴齐对区分语支配词的区分更为细致。他指出，当半主动名词、词

---

① 关于区分语的定义和分类，参考ابن الحاجب,الكافية: 24, 25; ابن يعيش, شرح 2: 36-37。
② شرح,الأستراباذي: 392; علل, ابن الوراق 2: 70, 71.
③ 下文中出现的区分语均指句子的区分语。
④ شرح, ابن يعيش 2: 42.
⑤ شرح, ابن مالك 2: 389, 390.

第三章 支配词为具有动词含义和动词能力的句子的语序

根和具有动词含义的成分做支配词时，区分语不能提前。当支配词为纯粹的动词（فعل صريح）、主动名词或被动名词时，语法学家对区分语的提前分为两派。支持区分语提前的原因是后一类支配词在支配强度上高于前一类支配词。①

不过，艾斯特拉巴齐在对支配词进行分类后提出自己关于区分语是否可以提前的见解。他说：

(48) ليست العلة بمرضية، اذ ربما يخرج الشيء عن أصله [...] إن الأصل في التمييزات أن تكون موصوفات بما انتصبت عنه، سواء كانت عنه من مفرد، أو عن نسبة، وكأن الأصل: عندي خل راقود، ورجل مثله وسمن منوان، وكذا كان الأصل في طاب زيد نفسا: لزيد نفس طابت؛ وإنما خولف بها لغرض الإبهام أولا، وليكون أوقع في النفس، لأنه تتشوق النفس إلى معرفة ما أبهم عليها، وأيضا، اذا فسرته بعد الإبهام فقد ذكرته إجمالا وتفصيلا، وتقديمه مما يخل بهذا المعنى، فلما كان تقديمه يتضمن إبطال الغرض من جعله تمييزا، لم يستقم.②

[（语法学家对区分语能否提前给出的）理据不令人满意，因为它们可能脱离了区分语的本质。区分语在本质上是被使其成为宾格的单词或句子所修饰的成分。（منوان سمناومثله رجلا، عندي راقود خلا）这些结构原本应该是راقود خل عندي（我有一桶醋）、رجل مثله（像他一样的男人）和سمن منوان（两麦那黄油）。③类似地，طاب زيد نفسا（宰德心满意足）原本的意思是لزيد نفس طابت（宰德有感到高兴的心灵）。而区分语之所以不以其本质形式出现，是因为它（后置出现）的目的是先模糊句义，并使这种感觉留在（听话者）心中。由于（听话者的）内心寻求解开这种模糊的含义，所以当你在模糊的感觉出现后再对其进行解释和说明时，你的话语会达到既完整又细腻的效果。而把区分语提前会破坏这样做的意义。因此，由于区分语的提前会使这类成分无法达到其被用作区分语时能够达

---

① الأستراباذي، شرح 2: 71.
② الأستراباذي، شرح 2: 71-72.
③ منا（麦那）是一种重量单位，一麦那等于两磅。

到的（语用）目的，所以它的提前是不正确的。]

艾斯特拉巴齐没有从支配关系的角度解释区分语是否能够提前，他不支持区分语提前的原因是区分语在支配词后出现是为了达到先抑后扬的语用目的。与其他语法学家相比，他对区分语的语序所做的语用解读在阿拉伯语语法传统中显得独树一帜。

然而，大部分语法学家对区分语和支配词语序的分析仍然是从形式层面进行的。另一方面，除了根据支配词的类型对区分语能否提前进行比较，语法学家还从语法—语义关系的视角对该问题进行解释。在《西伯威书》中，西伯威指出امتلأت ماء（我的水满了）和تفقأت شحما（我的脂肪太多了）两个句子中的区分语ماء和شحم不能提前。在他看来，امتلأ和تفقأ属于被迫及物于宾格成分的动词（الفعل ما قد أنفذ إلى مفعول），它们在地位上相当于不及物的感应动词（بمنزلة الانفعال، لا يتعدى إلى مفعول）。两者在强度上不如及一物的动词，它们所支配的区分语因而不能提前。①西伯威的描述看似仍是从支配词类型的角度出发，根据支配词强度的高低决定被支配词能否提前。但实际上，句子成分的语法关系和语义角色在此处是更为重要的因素。当把امتلأ和تفقأ两词视为感应动词时，句中的区分语实际是两者义上的主语/施事。两个句子原本的结构为تفقأ شحمي和امتلأ مائي。西拉菲对此解释道：区分语ماء和شحم原本在句中是主语，如果把它们提到动词前，它们便出现在了它们不该出现的位置。因为主语是不能提到动词前的，所以当它们变为宾格的区分语时，它们同样不能出现在该位置。类似的句子还包括اشتعل الرأس شيبا（我已白发苍苍了）和تصببت عرقا（我汗流浃背了）②。两个句子原本的结构是تصبب عرقي和اشتعل شيب الرأس。作为动词原来的主语，即使以区分语的形式在句中出现，仍应像主语那

---

① سيبويه, كتاب 2: 204-205. 值得指出的是，تمييز一词没有在《西伯威书》中出现。该术语是后来语法学家的发明（Owens, 1990b: 257-259; Peled, 1999: 62）。

② اشتعل الرأس شيبا一句出自《古兰经》，19章4节。

第三章 支配词为具有动词含义和动词能力的句子的语序

样位于动词后。①

与西伯威持不同观点的语法学家是穆巴里德。他允许عرقا تصببت 和 تففات شحما 这样的表达。作为西伯威忠实的追随者，穆巴里德对许多语法问题的看法与西伯威是一致的。但就区分语是否可以提前这一点，两人意见相左。穆巴里德认为，当区分语的支配词是动词时，区分语可以前置于动词。他还把区分语的提前与状语的提前进行类比，指出两种成分在提前和后置上的情况是相似的，并提到他的老师马齐尼（أبو عثمان المازني, 791-863）也认同这一观点。②由此可见，关于区分语是否可以提前的两派观点在阿拉伯语语法传统的早期阶段就已形成。后来的语法学家若不支持区分语提前，他们往往直接引用西伯威的观点作为理由，即区分语作为动词原来的主语不能提到动词前。③而马齐尼、穆巴里德，以及以基萨伊（الكساني, 737-805）为代表的部分库法学派的学者则常被提及为支持区分语提前（仅当支配词为动词时）的那一派语法学家。④他们的理由是变体动词的一些被支配词，如宾语和状语，允许提到变体动词之前。因此根据类比的原理，区分语作为被支配词的一种也可以提前。⑤

另外，一些不支持区分语提前的语法学家从西伯威的观点出发，把西伯威的分析对比到状语提前的情况上。比如，朱尔加尼指出，在 تففأ زيد شحما（宰德的脂肪太多了）一句里，动词 تففأ 在形式上的主语（فعل لفظا）是

---

① شرح السيرافي, 2: 77, 78.
② المقتضب المبرد, 3: 36.
③ 见 أسرار الأنباري, :196، 392, 393; الإنصاف الأنباري, 2: 830; علل ابن الوراق, 2: 384; الخصائص ابن جني, 2: 42。شرح ابن يعيش, 1: 694-695; المقتصد الجرجاني, 2: 284; شرح ابن عصفور, 197;
④ 见 شرح ابن مالك, 2: 389; علل ابن الوراق, 393: ;242-243 الجمل الزجاجي, 2: 229; الأصول ابن السراج, 2: 42 ;شرح يعيش، السيوطي، 4: 71. همع 关于这两种观点的支持者分别包含哪些语法学家的总结，أبو حيان التذييل, 9: 262。另外，伊本·马立克对西伯威的观点进行了反驳。他提出六点理由证明区分语应当和其他宾格成分一样允许提到动词前，见 شرح ابن مالك, 2: 389-390。
⑤ الإنصاف الأنباري, 2: 828, 830; شرح ابن عصفور, 2: 283.

زيد，在意义上的主语（معنى فعل）是شحم，两者均不能提到动词前。但在 جاءني زيد راكبا（宰德骑着到我这儿来）一句里，动词جاء在形式和意义上的主语已都由زيد充当（الفعل قد استوفى فاعله لفظا ومعنى），状语راكب在句中的地位和宾语一样属于纯粹的宾格成分（مفعول محض），因此状语允许像宾语那样提到动词前。换言之，状语的纯粹性体现在它不像上述例句中的区分语那样在意义上分担主语的一部分内涵，因此它可以作为宾格成分提到支配它的动词前。①

从西伯威等人从语法—语义层面对区分语不得提前做出的解释中引申出一个问题：阿拉伯语中的句子区分语在意义上都是动词的主语吗？答案显然是否定的。一些中后期的语法学家根据区分语在语法地位上的性质对其进行分类。他们把区分语大致分为转移性区分语（تمييز منقول/محول）和非转移性区分语（تمييز غير منقول/محول）。②前者可以从主语、宾语、起语等成分中转变而来。比如فجرنا الأرض عيونا（我又使大地上的泉源涌出③）中的عيون原本是句子的宾语，أنا أكثر منك مالا（我财产比你多④）中的مال原本做起语。非转移性区分语的例子则包括كفى بالله شهيدا（真主足为见证⑤）等。值得指出的是，一些语法学家认为当区分语为非转移性区分语时，即使支配它们的成分是动词，它们仍不得提前。⑥但他们没有对此做出解释。

可以看到，语法学家对区分语可否提前所做的描述相比状语多了

---

① الإنصاف, الأنباري :2 384-385; الخصائص, ابن جني :2 695. 相同的分析见 المقتصد, الجرجاني :2 830-831; أسرار, الأنباري :2 42。شرح, ابن يعيش :2 196, 197-198;

② السيوطي, همع :4 68-69. شذور, ابن هشام :9 260; التذييل, أبو حيان :2 390; شرح, ابن مالك :2 284; شرح, ابن عصفور :281

③ 《古兰经》，54章12节。

④ 《古兰经》，18章34节。

⑤ 《古兰经》，4章79节。

⑥ 如 التذييل, أبو حيان :9 260; السيوطي, همع :4 72。

一个层面。他们对状语与支配词之间的语序进行的解释几乎完全是句法的，支配词的支配强度是决定状语能否提前的根本原因。而他们对区分语语序的解读则融合了支配强度、语法地位和语义角色多个视角。不过，从状语和区分语与它们的支配词之间的位置关系中可以确定的是，因为动词强度最高，以及其作为支配能力和支配方式两种特征的赋予者的地位，它所支配的状语和区分语（非转移性区分语除外）都能提前。而具有动词含义的成分和具有动词能力的成分在强度上弱于动词，它们所支配的成分在句中往往只能出现在相对固定的位置上。这种根据与动词之间的相似性所形成的等级序列在下一节中将继续得到说明。

第四节 具有动词能力的名词性支配词

一、依靠原则

上文提到，阿拉伯语中的一些名词性成分，如主动名词、被动名词、半主动名词和词根等可以起类似动词的支配作用。这些成分在形式和意义上都与动词存在一定程度的相似性，使得动词的支配能力被类比到它们身上。但是，由于这些名词性成分在强度上弱于动词，它们在对句中其他成分进行支配时不能完全复制动词的支配方式。这其中最为明显的区别之一就是，这些成分（除词根外）需要依靠句子中位于它们之前的单词才能起支配作用。①这一现象在阿拉伯语语法传统中被称为 اعتماد（依靠原则）。

依靠原则的雏形在《西伯威书》中就已经出现。西伯威把 زيد قائم 视为由提前的述语和后置的起语组成的句子，但他表示也有人把句中的 قائم 视

---

① 词根与动词支配方式的不同见下节。关于词根不需要依靠成分也能起支配作用的描述，见 شرح ابن يعيش, 4: 75。

为起动词那样的支配作用。西伯威不同意这种解读的原因在于，类似قائم这样的主动名词虽然和动词之间存在相似之处，但它们在本质上仍是名词。并且, ضارب زيدا这样的结构不像ضربت زيدا那样可以单独成句。如果想让主动名词起类似动词的支配作用，最好使主动名词成为与（其前的）被形容词一起出现的形容词，或与（其前的）支配它的名词一起出现的成分。或者说, ضارب不能在句中支配宾语，除非它与（其前的）其他成分相关联（لا يكون مفعولا في ضارب حتى يكون محمولا على غيره）。比如هذا ضارب زيدا中的هذا, 和أنا ضارب زيدا中的أنا。①

　　主动名词和其被支配词在句中没有其他成分出现的情况下无法构成完整的句子，这是主动名词与动词在支配强度上体现的差别之一。②伊本·叶伊什提到，从动词中派生出的主动名词、被动名词和半主动名词等结构由于具有动词的能力，因而和动词一样都可以包含隐藏的主格代名词。如在حسن和مضروب、ضارب, 中خالد حسن和عمرو مضروب、زيد ضارب中都含有隐藏的主格代名词هو。这可以通过三者之后能跟主格的明显名词得到证明。如在زيد ضارب أبوه ومكرم أخوه وحسن وجهه（宰德他的爸爸是打人的人，他的兄弟被款待，他相貌英俊）一句中, وجهه和أخوه、أبوه分别做主动名词ضارب、被动名词مكرم和半主动名词حسن的主语，三者均由其前具有动词能力的名词性成分支配。当它们不出现在句中时，由于动词不能离开主语而存在，它们的位置便由隐藏的主格代名词占据。③不过，具有动

---

① كتاب, سيبويه 2: 127. 西伯威在这段描述中没有使用اعتماد一词，使用该词的是他的评注者西拉菲。后者把出现在主动名词之前的成分称为主动名词依靠的成分（ما يعتمد عليه）（شرح, السيرافي 2: 458）。

② 但也有语法学家认为，主动名词可以在没有依靠成分的条件下与其所支配的成分组成完整的句子。比如以艾赫法什和库法学派为代表的把قائم زيد视为"起语+占据述语位置的主语"的语法学家（见"زيد قائم的两种解读"一小节中的分析，以及ابن عصفور, شرح 1: 553-554; ابن أبي الربيع, البسيط 2: 999; ابن هشام, قطر: 450）。

③ شرح, ابن يعيش 1: 228.

第三章　支配词为具有动词含义和动词能力的句子的语序

词能力的成分虽然和动词一样可以支配隐藏的主格代名词，两者的区别在于前者中的代名词不能和它组成完整的句子，而后者可以。朱尔加尼对此进行举例并提到：الذي ضرب زيد（这个打人的人是宰德）是合格的句子，但الذي ضارب زيد却不是。①前句中的关系名词الذي和它的结句——由动词ضرب和动词中隐藏的主格代名词هو构成的句子—同在句中充当起语。但后句中的ضارب尽管也能被视为包含隐藏的主格代名词هو，但الذي ضارب却不是一个完整的句子。从主动名词和动词的这种差别中可以看到，尽管主动名词具有的动词能力使其能够支配句子的主格成分，但在支配强度上它不如动词。正是由于主动名词在支配强度上的这种弱势性，使得由它所代表的具有动词能力的名词性成分在支配方式上和动词之间存在不同。这种不同便体现在它们需要依靠其他成分的存在使得它们在支配强度上的弱势得到弥补，从而可以使它们发挥支配作用。对此，伊本·叶伊什指出，支配作用本质上属于动词，主动名词作为动词的分支，因其与动词的相似性获得该作用。但是，分支总是在程度上低于本原（الفروع أبدا تنحط عن درجات الأصول），所以主动名词在支配效果上弱于动词。这体现在主动名词必须依靠其前的成分才能起支配作用。②

由西伯威提出的具有动词能力的名词性成分在支配时需要满足某种条件的想法被后来的语法学家接受。语法学家开始使用اعتمد及其词根اعتماد描述这些成分在起支配作用时的依靠性，两词也在中世纪的语法著作中逐渐固定并术语化。③同时，他们还对西伯威的观点进行了扩充。这表现在他们就哪些结构可以作为名词性支配词的依靠成分，以及为何它们可以作为被依靠的成分进行了归纳和解释。扎马赫谢里提出五种可以作为

---

① الجرجاني, المقتصد 1: 463-464.
② ابن يعيش, شرح 4: 102.
③ 见ابن السراج, الأصول 1: 60; الأستراباذي, شرح 3: 416, 417, 428, 434; ابن أبي الربيع, البسيط 2: 999; ابن عقيل, شرح 1: 189。

依靠成分的结构：起语（غلامه منطلق زيد中的زيد）、被形容词（هذا رجل بارع
中的رجل）、状语主（ذو حال中的جاءني زيد راكبا حمارا中的زيد）、疑问虚词
（ما中的ما ذاهب غلاماك）和否定虚词（ما中的ماأقائم أخواك）。①伊本·欧斯福尔
补充了另外三个依靠成分：连接词（موصول）（هذا الضارب زيدا中的ال）、
心意动词的第一宾语（ظننت زيدا ضاربا عمرا中的زيد）和及三物动词的第二宾
语（أعلمت عمرا ضاربا بكرا زيدا中的عمرو）。②花剌子模对于连接词作为依靠成
分进行了解释。他表示，在الضارب زيد أباه（打了他爸爸的人是宰德）一句
中，لام是起连接名词功能的虚词（لام بمعنى الذي），这句话可以解读为
الذي ضرب أباه زيد。③另外，伊本·马立克指出，除了疑问虚词和否定虚词
ما外，疑问名词和其他否定工具词同样可以作为这些支配词的依靠成分。
如أين جالس صاحبنا（我们的朋友坐在哪儿）中的أين和ليس قائم الزيدان（两个宰德
没有站起来）中的ليس。④

　　语法学家对于上述单词可以作为依靠成分的解释是从这些名词性支
配词拥有的动词能力出发的。伊本·欧斯福尔和伊本·艾比·拉比厄都
提到，当具有动词能力的支配词依靠这些成分后，它们所包含的动词性
增强了（قوي فيه جانب الفعلية/الفعل）。⑤伊本·叶伊什对部分依靠成分增强支
配词动词性的这种特点进行了解释。他认为，当这些支配词依靠起语、
被形容词和状语主后，它们分别在句中充当述语、形容词和状语。后三
种成分在本质上都应由动词出现在它们的位置上，所以当具有动词能力

---

① شذور, ابن هشام: 398-224. المفصل, الزمخشري伊本·希沙姆列举了除状语主外的另四种（
400; قطر, ابن هشام :448-449）。

② شرح, ابن عصفور 1: 553.

③ شرح, الخوارزمي 3: 111.

④ شرح, ابن مالك 1: 274. 在ليس قائم الزيدان一句中，قائم做ليس的名词，الزيدان由قائم支配充当占据
ليس述语位置的成分。伊本·马立克没有把الزيدان称为占据ليس述语位置的主语。الزيدان
不由残缺动词ليس支配成为宾格，而由主动名词قائم支配成为主格。

⑤ شرح, ابن عصفور 1: 553; البسيط, ابن أبي الربيع 2: 1000, 1024, 1025.

第三章 支配词为具有动词含义和动词能力的句子的语序

的名词性成分出现在这些位置上时,它们本身的动词特性得到加强。[1]艾斯特拉巴齐指出,疑问虚词和否定虚词后的位置首先应由动词占据,因此当主动名词和被动名词出现在该位置后,它们的动词能力得到增强。[2]另一位语法学家塞凯基指出:

(49) فإنه في الاعتماد يزداد قربا من الفعل بتنحيه عن موضع الاسم المخبر عنه، وهو افتتاح الكلام، وعن الاخبار عنه أيضا.[3]

〔这些支配词在依靠原则下离开了(句中)承担主语功能的名词性成分所出现的句首位置,(同时)它们也不再是句子的主语,(因而)它们离动词更近了。〕

塞凯基虽没有像前几位语法学家那样直接指出具有动词能力的支配词在依靠原则下,动词特性变得更加显著,但他的解释同样表明,这些支配词在依靠其他成分后与动词之间的相似度更高了。[4]

在具有动词能力的名词性成分中,主动名词和被动名词在支配宾格

---

[1] شرح ابن يعيش, 4: 102.
[2] شرح الأستراباذي, 3: 416, 417. 另外,艾斯特拉巴齐还指出否定工具词和疑问工具词并不一定是明显的,也可以是假定的。如قائم الزيدان——一句话的意思是 ما قائم إلا الزيدان(只有两个宰德站着)。而在قائم الزيدان أم قاعدان(两个宰德站着还是坐着)一句中,قائم之前省略了疑问虚词。
[3] مفتاح السكاكي: 157.
[4] 除了上述语法学家的解释外,阿布·哈扬也对依靠原则做出解读。但他的分析对象是具有动词含义的成分,并以其中的时空语和介词短语为例。阿布·哈扬指出,当时空语和介词短语依靠的成分是起语、被形容词和状语主时,两者可以起支配作用。这是因为大部分述语、形容词和状语都是由动词派生出的结构表达,因此当名词性成分出现在这些位置上时,它们处于派生的地位(في محل الاشتقاق)。这一观点与伊本·叶伊什相似。但阿布·哈扬还表示,当时空语和介词短语依靠的成分是疑问工具词和否定工具词时,两者不能起支配作用。原因是两种工具词后可以直接跟纯粹的名词,如"أزيد أخوك"(宰德是你的兄弟吗)、"ما زيد أخوك"(宰德不是你的兄弟)。因此,当时空语和介词短语位于它们之后时,它们拥有的动词含义不能得到增强(التذييل أبو حيان, 3: 276-277)。可见,阿布·哈扬对疑问工具词和否定工具词的看法与其他语法学家(如艾斯特拉巴齐)有所不同。

成分时还需满足另外的条件。当两者在句中以泛指的形式出现，且不和其他成分构成正偏组合时，它们只能支配现在和将来的时间。如果两者想在表示过去时间的句子中也起支配作用，那么它们要么附着在定冠词ال上，要么与原本其所能支配的宾格成分构成正偏组合，此时它们实际上不起支配作用。语法学家对这两个条件进行了详细地描述和解释，但这些内容超出了本书的研究范围，故不做详述。①而从依靠原则中可以归纳的更为重要的信息是，具有动词能力的名词性成分虽然与动词在意义和形式上都存在相似性，但动词作为支配作用的来源仍旧在强度上高于这些名词性成分。既然动词和它们之间始终存在支配强度上的差异，那么这种差异必然需要以某种形式得到体现，依靠原则便是其中之一。除了具有动词能力的名词性支配词与动词之间的差别外，这些名词性成分各自之间也存在强度上的高低。下一小节将尝试论证，具有动词能力的名词性成分支配能力的强弱与它们所支配的成分的语序自由度之间可以用等级序列的方式得到概括和说明。

二、支配强度与被支配词的语序

在对主动名词、被动名词、半主动名词和词根与它们被支配词的位置关系做出的描述中，西伯威指出，主动名词和被动名词起动词的作用，可以支配确指和泛指名词、明显名词和代词。并且，两者出现在被

---

① 关于这两种条件的分析，参考السيرافي, شرح 1: 475, شرح 2: 38; الفارسي, البصريات 1: 541; الأستراباذي, شرح 3: 416, 417, 419, 428; الزمخشري, المفصل 224, 225; العضدي, الفارسي 141, 142; ابن هشام, شذور 397-398; ابن هشام 4: 82, 99-100; ابن يعيش, شرح 2: 999; ابن أبي الربيع, البسيط 445-448, 457; ابن عقيل, شرح 3: 110-111。

第三章　支配词为具有动词含义和动词能力的句子的语序

支配词之前或之后时都能起支配作用。①相比之下，半主动名词的被支配词在形式和语义上受到更多的限制。在形式上，半主动名词的被支配词不得提前（لا يقلب）, 且两者之间不得插入其他成分（لا يحسن أن تفصل بينهما）。在语义上，半主动名词只能支配与其所修饰的成分在意义上有关的成分（تعمل فيما كان من سببها），且该成分的标准（حد）是以附着定冠词的确指，或者泛指的形式出现。②西伯威明确表示：半主动名词在强度上有所不足，因此不能（完全）像主动名词那样进行支配。因为半主动名词不具有现在式动词的功能，它在支配时真正相似的成分是主动名词（لم تقو أن تعمل عمل الفاعل لأنها ليست في معنى الفعل المضارع، فإنما شبهت بالفاعل فيما عملت）

---

① سيبويه, كتاب 1: 108. 西伯威同时还表示，主动名词和被动名词虽然能起类似动词的支配作用，但两者在语义上并非一定作动词解。譬如فيها نازل أنت الدار一句话的含义是"这个房子，你是里面的人"（الدار أنت رجل فيها）。نازل此处表示"居住者、住在房里的人"，它不强调"住"的动作。类似地，محبوس عليه أنت زيدا表示的是"宰德是被你监禁的人吗"。محبوس عليه意为"被监禁的人"，突显的是它的名词性内涵（سيبويه, كتاب 1: 109）。

② سيبويه, كتاب 1: 115, 194. سبب一词在中世纪阿拉伯语语法理论中除了表示其本意"原因、理由"外，还可作为表语义关联（semantic link）的语法术语。与它相对的一词是أجنبي（无关成分），它表示与句中其他成分（特别是支配词）在语义或支配关系上无关联的成分（Carter, 1984: 53, 56-60, 62）。根据弗斯戴的观点，أجنبي这一用法由伊本·瓦拉格首创（Versteegh, 2006: 58）。另外，伊本·希沙姆列举了半主动名词的被支配词在语义上与它形成关联的三种方式：（1）被支配词中含有指代被形容词的代词，如مررت برجل حسن وجهه（我经过一个相貌英俊的男人）一句里的هاء中的وجهه；（2）被支配词中有代替该代词的成分，如مررت برجل حسن الوجه（قائمة مقام الضمير المضاف إليه）占据了做偏次的代词的地位）；（3）被支配词中含有假定的指代被形容词的代词，即把مررت برجل حسن وجه理解为مررت برجل حسن وجها منه（قطر، ابن هشام: 462）。

فيه)。①至于词根，西伯威只是简单地提到它能起动词的支配作用。②而在对这四种名词性成分进行分析的最后他指出，最根本的起动词支配作用的名词是主动名词（الأصل الأكثر الذي جرى مجرى الفعل من الأسماء ففاعل）。③

在西伯威的描述中，主动名词与半主动名词支配强度上的强弱已经得到说明。后来的语法学家对两者的被支配词在语序和语义上三种最显著的差异也进行了解释。伊本·塞拉吉指出半主动名词的被支配词不能提前。他还将此规则扩展为，所有具有动词能力但又不是动词或主动名词的成分，它们的被支配词都不允许提前。④穆巴里德、伊本·马立克、伊本·阿齐勒和伊本·希沙姆都指出，半主动名词的被支配词不得提前，且它必须与其所修饰的成分在语义上有关联。因此，حسن الوجه زيد

---

① سيبويه, كتاب 1: 194. 或者说，半主动名词在支配方式上和动词并不相似，与主动名词之间也只是部分相似。

② سيبويه, كتاب 1: 115. 西拉菲在注解中提到词根与主动名词支配方式的三个不同：（1）词根能与主语形成正偏组合，但主动名词不能；（2）词根支配的宾格成分不能提到其前，但主动名词可以；（3）词根能在表示过去和将来时间的句子中起支配作用，但主动名词（在不附着定冠词或不构成正偏组合的情况下）不能在表过去时间的句子中起支配作用（السيرافي, شرح 1: 445-446）。伊本·塞拉吉指出，词根支配的主格和宾格成分均不允许提到词根前（ابن السراج, الأصول 1: 137, 175）。词根与其被支配词的关系将在下一节中做进一步分析。

③ سيبويه, كتاب 1: 117. 不过，主动名词虽然在四者之中被视为根本，它所支配的宾格成分可以前置于它也不是绝对的。比如，当主动名词做表示الذي的结句，或在句中做偏次时，主动名词支配的宾格成分不能提到它之前。但是，这些情况并不会削弱主动名词在具有动词能力的名词性成分中具有最高支配强度的地位。因为当其他名词性成分以上述形式出现时，它们所支配的宾格成分也不能提前。对主动名词支配的宾格成分不能提前的分析，见السيرافي, شرح 4: 156, 165; المبرد, المقتضب 4: 130; كتاب, سيبويه 1: 130; ابن يعيش, شرح 1: 554-555; ابن عصفور, شرح 4: 82-83; ابن الوراق, علل 303; السيوطي, همع 1: 474; 5: 84-85。

④ ابن السراج, الأصول 2: 229. 与西伯威不同的是，伊本·塞拉吉没有把被动名词排除在外。

第三章 支配词为具有动词含义和动词能力的句子的语序

是不符合语法的句子，而 حسن زيداً عمراً 一句则无意义。① 相对地，主动名词支配的成分可以提前，如 ضارب زيد عمراً（宰德把阿穆尔打了）中提前的宾语 عمراً。且主动名词支配的成分在语义上可以与它有关（سبب），也可与它无关（أجنبي）：(ضارب زيد غلامه، وضارب عمراً（宰德打了他的仆人，还打了阿穆尔）。② 同时，伊本·希沙姆与西伯威一样都提到半主动名词和它的被支配词之间不得插入其他成分。如在 زيد حسن في الحرب وجهه 一句中，介词短语 في الحرب 不能出现在 حسن 与 وجهه 之间。但主动名词却允许：زيد ضارب في الدار أبوه عمراً（宰德，他的爸爸在屋子里打了阿穆尔）。③ 除此之外，伊本·希沙姆还提出主动名词与半主动名词之间的另外两种区别。这两种区别尽管和语序无直接关联，但能更清楚地展现两者与动词在相似程度上的差异。伊本·希沙姆指出，主动名词既能从及物动词中派生，也能从不及物动词（فعل قاصر/لازم）中派生，而半主动名词只从不及物动词中派生。主动名词在及物性上与动词的支配方式相同，半主动名词因其从不及物动词中派生的本质，所以它不能支配宾格成分，但在实际使用中它仍能赋予其被支配词宾格地位。比如 زيد حسنٌ وجهَه 中的 وجهَه 受 حسن 支配标宾格。但若句中的半主动名词还原为动词 حسُن，那么 وجهه 则做 حسُن 的主语，标主格。因此，从及物性的角度而言，半主动名词在起支配作用时违反了作为其派生来源的动词本身的不及物性 (تخالف فعله في العمل)。另

---

① 在满足半主动名词的被支配词位于其后的条件下，半主动名词与被支配词之间的形式较为丰富。以 زيد حسنٌ وجهَه 为例，حسن 和 وجهه 之间共可组成七种结构：زيد حسنٌ وجهُه (该结构一般被视为最基本的结构)、زيد حسنٌ الوجهَ、زيد حسنٌ وجها、زيد حسن الوجهِ、زيد حسن وجههِ、حسنُ وجهٍ。关于这些结构的分析，见 المبرد, 158-4 :المقتضب 4: 225-226 ;ابن هشام, قطر: 463-464 ;الزمخشري, المفصل: 2 :52-54 ;السيرافي, شرح: 162 ;ابن هشام, شرح: 178-180。

② قطر, ابن هشام: 407 ;شذور, ابن هشام: 3 :143 ;شرح ابن عقيل: 127 ;ألفية, ابن مالك: 4: 164 ;المقتضب, المبرد: 461-462.

③ ابن هشام, مغني: 2 :531.

外，主动名词经常表示事物动态的特征（تدل على الحدوث），半主动名词则往往描述事物固有的属性（تدل على الثبوت）。这使得后者与动词在内涵上有所不同。①

事实上，伊本·希沙姆所描述的主动名词、半主动名词与动词相似度的差异正是两者在支配能力上有强弱之分的根本原因。艾斯特拉巴齐直接提出，半主动名词的被支配词不能提前就是因为它与动词的相似性较弱（لضعف مشابهتها للفعل）。②而伊本·希沙姆本人也指出，半主动名词是主动名词的分支，主动名词又是动词的分支。因此，半主动名词的地位相当于从分支中派生出的分支（كونها فرعا عن فرع）。③法里西对此做出了相似的解释。他表示，半主动名词在地位上不如主动名词（تنقص هذه الصفات رتبة عن الفعل）。两者虽然都是起动词支配作用的名词，但主动名词类比的对象是动词，半主动名词类比的对象是主动名词。④因此，主动名词和半主动名词形成了强度上的差异。体现这种差异的方式之一便是两者的被支配词在语序自由度上的高低，以及它们与句中其他成分语义紧密度上的不同。

另一位对主动名词与半主动名词支配强度的高低做出分析的语法学家是伊本·叶伊什。在这之前他首先指出，主动名词与动词之间在意义和形态上都具有相似之处。两者意义上的相像不言而喻，而它们形态上的相像则表现在动符和静符的近似。مدحرج、مستخرج、مكرم、ضارب等主动名词的读音与它们对应的现在式动词يدحرج、يستخرج、يكرم、يضرب十分相似。因此，由于与动词的相似性较强，主动名词获得了较强的支配强度

---

① ابن هشام, قطر: 459, 461; ابن هشام, مغني 2: 529-530.
② الأسترابادي, شرح 2: 26.
③ ابن هشام, قطر: 462.
④ الفارسي, العضدي: 139, 141, 151.

第三章　支配词为具有动词含义和动词能力的句子的语序

（قوة عمل اسم الفاعل لقوة مشابهته للفعل）。①之后，伊本·叶伊什详细地论述了主动名词、被动名词和半主动名词三种支配词的地位关系。他用本体和喻体之间的强弱来说明半主动名词和主动名词支配强度的强弱。他的论述可视为对三者支配能力强弱的排列：

(50) اعلم أن الصفات على ثلاث مراتب: صفة بالجاري كاسم الفعل واسم المفعول، وهي أقواها في العمل لقربها من الفعل، وصفة مشبهة باسم الفاعل، فهي دونها في المنزلة؛ لأن المشبهة بالشيء أضعف منه في ذلك الباب الذي وقع فيه الشبه […] فلما كانت الصفات المشبهة في المرتبة الثانية، وهي فروع على أسماء الفاعلين اذ كانت محمولا عليها؛ انحطت تصرفها عنها، ونقص تصرفها عن تصرف أسماء الفاعلين، كما انحطت أسماء الفاعلين عن مرتبة الأفعال، فلا يجوز تقديم معمولها عليها كما جاز ذلك في اسم الفاعل، فلا تقول: ((هذا الوجه حسن))، كما تقول: ((هذا زيدا ضارب)). ولا يحسن أن تفصل بين ((حسن)) وما يعمل فيه، فلا تقول: ((هو حسن في الدار الوجه، وكريم فيها الأب))، كما تقول: ((هذا ضارب في الدار زيدا))، فاسم الفاعل يتصرف، ويجري مجرى الفعل لقوة شبهه، وجريانه عليه، وهذه الصفات مشبهة باسم الفاعل، والشبه بالشيء يكون دون ذلك الشيء في الحكم.②

[需知道，形容词有三个层次。支配能力最强的是那些类似动词的形容词，如主动名词和被动名词，因为它们与动词接近。半主动名词在地位上不如它们，因为在这类成分中，本体（半主动名词）弱于喻体（主动名词）……半主动名词和主动名词相像，作为主动名词的分支它属于第二层（形容词），所以它的地位低于主动名词，且它的被支配词可以出现的位置较之主动名词的被支配词要少。这与主动名词的地位低于动词是一样的。所以，半主动名词的被支配词不能像主动名词的那样前置于它，就好像你能说هذا زيدا ضارب，但不能说هذا الوجه حسن。并且你不应该在حسن和它支配的成分之间插入其他成分，你不能说هو حسن في الدار الوجه，但你能说هذا ضارب في الدار زيدا，وكريم فيها الأب。主动名词的被支配词能

---

① شرح ابن يعيش, 4: 84, 85.
② شرح ابن يعيش, 4: 107.

出现在多个位置，并且它能起动词的支配作用，是因为它（与动词）的相似度高，并按照动词（进行支配）。而（حسن、كريم）这些形容词相像的是主动名词，本体的特征要弱于喻体。]

　　主动名词、被动名词和半主动名词在支配词强度与它们被支配词语序自由度之间的等级关系已经建立。①那么，词根在这一等级关系中处于何种位置呢？上文指出，词根的被支配词与半主动名词一样不允许提到它之前。从这一点来看，词根和半主动名词两者的被支配词在语序上受到的限制相同，两者在支配强度上的差异似乎无法得到体现。那么，是否还有其他现象能够反映两者支配能力的强弱呢？对这两个问题进行明确说明的语法学家是宰加吉。他指出，词根能起像主动名词那样的支配作用是因为它是动词的名词形式，包含动词的标志/含义（فيه دليل على الفعل）。词根支配的宾格成分不允许提到其支配的主格成分前是因为它在强度上不如主动名词（لم يق قوة اسم الفاعل）。②因此，词根的地位排在主动名词之后（أنقص رتبة من اسم الفاعل）。而半主动名词：

(51) هي أنقص مرتبة من المصدر، لأنها ليست توقع فعلا سلف منك إلى غيرك، وإنما تعمل فيما هو من سببها، وإنما جاز أن تعمل فيه، لأنها مشبهة باسم الفاعل، لأنها صفة كما أنه صفة، وأنه يثنى ويجمع ويذكر ويؤنث.③

[的地位排在词根之后。因为它不表示由你带给别人的动作，而只能支配与其在语义上有关联的成分。半主动名词能够支配的理由是它们与主动名词类似。因为两者都是形容词，且都能发生双数、复数、阳性

---

① 需要强调的是，在语法学家的论述中，被动名词被认为拥有和主动名词一样的支配方式，两者在支配强度上并无差别。参考本小节开头提到的西伯威的观点，以及伊本·叶伊什对此的描述（شرح ابن يعيش, 4: 104-105, 107）。
② 伊本·叶伊什提出的相似观点是：词根支配的宾语出现在词根支配的主语前的情况（如أعجبني ضرب عمرا زيدًا）很少见（قليل في الاستعمال）（شرح ابن يعيش, 4: 75）。
③ الزجاجي, الإيضاح: 135.

第三章　支配词为具有动词含义和动词能力的句子的语序

和阴性的形态变化。]①

根据宰加吉的观点，词根能起支配作用是因为它包含动词的标志，但它的支配作用是从主动名词那里类比得到的，这一点它与半主动名词相似。而使得词根的地位高于半主动名词的原因是两者在语义上的差别。词根支配的成分不像半主动名词那样只限于与后者有语义关联的成分，因此它的支配强度更高。另外，从宰加吉的描述中还能推出的是，主动名词、词根和半主动名词三者地位的高低同样与它们和动词间的相似程度有关。主动名词拥有与动词最高程度的相似性，而词根与动词的相似处在于它含有动词的根母，②但它不像主动名词那样在语音上也接近动词。所以词根与动词的相似度低于主动名词。而半主动名词虽然也和动词在意义和形式上有相同之处，但一方面，它只能从不及物动词中派生，而所有健全动词（和部分残缺动词）都有词根。另一方面，它类比的对象往往是主动名词，而非动词。所以，半主动名词与动词的相似度要低于词根。因此，从与动词相似性的角度出发，三者之间支配强度的地位高低可以得到论证。

根据上述语法学家的观点，主动名词、被动名词、半主动名词和词根四个具有动词能力的名词性成分在支配强度上的等级关系可以排列为：主动名词/被动名词＞词根＞半主动名词。这一等级序列依据的是这四个名词性支配词与动词相似度的高低。与动词相似程度越高的成分，其强度越高，支配能力也越强。而四者强度的高低与它们所支配的成分的语序自由度呈正比。支配强度越高的成分，它的被支配词（主要是宾格成分）在句中可以出现的位置越多，语序上更为自由。同时，支配强度更高的成分对其所支配的成分在语义关联度上的要求也越低。半主动

---

① 弗斯戴对宰加吉的这段分析进行了翻译，见 Versteegh, 1995: 240。
② 伊本·叶伊什指出，词根能起支配作用是因为它含有动词的字母 (لما فيه من حروف الفعل)（ابن يعيش, شرح 4: 82）。

名词作为支配强度最弱的成分，其被支配词在语序和语义上受到的约束是最多的。

第五节　词根、连接词和结句

上文中已经阐明，词根的支配强度不如主动名词和被动名词，其所支配的成分不管处于何种格位，均不允许提到词根之前。[1]词根与其被支配词位置关系的另一个限制与半主动名词的情况相同，即两者之间不允许插入无关成分。فصل和أجنبي两词在有关这一规则的描述中经常出现。比如，朱尔加尼就指出词根和其被支配词之间不能被与词根无支配关系的成分隔断（لا يفصل بما هو أجنبي من المصدر، والأجنبي ما لم يعمل فيه）。[2]伊本·叶伊什、伊本·希沙姆、伊本·马立克和阿布·哈扬等语法学家也都对此做出了描述。[3]词根与其被支配词的这条语序规则可以用一个例句得到完整的说明。在أعجبني ضربُ زيدٍ عمرا اليوم عند زيد一句中，第一个属格的زيد以及عمر都是词根的被支配词，أعجبني ضرب زيد عمرا表示"宰德打了阿穆尔这件事使我惊讶"。如果句中的两个时空语اليوم和عند都由词根ضرب支配，那么两者均不可提到ضرب之前。此时这句话完整的含义是"宰德今天在他那里打了阿穆尔这件事使我惊讶"。但是，如果اليوم的宾格地位由أعجب支配，而非ضرب，那么这句话是不合语法的。因为اليوم作为与词根在支配关

---

[1] 词根起支配作用时的形态有三种。词根以泛指的单词形式出现，如أعجبني ضربٌ（宰德打了阿穆尔，这使我惊讶）；词根做正次，如أعجبني ضرب الأمير اللصَّ زيدٍ عمرا（王子打了小偷这件事让我惊讶）；词根附着定冠词ال，如قبيح الشم بكرٍ خالدا（伯克尔羞辱哈立德这件事是恶劣的）。不过，语法学家就哪一种支配方式是根本意见不一，相关讨论见الفارسي, العضدي 157-160, 155-156; الزمخشري, المفصل 220; ابن يعيش, شرح 4: 441-444; ابن هشام, قطر 3: 94; ابن عقيل, شرح 74-75。

[2] الجرجاني, المقتصد 1: 557.

[3] أبو حيان, التذييل 11: 76; ابن مالك, شرح 3: 113; ابن هشام, قطر 441; ابن يعيش, شرح 4: 83.

第三章 支配词为具有动词含义和动词能力的句子的语序

系上无关的成分，出现在了词根的被支配词عمرا和زيد عند之间。如果句子仍想表达此含义，可以把اليوم提到词根前，即说أعجبني اليوم ضرب زيد عمرا عند زيد（今天，宰德在他那里打了阿穆尔这件事使我惊讶）；或者把它放到句子最后，即说أعجبني ضرب زيد عمرا عند زيد اليوم。此时اليوم既没有出现在词根与其被支配词之间，也没有出现在词根的被支配词之间，两个句子是允许的。另外，如果اليوم和زيد عند都是由أعجب支配的时空语，那么原句ضرب زيد عمرا اليوم عند زيد是允许的。因为两者都没有出现在词根与被支配词之间，或者词根的被支配词之间。句子的含义此时变成了"今天在宰德那里，宰德打了阿穆尔这件事使我惊讶"。在这种情况下，如要把اليوم或زيد عند提到词根之前，或者أعجب之前都是允许的。①由此可见，词根与它的被支配词不得被与词根在支配关系上无关的成分隔断这一原则包含两层内涵：该无关成分不得出现在词根与其被支配词之间，也不能出现在词根的被支配词之间。

不过，在词根与其被支配词的位置关系中，词根支配的成分不能提前是语法学家更为关注的一个现象。这是因为它反映的是阿拉伯语语法传统中一条重要的语序原则：连接词的结句（صلة）不能提到连接词（موصول）之前。语法学家普遍把词根的支配方式假定为أن或 + فعل/يفعل + ما的形式，其中أن和ما都是词根性虚词。对此，伊本·叶伊什表示：

(52) إن المصدر موصول، ومعموله من صلته من حيث كان المصدر مقدرا بـ((أن)) والفعل، و((أن)) موصول كـ((الذي))، فلذلك لا يتقدم عليه ما كان من صلته، لأنه من تمامه، بمنزلة الياء والدال من ((زيد)).②

[词根（其实）是连接词，它的被支配词是它的结句。因为词根被假定为أن和其后动词相结合的形式，（其中）أن是类似الذي的连接词。所

---

① المقتصد, الجرجاني 1: 556-557.

② شرح ابن يعيش, 4: 82.

以，词根的结句中的任何部分都不能提到词根前，因为它和词根构成一个整体。这就好比زز中的字母ياء和دال（与زاي一起组成一个完整的单词那样）。]

以أعجبني ضربّ زيد عمرا一句为例，根据把词根假定为فعل+أن的方式，这个句子可以表达为أعجبني أن ضَرَبَ زيدٌ عمرا。类似的，如果词根所表示动作的主语与词根构成正偏组合，它同样可以根据该方式进行解释。如把أعجبني ضربُك زيدا（你打了宰德，这让我惊讶）解读为أعجبني أن ضربتَ زيدا。①在这两个句子中，زيد、عمرو和第二人称代词كاف实际充当的都是词根ضرب结句中的一部分，词根作为连接词与它的结句构成一个整体。因此，زيد、عمرو和كاف作为该整体的一部分不得前置于词根。这与上述两个假定的句子中，زيد、عمرو和第二人称主格连接代名词تا不能提到词根性虚词أن之前的原因是一样的。

艾斯特拉巴齐的描述与伊本·叶伊什相似。他指出，词根在起支配作用时被解释为词根性虚词和动词的组合（لأنه عند العمل مؤول بحرف مصدري مع الفعل）。词根性虚词是连接词，词根的被支配词实际上是做该词根性虚词结句的动词的被支配词。由于结句中的被支配词不能提到连接词前，因此词根的被支配词也不能提到词根前。②另一位语法学家伊本·马立克提到，词根若假定为由动词和أن或ما组成的结构占据它的位置（إن كان فعل مع أن أو ما يحل محله），词根便能起支配作用。③他的两位评注者伊本·阿齐勒和乌什穆尼对这一表述进行解释时指出，当词根被假定为动词和أن构成的结构时，句子表示过去或将来时态。比如عجبت من ضربك زيدا أمس（你昨天打了宰德，这使我惊讶）一句假定的句子是عجبت من أن ضربتَ زيدا أمس，

---

① شرح ابن يعيش, 4: 73, 74.
② شرح الأستراباذي, 3: 406.
③ ألفية ابن مالك: 122.

第三章　支配词为具有动词含义和动词能力的句子的语序

而 عجبت من ضربك زيدا غدا（你明天要打宰德，这使我惊讶）一句则假定为 عجبت من أن تضرب زيدا غدا。若要表示现在时间，则需把假定的词根性虚词视为 ما。比如，把 عجبت من ضربك زيدا الآن（你现在在打宰德，这使我惊讶）一句理解为 عجبت مما تضرب زيدا الآن。①

事实上，被假定为 ما + يفعل 或 أن + فعل/يفعل 结构的词根只是阿拉伯语中连接词的一种。连接词的结句及结句中的任何成分都不得提到连接词前在《西伯威书》中就已提及。西伯威指出， لا أنت الضارب زيدا、أنت المانة الواهب 这样的句子不符合句法规则。②因为两个句子中的 ال 是表示 الذي 的连接词，主动名词 ضارب 和 واهب 支配的宾语 زيد 和 المانة 都是该连接词的结句，两者不能提到 ال 之前。西伯威没有在他的论述中直接提出这一规则，后来的语法学家对这一现象进行了归纳和解释。西拉菲在对《西伯威书》的评论中指出，作为连接词的 ال，其结句中的任何成分不能支配 ال 之前的成分。③这实际上是对结句中的成分不能提到连接词前这一规则的另一种表述。伊本·吉尼对此补充道：结句不能支配连接词，也不支配连接词前的任何成分。④伊本·塞拉吉的分析较为全面地阐释了连接词与其结句之间的位置关系。他指出，结句不能提到连接词之前，因为它被视为连接词的一部分。当 ال 处于连接名词 الذي 的地位时，它的结句与 الذي 的结句是类似的。只是 الذي 的结句中的动词在 ال 的结句里和 ال 构成主动名词（或被动名词），比如从 ضرب الذي زيدا 变为 الضارب زيدا。另外，无论是连接名词，如 الذي；还是连接虚词，如 أن；它们的结句中的成分不管在句中拥有怎样的句法地位，都不允许提到连接词之前。⑤宰加吉对连接词

---

① ابن عقيل, شرح 3: 93-94; الأشموني, شرح 4: 13. 相似观点见 ابن هشام, قطر: 432。
② سيبويه, كتاب 1: 130.
③ السيرافي, شرح 1: 474.
④ ابن جني, اللمع: 124.
⑤ ابن السراج, الأصول 2: 223-224.

在句中的性质进行了区分。أن、ال、الذي、أي、الذي、من、ما、表示的被假定为与动词组合的词根都是连接词。其中，ما、من和أي三者出现在疑问句和条件句中时是不需要结句的健全名词（اسم تام），感叹句中的ما也不是。但若它们出现在陈述句中时，它们则属于必须与结句一起出现的残缺名词（اسم ناقص）。它们的结句不能提前，并且它们与结句之间不能出现无关成分的理由是连接词与结句相当于一个名词（بمنزلة اسم واحد）。① 另外，苏尤提指出连接词在前，结句在后是这两种成分必须符合的规则之一。但他表示库法学派的两位领军人物基萨伊和法拉允许结句中的被支配词提到连接词前。前者允许كي的被支配词العلم提到كي前，即جاء زيد كي يتعلم العلم （宰德过来以便学习知识）。后者则认为把أعجبني أن تشرب العسل（你要喝蜂蜜，这让我惊讶）中的العسل提到连接词أن前是允许的表达。苏尤提同时还指出，连接词和结句之间虽不能插入无关成分，但一些连接词的结句中的成分仍能发生提前与后置。比如جاء الذي ضرب زيد （那个打了宰德的人来了）中的宾语زيد可以提到ضرب之前，使句子变为جاء الذي زيدا ضرب。不过，这种变化只允许在连接名词中出现，كي、أن、ال等连接虚词后的成分不得随意发生语序变化。它们与结句中成分的融合度比连接名词与结句中成分的融合度更紧密ال（امتزاجه بصلته أشد من امتزاج الاسم بصلته）与它之后的成分作为一个整体不可分割。而كي、أن和أن对其后的名词或动词都起支配作用。或者说，这三个连接词之后所能跟的结句的词类是固定的。唯一的例外是ما。可以说عجبت مما تضرب زيدا（你打宰德使我惊讶），这是因为ما不像أن、أن和كي那样对紧跟在它们之后的结句中的成分起支配作用。②

根据语法学家对词根支配方式的分析，可以把词根与其被支配词

---

① الزجاجي, الجمل :361, 362.

② السيوطي, همع 1: 302, 303, 304.

的两条语序规则纳入连接词和其结句的解释范围内。词根的被支配词不得提到词根之前对应的是结句以及结句中的任何成分不得提到连接词之前。而词根与其被支配词之间，以及词根的被支配词之间不得被无关成分隔断则可对应为连接词和结句之间，以及结句的不同成分之间不得出现无关成分。①

在本章所讨论的四个主要的具有动词能力的名词性支配词中，词根相对于主动名词、被动名词和半主动名词是最为特殊的。这一方面体现在词根不同于另外三个名词性成分，在支配时它不需要符合依靠原则。另一方面则在于词根与其被支配词之间的关系被视为一个整体。词根的被支配词不能提前，不仅仅是由于词根在强度上不如动词、主动名词和被动名词，也是因为它和它的被支配词被解读为连接词与结句的结构。相比之下，半主动名词的被支配词不能前置的原因则主要是由于半主动名词支配能力不足。

第六节 小结

本章探讨的对象是在支配词为具有动词含义的成分和具有动词能力的名词性成分的句子中，支配词与被支配词之间的语序。前者包括指示名词、时空语、介词短语、部分نّ类虚词和一些名词。后者主要指主动名词、被动名词、半主动名词和词根。这两类支配词与它们被支配词的位置关系仍然符合支配词倾向于出现在被支配词前的规则。但由于两者与动词的不同，以及两者之间在多个层面的差别，使得它们与其所支配成分的语序受到许多其他因素的影响。这两类支配词之间的区别在于前者与动词在意义上存在相似之处，但不包含动词的根母、屈折变化等形

---

① 在艾斯特拉巴齐的描述中出现类似的表述：الفصل بين بعض الصلة وبعضها, لا يجوز（结句的部分与部分之间被隔断，是不允许的）（شرح الأستراباذي, 3: 406）。

态上的特征。而后者在形式和意义上与动词都存在相似之处。这种相似程度上的差异使得具有动词能力的成分在支配强度上高于具有动词含义的成分，因此它所支配的成分在句中呈现更高的自由度。这体现在由具有动词含义的成分支配的状语和区分语不能提到这些成分之前，但具有动词能力的成分（以及动词）支配的状语和区分语允许提到它们之前。语法学家对状语与不同类型支配词之间位置关系的描述以支配关系层面的分析为主，支配词的支配强度是决定状语能否提前的根本原因。而他们对区分语能否提前所做的描述相比状语多了一个层面。除了对区分语支配词的类型进行划分外，他们还从语法—语义的视角出发对区分语的语序进行讨论。一些语法学家认为，原本在句中充当意义上的主语，或那些不由任何句法成分转换而来的非转移性区分语，在任何类型支配词的支配下都不得提前。

　　具有动词能力的名词性支配词在强度上虽然高于具有动词含义的支配词，但它们的强度仍不如动词。这是因为支配作用本质上属于动词，主动名词等具有动词能力的成分作为动词的分支，因其与动词的相似性而获得该作用。但是，分支总是在程度上低于本原。所以这些成分在支配效果上弱于动词。因此，它们在对句中其他成分进行支配时不能完全复制动词的支配方式，需要依靠句子中位于它们之前的成分才能起支配作用。而时空语、介词短语等具有动词含义的支配词同样需要在依靠原则下才能起支配作用。依靠原则可以被视为这两种支配者在支配强度上不如动词的体现。

　　另一方面，具有动词能力的名词性成分之间在强度上也存在差异。主动名词/被动名词、词根和半主动名词四者在支配强度上的地位高低同样与它们和动词间的相似程度有关。主动名词拥有与动词最高程度的相似性。词根与动词的相似之处在于它也含有与动词相同的根母，但它

第三章　支配词为具有动词含义和动词能力的句子的语序

不像主动名词那样在语音上也与动词相近。所以词根与动词的相似度低于主动名词。半主动名词虽然也和动词在意义和形式上有相同之处。但一方面，它只能从不及物动词中派生，而所有健全动词（和部分残缺动词）都有词根。另一方面，它类比的对象一般是主动名词，而非动词。所以，半主动名词与动词的相似度要低于词根。以和动词的相似度为标准，这四个名词性成分的支配强度高低可以排列为：主动名词/被动名词＞词根＞半主动名词。这一等级序列可以被解释为：与动词相似程度越高的成分，其强度越高，支配能力也越强。它们所支配的成分的语序自由度与它们自身的支配强度呈正比。支配强度越高的成分，它的被支配词（主要是宾格成分）在句中可以出现的位置越多，语序上更为自由。比如，主动名词和被动名词的被支配词允许提前，但词根和半主动名词的被支配词只能位于两者之后。不由主动名词或被动名词支配的单词或短语允许出现在两者和它们支配的成分之间。但词根和半主动名词的被支配词必须紧跟在两者之后。除此之外，支配强度更高的成分对其所支配的成分在语义关联度上的要求也越低。半主动名词作为支配强度最弱的成分，其被支配词必须是和它所修饰的成分在语义上有关联的成分。

最后，词根相对于主动名词、被动名词和半主动名词较为特殊。这一方面体现在词根在支配时不需要符合依靠原则。另一方面则在于词根与其被支配词被视为一个整体。词根的被支配词不能提前，不仅仅是由于词根在强度上不如动词、主动名词和被动名词，还因为它和它的被支配词被解读为连接词与结句的结构。在阿拉伯语中，结句和结句中的任何成分都不能提到连接词之前。并且，连接词和结句之间，以及结句的成分和成分之间不得被无关成分隔断。除了词根之外的其他连接名词和连接虚词都需符合连接词和结句的这两条语序规则。不过，连接虚词与其结句中成分的紧密度要高于连接名词与其结句中成分的紧密度。这往往是因为一些连接虚词对紧跟其后的结句中的成分起支配作用。

除了关于状语、区分语和支配词之间的位置关系，以及名词性成分的支配强度与其所支配成分的语序自由度之间的等级关系外，本章的讨论还涉及阿拉伯语语法传统中两个重要的研究工具。首先是类比（قياس）。قياس一词在阿拉伯语语法传统中有两层含义。一方面它表示语言形式、话语结构的规范、标准。另一方面它代表一种研究方法。安巴里把قياس一词定义为：(فهو حمل غير المنقول على المنقول اذا كان في معناه)（类比是把非可靠语料加之于与其具有相同含义/功能的可靠语料之上）。[①]通过类比，可以使分支拥有本原的特征（إجراء حكم الأصل على الفرع）。[②]苏尤提对安巴里的描述进行了补充。他指出，句法就是一门从阿拉伯人的话语中归纳出来的标准的学科（إنه علم بمقاييس مستنبطة من استقراء كلام العرب）。[③]对类比的概念进行全面分析不是本书的重点，[④]但这种研究方法可以概括为根据两个语言结构之间的某些相同或相似的性质，推断出它们在其他性质上可能存在的相似之处。对于本节的研究对象而言，类比的方法体现在：（1）具有动词含义的成分和一些具有动词能力的成分因与动词在意义或形式上的相似性，从而获得动词具有的支配作用；（2）在第一点的基础上，半主动名词因其与主动名词的相似性得到后者具有支配能力的特点；（3）动词对位于其前成分的支配能力减弱的特征被类比到与动词相似的具有动词含义的成分上；（4）当支配词为动词时，（一些语法学家认为）状语和区分语可以提前的属性是从同样作为宾格被支配词的宾语那里得到的。由此可见，具有动词含义的成分与具有动词能力的成分，

---

① الأنباري, الإغراب: 45.

② الأنباري, الإغراب: 93.

③ السيوطي, الاقتراح: 79.

④ 关于语法学家对قياس一词的描述和解释，见الأنباري, الإغراب: 93-95; السيوطي, الاقتراح: 79-112。对该词来源的研究，见Versteegh, 1980。关于类比的方法在《西伯威书》中的运用，见Baalbaki, 2008: 47-56。关于阿拉伯语语法传统中类比方法的概述，见Bohas et al., 1990: 22-26。

第三章　支配词为具有动词含义和动词能力的句子的语序

两者与被支配词之间的位置关系与动词和其被支配词之间的关系有很大程度的关联。动词的特征及两种支配词与动词之间的相似性是三者之间可以进行类比的基础。

第二种研究工具是等级序列。等级序列的思想与类比紧密相关，甚至可以说是从类比中派生出的一种分析手段。它的核心含义是不同分支成分与本原之间在相似程度上的差异，导致这些成分本身的属性，以及和该属性相关的其他句法或功能上的特征可以根据这种差异所反映的强弱高低进行排列。本章所论证的主动名词、被动名词、词根和半主动名词四者支配强度的高低与其所支配的成分在语序自由度上的高低之间的关系便是等级序列思想的一种体现。在下一章关于كان类残缺动词和اِنّ类虚词引导的句子的讨论中，这两类支配词与其被支配词之间的位置关系也将体现语法学家对类比思想和对等级序列这一分析工具的运用。

第四章　كان类残缺动词和إنّ类虚词与其被支配词的语序

第一节　引言

上一章讨论了句子的主格和宾格成分的支配词是具有动词含义或具有动词能力的成分时，它们与支配词之间的位置关系。这两类支配词中虽包括时空语、介词短语等短语结构，以及部分إنّ类虚词，但其中的大部分，特别是具有动词能力的支配词都是名词性成分。本章分析的对象是阿拉伯语中另外两大类支配词，كان类残缺动词和إنّ类虚词与它们支配的成分之间的语序。这两类支配词在阿拉伯语语法中被称为"使名词句的支配作用消失的成分"（نواسخ）。两者都可以加在名词句之前，使名词句中起语（或述语）原本的支配者起首结构失去支配作用（نسخ的本意为"消除、废除"）。这两种支配词不同于健全动词，与主动名词、词根等名词性支配词在词类上亦有分别。

如果说具有动词含义的成分与具有动词能力的成分因它们与动词之间的相似性而获得动词的支配能力，那么كان类残缺动词和إنّ类虚词同样与动词存在相似之处。但其中的不同在于，كان类残缺动词的支配作用不是因其与动词相似获得的。在把这类成分视为动词的前提下，它们由于

第四章　كان类残缺动词和إنّ类虚词与其被支配词的语序

本身就属于动词词类而能起支配作用。①相比之下，إنّ类虚词拥有支配能力的确是由于它们与动词相似，但两者之间的相似性更多地体现在形态上。语法学家在分析这两类支配词的支配作用时，几乎从未提及上一章中讨论的两类支配词能起支配作用的核心因素——معنى الفعل。换言之，كان类残缺动词和إنّ类虚词与动词之间虽也存在意义上的相近之处，但这并不是它们能起支配作用的根本原因。语法学家对两者的支配能力，以及两者与它们的被支配词之间位置关系的描述几乎都是以变因理论为基础，在句法层面进行的分析。这一方面是因为这两类支配词本质上都是附加在名词句句首的成分。在大部分语法著作中，关于名词句的讨论是从以起首结构作为支配者的最基本的名词句结构开始的。起语和述语因形式或功能原因产生的语序变化已经在这些讨论中涉及。因此，当在之后讨论由这两类成分作为句子主格成分支配词的名词句时，语法学家便不再重复之前的内容。对于两者被支配词位置变化的功能解读，他们抑或只分析了两者的名词和述语都确指时的情况，抑或是一笔带过。

另一方面，名词句原本的支配者起首结构作为抽象的支配词，在句中并不出现。此时起语和述语的位置更多是根据句子成分在形式或语义上的特点，或是按照说话者的语用目的而发生改变。但当كان类残缺动词和إنّ类虚词加入名词句后，由于这两种字面支配词本身具有的一些语法特征，句中原本的起语和述语的语序受到这些特征的直接影响。相比于起首结构，此时它们在句中可以出现的位置与这两类支配词之间的因果关系更为紧密。本章的目标就是要阐明这两类支配词各自具有怎样的语法特征，以及它们与其所支配的成分的语序和这些特征之间存在怎样的关联。本章力图论证，不同类型的كان类残缺动词，它们的被支配词能否提到它们之前取决于这些残缺动词中是否含有ما。含有ما的残缺动词，其

---

① 一些语法学家认为كان类残缺动词不属于动词，见下文。

被支配词一般不允许提到它们之前。不含ما的残缺动词，它们的被支配词允许前置于它们。但这其中，语法学家对ليس的情况存有争议。另一方面，إنّ类虚词以及不同的كان类残缺动词在形态变化上存在差异。语法学家在对这两类支配词的形态进行描述时经常使用تصرف一词。该词在阿拉伯语语法传统中包括两种含义。它既表示词类本身的形态变化，也表示被支配词在句中可以出现的位置（或可理解为支配词的支配形式）。不同支配词之间形态变化上的差异决定了它们的被支配词在句中可以出现在多少位置上。与主动名词、半主动名词、词根等具有动词能力的名词性成分类似，这两类支配词的形态与其被支配词语序自由度之间的关系也可用等级序列的方式说明。支配词本身的形态变化越丰富，其所支配的成分便允许出现在更多的位置上。从语法学家的描述中可以归纳出关于كان类残缺动词的等级排序是：كان＞ليس＞类似ليس的ما。关于إنّ类虚词的等级排序则为：动词＞إنّ类虚词＞否定全类的لا。不过，时空语和介词短语的位置往往凌驾于这两组等级序列所蕴含的被支配词位置的情况之上。这是因为当这两种成分充当كان类残缺动词或إنّ类虚词的述语，或述语的被支配词时，它们具有其他成分不具备的特性——اتساع（句法分布的灵活性）。

第二节　كان类残缺动词与其被支配词的位置关系

一、كان类残缺动词的词类

关于كان类残缺动词属于何种词类的问题乍看之下似乎令人疑惑。既然这类成分已经被标明为残缺动词——فعل ناقص，它们难道不属于动词吗？在阿拉伯语语法传统中，大部分语法学家确实把كان类残缺动词视为一种特殊的动词。但也有人认为它们可以被归类为虚词。同时，语法学家对

第四章 كان类残缺动词和ان类虚词与其被支配词的语序

这类动词的"残缺性"也做出不同的解释。①

西伯威关于كان类残缺动词的描写与后来的语法学家区别较大，这主要体现在他对这类动词及其被支配词的指称上。他没有把它们称为残缺动词，也没有把由它们支配的主格成分称为كان的名词（اسم كان），而كان的述语（خبر كان）在《西伯威书》中只出现了一次。②西伯威对于这类成分所做的最主要的描述为：

(53) هذا باب الفعل الذي يتعدى اسم الفاعل إلى اسم المفعول واسم الفاعل والمفعول، فيه شيء واحد [...] وذلك قولك: كان ويكون، وصار، وما دام، وما كان وما نحوهن من الفعل مما لا يستغني عن الخبر. تقول: كان عبد الله أخاك، فإنما أردت أن تخبر عن الأخوة، وأدخلت كان لتجعله فيما مضى، وذكرت الأول كما ذكرت المفعول الأول من ظننت. وإن شئت قلت: كان أخاك عبد الله، فقدمت وأخرت كما فعلت ذلك في ضرب لأنه فعل مثله، وحال التقديم والتأخير فيه كحاله في ضرب، إلا أن اسم الفاعل والمفعول فيه لشيء واحد. وتقول: كناهم، كما تقول: ضربناهم. وتقول: اذا لم نكنهم فمن اذا يكونهم، كما تقول: اذا لم نضربهم فمن يضربهم.③

[本章是关于动词的主语及物于它的宾语，且两者表示一个事物的动词的章节。这些动词包括كان、يكون、صار、ما دام和ليس等不得离开述语（而存在）的动词。在كان عبد الله أخاك（阿卜杜拉曾是你的兄弟）一句话中，

---

① 必须指出的是，كان在阿拉伯语中不仅仅是残缺动词。它还能做：（1）健全动词，此时كان是表示事件的发生或存在的不及物动词；（2）含有指事代词的残缺动词，一些语法学家把它归于残缺动词的大类中；（3）附加的كان（كان زائدة），这种情况下它不起支配作用，如قائم زيد كان（宰德站着）。关于不同类型的كان，以及其他可以做健全动词的残缺动词的分析，见الجرجاني, 38; اللمع, ابن جني 1: 91-92; الأصول, ابن السراج 4: 189-199; شرح الأستراباذي 1: 408-418; شرح ابن عصفور 1: 133-137; أسرار الأنباري, 59-60; العوامل 2: 738-740; شرح ابن عقيل 1: 279; قطر ابن هشام 229-236; البسيط ابن أبي الربيع。本书对于这些动词的讨论集中在它们做残缺动词时的情况。

② 见سيبويه, كتاب 1: 149。莱文认为，西伯威所说的كان خبر的真正含义不是كان本身的述语，而是指在كان开头的句子中承担句子谓语功能的成分，它实际上是كان支配的主格成分的述语（Levin, 1979: 203-205）。关于《西伯威书》中كان类残缺动词的详细研究，参考Levin, 1979。

③ سيبويه, كتاب 1: 45-46.

你想陈述的是兄弟关系。你使用كان一词使句子表示过去时间，而句子的第一个（名词性成分）与ظننت（我曾认为）的第一宾语（在功能上）类似。如果你说كان عبد الله أخاك（你的兄弟曾是阿卜杜拉），那么你进行的提前和后置和你在出现ضرب的句子中所做的是一样的。因为كان是类似ضرب的动词，所以كان句中提前和后置的情况与ضرب句中的相似，只是（كان句中）表示主语的名词和表示宾语的名词指的是同一个事物。另外，你说كناهم（我们曾是他们）和你说ضربناهم（我们打了他们）是类似的。同样，你说هم（如果我们不是他们，那么谁会是他们呢）和你说هم（如果我们不打他们，那么谁会打他们呢）也是类似的。]

在这段分析中，西伯威展示了若干关于كان类残缺动词的重要特征。在句法功能层面，كان在句中的作用只是表示时间，句子中真正承担主语和谓语功能的成分是كان所支配的两个名词性成分。西伯威把كان引导的句子与ظن引导的句子进行对比。他所说的كان的第一个名词性成分与ظن的第一个宾语类似，指的是在كان عبد الله أخاك和ظننت عبد الله أخاك（我曾认为阿卜杜拉是你的兄弟）两句中，عبد الله都是句子的主语。而在支配关系层面，西伯威把健全动词ضرب的支配作用类比到كان上。كان和ضرب一样都在句中支配一个主格成分和一个宾格成分，且这两个成分相互之间都能进行位置互换。同时，كان也能像ضرب那样直接附着宾格代词。两者的不同在于كان支配的两个成分在指称上是一致的，عبد الله和أخوك指的是同一个人。并且，句中的宾格成分对于كان来说是不可或缺的。西伯威把该宾格成分称为اسم المفعول，把主格成分称为اسم الفاعل。[①] 至于كان属于何种词类，西伯威的表述是"كان是类似ضرب的动词"。

---

① 此处的اسم الفاعل和اسم المفعول不表示主动名词和被动名词，而是专指由كان支配的两个名词性成分。

第四章　كان类残缺动词和إنّ类虚词与其被支配词的语序

可以看到，西伯威把كان类残缺动词归到动词词类是通过把它们的及物性与健全动词进行类比得出的结果。但是，两者及物性上的相似仅仅停留在支配方式上。كان并不像ضرب等健全动词那样可以表示某个动作或行为从主语身上转移并作用到宾语身上，它说明的是由其支配的两个成分构成的名词句结构所表示的事件、行为或状态的时间。①后来的语法学家对于كان类残缺动词的分析并没有完全参照西伯威的方式，把它们与健全动词的支配作用进行对比。他们对这类成分属于动词词类的解释主要从它们本身的形态特点着手。伊本·瓦拉格指出，残缺动词和动词一样具有形态变化。比如，它们都能与主格代名词相连（如ضربت和كنت中的تاء），或包含隐藏的主格代名词（如ضرب和كان中的هو）。同时它们也都能派生出主动名词（如ضارب和كائن）。ليس因其能与主格代名词相连的性质使其也应被归类为动词。伊本·瓦拉格认为这些形态上的相似性是残缺动词属于动词词类强有力的证明（دليل قاطع）。②安巴里补充了伊本·瓦拉格的观点。他指出残缺动词和动词在形态上的相像还体现在两者都能在词尾附着阴性标志تاء，如كانت和قامت。而除ليس以外的残缺动词还具备过去式和现在式的变化。对于ليس，安巴里认为该词与否定虚词ما相近，两者都表示对现在时间的否定（تنفى الحال）。由于虚词不具备形态变化，ليس也因此缺少形态变化，因此它不像其他残缺动词那样拥有现在式的形态。③伊本·欧斯福尔对此表示，语法学家对ليس是否算作动词确实存在争论。他们认为ليس既没有词根，也不像健全动词和其他残缺动词那样具有现在式形态。并且在词式上，ليس也与一般的动词有明显的不同（ليس过去式的第二个根母读静符）。因此他们把ليس排除出动词的行列。不过，伊本·欧斯福尔本人的观点与伊本·瓦拉格相同。他认为ليس由于可以与

---

① المبرد, المقتضب 3: 33, 97.
② ابن الوراق, علل: 245.
③ الأنباري, أسرار: 132-133.

阴性标志تاء以及主格代词ألف、واو等相连，应被视为动词。至于除ليس外的其他残缺动词，则也应被视作动词。①

既然كان类残缺动词，即使是其中争议较大的ليس，在形态上也和动词之间存在若干相似之处，以至于这些相似性足够能让它们被视为动词。那么这些残缺动词与健全动词之间的区别究竟体现在何处？或者说，它们"残缺"在哪儿？对此，语法学家的观点可以概括为，كان类残缺动词一方面只表示时间，不表示事件。另一方面，它们必须与句中的主格成分和宾格成分一起才能构成完整的句子。伊本·叶伊什对该问题的分析较为详细。他首先指出，كان类残缺动词的动词性体现在它们可以变成过去式、现在式、命令式、禁戒式（如لا تكن）以及主动名词的形态。它们的残缺性则在于，与真正的动词（فعل حقيقي）既拥有实际的含义，也表示时间相比，残缺动词说明的只是时间。正因为缺乏具体的意义，它们才被称为残缺动词。此外，伊本·叶伊什还把残缺动词称为عبارة أفعال。②他对该短语的释义是"字面上的动词但非真正的动词"（أفعال لفظية لا حقيقية）。他的理由同样是这类动词既然不表示事件，那么只能在字面和形态变化上被视为动词。不过，由于这类动词可以附加在名词句结构上，并对述语给予时间上的说明。述语此时在一定程度上弥补了它们在语义上无法表示事件的缺失（الخبر كالعوض من الحدث）。因此，这类动词仅仅依靠主格成分不能成句，必须和宾格成分一起才能表达完整的句义。③这就好比起语无法脱离述语存在那样。

伊本·叶伊什的解释基本涵盖了语法学家对于كان类残缺动词与健全动词之间的不同所做的分析。只是他们中的一些偏向于把كان类残缺动词的残缺性归因于它们不表示事件，另一些则认为它们的残缺性指的是这

---

① الأصول 1: 82-83, ابن السراج. 相同观点见شرح ابن عصفور, 1: 378, 379。
② 相同表述见أسرار, الأنباري: 133。
③ شرح ابن يعيش 4: 335, 336.

第四章 كان类残缺动词和إنّ类虚词与其被支配词的语序

类动词只有主格成分无法成句。还有一些语法学家则与伊本·叶伊什一样同时提到这两个观点。① 这其中，伊本·欧斯福尔和伊本·艾比·拉比厄的分析值得做进一步说明。伊本·欧斯福尔指出，一些语法学家认为كان类残缺动词作为表示时间的标记，不是从表示事件的词根那里派生出的。因此它们不能与绝对宾语（مفعول مطلق ——）一同出现。但他同时指出这些动词是从（表层结构中）无语音形式的词根中派生出的（مشتقة من أحداث لم تنطق بها），它们之中含有事件的意义。这可以从这些动词可以派生命令式形态和主动名词上得到证明。因为命令式动词本身不表示时间，而主动名词的派生方式也与时间无关。② 可见，伊本·欧斯福尔的见解与主流观点截然不同。

相比之下，伊本·艾比·拉比厄的观点则与大部分语法学家相近。他明确表示这类动词在句中的作用是表明时间，而非动作或事件。这一特征可以从句子若删去这类动词，它所丢失的信息仅仅是时间这一点上得到证明（كان زيد قائماً لم يسقط بسقوطها إلا الدلالة على الزمان）。比如，当كان زيد قائماً（宰德曾站着）一句中的كان被删除后，زيد قائم 仍然表示宰德具有站着的状态。除了缺少时间上的说明，句子的含义依旧是完整的。③ 真正让伊本·艾比·拉比厄的解释显得与众不同的是他对ضرب زيد عمراً（宰德打了阿穆尔），أصبح زيد عالماً（宰德变得有知识）和 أصبح زيد（宰德在早晨出现了）

---

① 其他语法学家对该问题的相似分析参考العسكرية ,الفارسي: 96；الأصول ,ابن السراج 1: 82；المقتصد ,ابن الفارسي 1: 232；اللمع ,ابن جني 1: 398, 401；العوامل ,الجرجاني 58；شرح ,ابن عصفور 1: 385-386；البسيط ,ابن أبي الربيع 2: 664-666؛الحلل ,البطليوسي 157؛علل ,الوراق 141؛همع ,السيوطي 2: 82. التذييل ,أبو حيان 4: 132-138；شرح ,ابن مالك 1: 338-341. 扎芭拉（Zabarah）根据时间顺序就语法学家对كان类残缺动词与健全动词的不同所做的分析进行了汇总，见Zabarah, 2012: 117-123。

② شرح ,ابن عصفور 1: 385-386. 与伊本·欧斯福尔持相同观点的语法学家是伊本·马立克，见شرح ,ابن مالك 1: 338-341。

③ البسيط ,ابن أبي الربيع 2: 664-665.

三个句子进行的对比。他指出，ضرب一词含有四层内涵："打"所表示的动作本身、"打"这一动作的发生（وجود الضرب）、过去时间，以及将该动作指派给它的施动者（جيء به ليسند إلى موقعه）。伊本·艾比·拉比厄认为，所有健全动词都拥有类似的这四种内涵。但作为残缺动词的أصبح却只包含其中的两种：过去时间和其本身"早晨"的含义。它不表示事件，也不表示事件或动作的发生（لم يفهم منه حدث ولا وجود）。体现后两层内涵的句子成分是أصبح之后的句子"زيد عالم"。而在أصبح一句中，此时作为健全动词拥有与ضرب类似的四层内涵。伊本·艾比·拉比厄借此得出关于كان类残缺动词的两个结论。首先，当这类动词出现在句子中时，它们被剥夺表示事件及事件的发生这两层内涵（مجرد عن الحدث ووجوده）。但它们可以借由述语表达事件的含义（استغنى عن دلالتها على الحدث بالخبر）。①其次，既能做健全动词，又能做残缺动词的成分在本质上都是健全动词。残缺动词是从健全动词中变化而来的。变化的方式就是减少健全动词的内涵，使其最后只能表示时间。②

可以看到，与健全动词相比，كان类残缺动词尽管在语义上有所缺失，并需要两个名词性成分才能成句，但因为它们所具备的一些只有动词才具有的形态变化，以及和动词一样可以支配主格和宾格成分的能力，使得它们仍旧被大部分语法学家归类为动词。不过，对此问题的看法仍有例外。这些不同的声音最早或可追溯到宰加吉。这位语法学家在他的描述中把كان类残缺动词称为使名词变为主格，使述语变为宾格的虚词（الحروف التي ترفع الأسماء وتنصب الأخبار），但他没有对此做出解释。③伊本·艾比·拉比厄对宰加吉的描述进行评论时指出，宰加吉把这类成分称作虚词可能是出于两种原因。第一，الحروف此处的意思是词、单词（يريد

---

① ابن أبي الربيع, البسيط 2: 665-666.
② ابن أبي الربيع, البسيط 2: 752.
③ الزجاجي, الجمل: 41.

第四章　كان类残缺动词和إنّ类虚词与其被支配词的语序

（بالحروف الكلم），而非虚词。西伯威也曾在他的描述中把حرف用作单词之意。① 第二，كان类残缺动词的动词性比健全动词弱，这使得它们被称为虚词并非完全没有道理。对此，伊本·艾比·拉比厄给出的两点理由与上文中提到的观点类似。一是这些动词需要主格成分和宾格成分一齐出现才能成句；二是这类动词在句中不能与绝对宾语共现。无论该绝对宾语表示的是对动作的强调，还是为了说明动作的性状或数量。② 这是因为这些动词在句中不表示动作或事件，所以它们的词根无法以宾格形式出现对它们进行语义上的修饰或补充。

另一位语法学家巴特尤西对宰加吉的观点做出不同的解释。他首先列举了كان类残缺动词具有的一系列与动词相似的屈折变化和派生形态，以及和动词一样的支配作用，并表示这些动词在其他方面的残缺性并不能使它们丢失动词的性质（نقصانها لا يخرجها عن الفعلية）。③ 但之后巴特尤西调转笔头，将论述的重点转向对把كان类残缺动词视为虚词的合理性做出解释上。他指出宰加吉的观点从类比的角度而言并非毫无根据（ليس ببعيد في القياس）。首先，纯粹的动词（فعل صحيح）表示在特定时间发生的某个事件，该事件作为句子的谓语成分包含在动词本身的含义内（الحدث الذي هو خبره مضمن فيه غير خارجه）。而由كان类残缺动词引导的句子，句中的谓语不包含在残缺动词中，而是体现在它们之外的述语上。这一特点使得كان类残缺动词与虚词之间有相似性可言，因为虚词所表示的含义也体现在它们之外的成分上（اشتبهت الحروف التي معناها في غيرها）。其次，كان类残缺动词附加到名词句结构上为句子增添不同的含义。比如，كان增加了句子表示

---

① 见 سيبويه, كتاب 1: 16, 101.
② البسيط, ابن أبي الربيع 2: 661-664.
③ الحلل, البطليوسي: 157. 巴特尤西的观点是，某种词类或结构若拥有若干特征，其下属的子类中并不一定每一个都需要体现所有这些特征。只要它们满足其中的部分（或全部），仍可被归类到该词类或结构中。

过去时间的含义，صار则使句子原来的起语和述语具有从一种状态转变为另一种状态的意义。虚词同样拥有这样的功能。当它们加入原本已经传达完整信息的句子中后，同一句子可以表达不同的含义。如疑问虚词使得 قائم 中宰德是否具有站着的状态受到怀疑，كأن 使句子表达比拟的含义，لعل 则表示说话者的希望。可见，كان 类残缺动词和虚词一样，在不影响句子本身所含有的信息的情况下，为句子增加了新的语义要素。这种功能上的相似性是كان 类残缺动词可以被称为虚词的又一个理据。①

伊本·艾比·拉比厄和巴特尤西分别从正反两方面解释了宰加吉把كان 类残缺动词称作虚词的观点。前者的理由是这类成分的动词属性相对真正的动词偏弱，后者则列举了它们与虚词在功能上的相似性。不过，他们都认为كان 类残缺动词应被归为动词词类。这反映的是中世纪语法学家对于这类成分的主流认识。实际上，كان 类残缺动词的形态变化作为它们被视作动词的主要原因，对于解读它们与被支配词之间的语序是有决定性作用的。它同时也是使这类动词在内部呈现出与语序有关的等级序列，并使它们在整体上区别于与它们具有相似支配作用的虚词的主要因素②。如果把كان 类残缺动词视为虚词，那么它们与被支配词之间不同程度的位置关系便无法得到相应的解释。而这一类特殊的动词与虚词之间的相似性或许正如巴特尤西所言，主要体现在为句子添加语义要素的作用上。但在形态层面，两者显然不可相提并论。

二、كان 类残缺动词的述语的提前

作为附加到名词句上的支配词，كان 类残缺动词的名词（以下简称كان 的名词）和述语（以下简称كان 的述语）分别对应原本名词句中的起语和

---

① البطليوسي, الحلل :158-159.

② 该虚词指类似ما ليس的ما（见下文）。

第四章　كان类残缺动词和إنّ类虚词与其被支配词的语序

述语。那么，كان的名词和كان的述语之间的位置关系是否和起语与述语之间的位置关系相类似呢？伊本·哈吉布说道：كان的述语的性质与起语的述语的性质是类似的。①艾斯特拉巴齐对此解释说，كان的述语和名词句中的述语一样可以是单词或句子，可以以确指或泛指的形式出现，也可以提到كان的名词前。随后他提出三个كان的述语必须提到它的名词前的情况。一是当كان的名词为泛指，且كان的述语为时空语时，كان的述语必须前置，如كان في الدار رجل（屋子里曾有个人）。另一个是当كان的名词中含有表示كان的述语的代词时，后者必须提前，如كان في الدار صاحبها（曾在屋子里的是它的主人）。第三种情况为كان的名词是由أنّ引导的句子时，كان的述语必须提前，比如كان عندي أنك قائم（我之前曾认为你站着）。②

伊本·欧斯福尔详细罗列了كان的名词和述语之间的位置关系。它把两者的语序分为كان的述语应当提前，كان的述语不应提前，以及说话者可以选择的情况三类。除了艾斯特拉巴齐提到的三个例子，كان的述语应当提前还包括它以代词形式出现，同时كان的名词是明显名词时的情况，如كانك زيد（宰德曾是你）；以及كان的名词做إلا的除外语时的情况，如ما كان قائما إلا زيد（曾站着的只有宰德）。كان的述语不应提前的例子则包括：（1）كان的名词和述语都以连接代名词的形式出现，如كنتك（我曾是你）；（2）كان的述语做إلا的除外语，如ما كان زيد إلا قائما（宰德之前只是站着）。另外，伊本·欧斯福尔指出当كان的述语是动词句，且动词句的主语与كان的名词在指称上相一致时，语法学家对كان的述语能否提前持不同意见。一些人认为，如果类比名词句中的情况，此时كان的述语不应提前，即不应出现كان يقوم زيد这样的表达。③另一些人则允许动词句述语的提前。他们的理由是كان类残缺动词作为字面支配词，其支配能力强

---

① ابن الحاجب, الكافية: 26.
② الأسترابادي, شرح 4: 204-205, شرح 2: 142.
③ السيوطي, همع 2: 91.

于作为抽象支配词的起首结构。因此，当动词句述语提前后，كان后的句子يقوم زيد不会造成زيد是由يقوم支配的主语的误解。因为在يقوم之前还有同样能起支配作用的كان，زيد的主格地位是由كان赋予的。这与名词句中يقوم之前没有字面支配词的情况不同。①

第四种كان的述语不应提前的情况是当它和كان的名词无法通过任何方式区分时，كان之后的两个成分应遵循كان的名词在前、كان的述语在后的语序。②这与名词句中起语和述语的语法地位无法通过两者的定指性或句子的语义特征分辨时，起语一般在述语前的情况类同。但两者之间的差别在于，كان的名词和述语即使在定指性、语义、指称等方面都相同，它们的语法地位往往仍能通过格位标识进行区分。并且，两者中只需一个体现出格位标识即可（يكفي ظهور إعراب أحدهما）。如在كان زيد هذا（宰德曾是这样）一句中，زيد的主格格位是确定的。即使此时هذا的格位无法从字面上得知，但هذا和زيد分别在句中充当كان的述语和名词是一定的。③所以，在定指性相同的条件下，كان的名词和述语相比名词句的起语和述语多了一种确定两者语法地位的手段。在格位标识能够帮助辨别كان的名词和述语时，说话者可以根据他们的语用目的，或按照他们想要使句子呈现的信息结构等功能层面的因素选择两者的语序。④伊本·欧斯福尔所说的情况是指كان的名词和述语在定指性、阴阳性、指称乃至格位等方面都完全一致，此时能够作为确定两者句法地位的方式只有كان的名词—كان的述语的

---

① ابن عصفور, شرح 1: 391-392.
② ابن عصفور, شرح 1: 391.
③ الأستراباذي, شرح 2: 145.
④ 关于说话者可以选择كان的名词和述语的语序，以及从功能角度对两者位置关系的分析，见سيبويه, كتاب 1: 47-48, 49-50; المبرد, المقتضب 4: 88-89; السراج, الأصول 1: 83; الفارسي, البسيط ابن أبي الربيع 4: 342; ابن جني, اللمع 37; ابن يعيش, شرح 1: 307; السيرافي, شرح 99; العضدي 2: 714-715; السيوطي, همع 2: 92, 93-96。

第四章　كان类残缺动词和إنّ类虚词与其被支配词的语序

语序了。①

从上述对كان的名词和述语之间的位置关系进行的分析中可以看出，两者的语序与起语和述语在提前和后置中展现的情况基本相同。并且，语法学家对于كان的名词和述语之间可以进行位置互换这一点并无太大争议。②在和كان类残缺动词引导的句子的语序有关的问题中，语法学家重点讨论的对象不是كان的名词和كان的述语之间的语序，而是كان的述语和作为其支配词的كان类残缺动词之间的语序。在论述这一问题前，需要指出的是كان的名词不允许提到كان类残缺动词之前。这是因为语法学家把كان的名词类比为动词的主语，把كان的述语类比为动词的宾语。كان的名词之所以不能前置于كان，是因为主语不能前置于动词。相应地，كان的述语可以提到كان的名词前，以及提到（部分）كان类残缺动词前，则是因为宾语可以提到主语或动词前。③值得指出的是，كان类残缺动词是附加到名词句结构上的支配词，但语法学家却将它们支配的两个成分与动词句中的主语和宾语进行类比，甚至把这种类比作为كان的名词和述语能否发生位置变化的依据。这反映的是语法学家把كان类残缺动词在句法层面的支配作

---

① 相同观点见ابن عقيل, شرح 1: 273; ابن مالك, شرح 1: 356。

② 关于كان的述语允许前置于كان的名词的描述，见المبرد, المقتضب 4: 87; الزجاجي, الجمل: 42; الأستراباذي, شرح 4: 100-101; العضدي: 37; ابن جني, اللمع: 382-383 :2 الخصائص, ابن جني; الفارسي, ابن عقيل 1: 349; ابن مالك, شرح 2: 673, 678-680; ابن أبي الربيع, البسيط 160; الحلل, البطليوسي: 200; ابن هشام, قطر: 227. السكاكي, مفتاح: 95; 1: 347; الأشموني, شرح 1: 272-274; شرح 其中，伊本·艾比·拉比厄还总结了كان的述语和كان的名词、كان三者间的七种位置关系（ابن أبي الربيع, البسيط 2: 679-680）。

③ البسيط, ابن أبي الربيع 2: 367-368 شرح 4: ابن يعيش; 138, 139 :الأنباري, أسرار; 253 :ابن الوراق, علل; ابن هشام, قطر: 223 :699-701. 其中，伊本·艾比·拉比厄的分析最全面地展示了كان的名词不能提到其前的情况。他指出，如果把كان منطلق أبوه زيد （宰德，他的爸爸曾离开）一句转变为كان أبوه منطلق زيد. زيد 不再是كان的名词，而是由起首结构支配的起语。此时它的述语 أبوه منطلق 共包含三种情况：（1）كان是附加的，كان不起支配作用（كان ملغاة）；（2）كان中隐藏的主格代名词هو做它的名词，其后的منطلق أبوه做它的述语；（3）كان中包含指事代词充当كان的名词，منطلق أبوه充当它的述语。

用等同于（健全）动词的想法。

根据语法学家对كان的述语能否前置于كان类残缺动词的分析，可以把这些残缺动词分为两大类。第一类是不含虚词ما的残缺动词，如كان、صار、أصبح、أمسى、أضحى、ظل、بات و ليس等。第二类是含有虚词ما的，主要包括ما دام، ما فتئ، ما انفك، ما برح、ما زال。不含ما的残缺动词还可以分为两小类，ليس和除ليس之外的其他残缺动词。对于كان、صار、أصبح等后一小类，语法学家普遍认为这些残缺动词的述语可以出现在它们之前。他们常使用类似"كان类残缺动词的述语允许提到它们之前"（يجوز تقديم أخبار كان وأخواتها عليها نفسها）的表达对该现象直接进行描述，[1]但也有语法学家采用其他的方法。伊本·叶伊什引用《古兰经》中的两个句子对这一现象进行了分析，它们均非كان的述语直接提到كان之前的情况。第一个例句为وباطل ما كانوا يعملون（他们所行的善功是无效的[2]）。伊本·叶伊什认为句中的ما是附加的ما（ما زائدة）。如把باطل读作开口符，那么它便作为كان的述语يعملون支配的成分提到残缺动词كانوا之前。第二个例句是كانوا أنفسهم يظلمون（自欺的民众[3]）。该句中的أنفسهم与上一句中的باطل类似，同样作为كان的述语يظلمون的被支配词出现在كانوا之前。对于这两个句子，伊本·叶伊什的解释是：因为支配词的地位高于被支配词，所以支配词不能提前的情况，被支配词也不能提前。被支配词的提前可以保证支配词允许提前（تقديم المعمول يؤذن بجواز تقديم العامل）。[4]根据这一规则，باطل和أنفسهم作为كان的述语的被支配词提到كانوا之前，所以它们的支配词——كان的述语，也可以提到كانوا之前。

---

① 如المبرد, المقتضب 4: 87; الزجاجي, الجمل: 42; ابن جني, الخصائص 2: 382; ابن جني, اللمع: 37; الجرجاني, المقتصد 1: 406; ابن أبي الربيع, البسيط 2: 673-674; السيوطي, الأشباه 2: 140。
② 《古兰经》，7章139节。
③ 《古兰经》，7章177节。
④ ابن يعيش, شرح 4: 345, 368. 采取相同方式的分析见ابن هشام, قطر: 228。

第四章 كان类残缺动词和لا类虚词与其被支配词的语序

除此以外，还有一种كان的述语前置于这一小类残缺动词的情况。即当كان的述语为疑问名词或含有疑问名词的短语时，由于疑问工具词的句首属性，它们必须提到残缺动词之前。比如أيهم كان زيد（他们中的那个曾是宰德）中的أيهم，和من غلام أين تكن أكن（你在哪儿我就在哪儿）中的أين，和من غلام كان زيد（宰德曾是谁的奴隶）中的من غلام等。①不过，在这种情况中需要区分以下这对例句：من كان أخاك和من كان أخوك。两个句子中كان的述语发生提前的是前一句，句中的من由كان支配处于宾格地位，做كان的述语。后一句中的من则是起语，كان引导的句子أخاك做من的述语。在述语句中，كان的名词是كان中隐藏的主格代名词هو，它的述语是أخاك。②

在不含虚词ما的残缺动词中，ليس的情况相对复杂。语法学家就西伯威对于ليس的述语能否前置于ليس持何种观点各有说法。朱尔加尼和安巴里提到，西伯威没有对该问题发表过明确观点（ليس لصاحب الكتاب في ذلك نص）。③但伊本·瓦拉格、伊本·吉尼、巴特尤西、伊本·叶伊什和伊本·马立克却在他们的作品中指出西伯威允许ليس的述语提到ليس前。④另

---

① 1: 349, شرح ابن مالك, 2: 679; البسيط ابن أبي الربيع, 160: الحلل البطليوسي, 4: 204; شرح الأسترآباذي, 2: 90. همع السيوطي, 4: 175; التذييل أبو حيان, 350-351.
② 103. :العضدي الفارسي.
③ 1: 160. الإنصاف الأنباري, 1: 409; المقتصد الجرجاني.
④ 4: 369; شرح ابن يعيش, 161-162; الحلل البطليوسي, 1: 188; الخصائص ابن جني, 253; علل ابن الوراق, 1: 351. شرح ابن مالك. 其中，巴特尤西指出西伯威用到的مثله أزيدا لست（你难道不像宰德吗）一句就是西伯威允许ليس的述语提到其前的例证（见سيبويه, كتاب, 1: 102）。不过，西伯威并没有直接分析这个句子。他解释的例句是أعبد الله ضربته（阿卜杜拉，你打了他吗）。该句中疑问虚词后的句子实际为اشتغال结构。句首的عبد الله的宾格格位是由其前隐藏的动词ضربت赋予的（سيبويه, كتاب, 1: 101）。而مثله أزيدا لست一句与这句一样，都出现在《西伯威书》中名为"هذا باب ما ينصب في الألف"（本章是关于在引导的句子中的宾格成分的章节）的一章中（سيبويه, كتاب, 1: 101）。西伯威使用这两个例句都是为了说明اشتغال结构也能出现在由引导的一般疑问句中。句中的动词可以是健全动词，也可以是كان、ليس这样的残缺动词。或许是由于西伯威没有对مثله أزيدا لست一句直接进行说明，使得后来的语法学家就西伯威对这个句子的理解做出了不同的解读。

外三位语法学家伊本·阿齐勒、阿布·哈扬与伊本·希沙姆则直接对这一情况进行了记录。他们表示有些语法学家认为西伯威同意ليس的述语的提前，另一些则认为西伯威不允许或未表明态度。①

从其他语法学家对西伯威的观点各执一词的情况中可以推测，他们对这一问题也存在不同意见。允许ليس的述语提前的语法学家以ألا يوم يأتيهم ليس مصروفا عنهم（在惩罚降临他们的日子，他们将无处逃避②）一句为依据，认为在该句中يوم يأتيهم是ليس的述语مصروف的被支配词。由于被支配词只能出现在支配词可以出现的位置（لا يقع المعمول إلا حيث يقع العامل），因此ليس的述语的被支配词的提前确保了ليس的述语可以提前。另一些语法学家对此提出异议。他们不允许ليس的述语提前的理由是ليس不是变体动词。③它没有现在式变位，也不像健全动词或كان那样可以派生出主动名词或命令式。本身不能进行变位的动词，它所支配的成分也不允许出现在多个位置上（اذا كان غير متصرف في نفسه فينبغي أن لا يتصرف عمله）。所以，ليس在支配方式上不允许它的被支配词提到它之前。另一方面，ليس在功能上和虚词ما类似，两者都可作为否定现在时间的工具词。由于ما本身无形态变化，其所支配的成分不允许提至其前。因此ليس支配的成分也不能提前。④

可以看到，除了从被支配词的提前可以保证支配词的提前这条规则中推论出ليس的述语可以前置于ليس外，语法学家在这一问题上分为两派

---

① قطر :229. ابن هشام 4: 179; التذييل ,أبو حيان 1: 278; شرح ,ابن عقيل
② 《古兰经》，11章8节。
③ 伊本·希沙姆甚至把ليس称为فعل جامد（定体动词）（ابن هشام ,قطر: 229）。
④ 关于语法学家对ليس的述语是否允许提到ليس前的分析，见السيرافي ,الفارسي :101; العضدي ,الإنصاف ,الأنباري: 140-141; أسرار ,الأنباري: 268-269; المفصل ,الزمخشري شرح 1: 300; 1: 160-164 ابن ,مفتاح ,السكاكي: 95; 4: 369-370 شرح ,ابن يعيش: 161-162; الحلل ,البطليوسي 4: 201; شرح ,الأسترأباذي 1: 351-352, 354; 4: شرح ,ابن مالك 2: 674, 676-678; البسيط ,ابن أبي الربيع 1: 388-389; شرح ,عصفور :229; قطر ,ابن هشام 4: 178-182; التذييل ,أبو حيان 1: 355-356; شرح ,الأشموني 1: 277-278; شرح ,عقيل 2: 88-89; همع ,السيوطي 2: 140; الأشباه ,السيوطي

第四章 كان类残缺动词和إن类虚词与其被支配词的语序

的原因实际来自于他们对ليس一词的看法。对于不允许ليس的述语提到ليس之前的语法学家，ليس具有的缺少变位、无法派生等虚词特征是他们得出这一结论的主要原因。允许ليس的述语提前的语法学家则强调它的动词特征。因为ليس存在人称变化，同时也能与阴性标志تاء相连。这些与动词形态上的相似性使得ليس有理由被视为变体动词，从而使其所支配的成分可以出现在更多的位置上。值得一提的是，基于语法学家对ليس的述语能否提到其前存在严重分歧，在就谁对该问题持何种态度上，他们的记载也出现了出入。除了上文提到的西伯威的情况，法里西被伊本·阿齐勒纳入允许ليس的述语提前的那一派语法学家，而苏尤提却把他归入不允许ليس的述语提前的语法学家之列。① 不过，从法里西本人对该问题的描述来看，他允许ليس的述语提到ليس之前。②

与不含ما的残缺动词类似，含有ما的残缺动词同样可以分为两小类，区别的依据是ما的性质。第一小类是ما دام，第二小类是ما زال、ما برح、ما انفك和ما فتئ。ما دام中的ما是词根性的（ما المصدرية），后四个残缺动词中的ما是否定虚词。语法学家对于ما دام的述语能否提到它之前达成高度一致。因为该残缺动词以词根性的ما开头，在功能上它相当于一个连接词。其后的动词دام，以及دام之后出现的它的名词和述语三者都充当ما的结句。由于阿拉伯语中的结句，以及结句中的任何成分都不允许提到连接词之前，因此ما دام的述语不可前置于ما دام。③

相比之下，以ما زال为代表的其他四个残缺动词，语法学家对它们的

---

① ابن عقيل, شرح 1: 278; السيوطي, همع 2: 88.
② الفارسي, العضدي: 101.
③ 关于ما دام的述语不允许提至其前的描述，见السيرافي, شرح 1: 300; ابن الوراق, علل: 255; ابن يعيش, شرح 4: 155, 160; الأنباري, الإنصاف 1: 140; الأنباري, أسرار: 406-407; الجرجاني, المقتصد 1: 2: 369; الأستراباذي, شرح 4: 200; البطليوسي, الحلل: 161; ابن عصفور, شرح 1: 388; ابن أبي الربيع, البسيط 228-177; ابن هشام, قطر 4: 351; أبو حيان, التذييل 4: 275-276; الأشموني, شرح 1: 676; ابن عقيل, شرح 2: 140; السيوطي, الأشباه 1: 229; السيوطي, همع 2: 88.

述语可否提到它们之前略微存有争议。他们之中的大部分都不允许这四个残缺动词的述语提到它们之前，理由是ما作为否定虚词，与疑问虚词一样具有位于句首的属性（ النفي له صدر الكلام كالاستفهام/ما للنفي جار مجرى حرف الاستفهام في اقتضائه صدر الكلام ）。①或者说，由于否定的ما的句首属性，ما之后的成分不能支配其前的成分，如"阿穆尔没有打宰德"不能表达为ما زيدا ضرب عمرو。②所以ما زال等四个残缺动词的被支配词不能提到它们之前。但是，一些语法学家对此提出不同意见。比如，安巴里在他的两本著作中都指出，ما是表示否定的虚词，而زال（消失）同样具有否定含义。两者共现使得句子的含义变为肯定（ لما دخل النفي على النفي صار ايجابا ），此时ما زال的地位相当于كان。既然كان允许它的述语前置于它，那么ما زال也应具备这一特性，即应当允许说زيد ما زال قائما（宰德仍然站着）。③艾斯特拉巴齐和伊本·欧斯福尔对安巴里的观点进行了补充。两人都指出，这些残缺动词在表示肯定的含义时，ما实际与其后的动词融合为一个整体，被视为整个残缺动词的一部分。④当它们以一个整体的形式发挥支配作用时，它们所支配的成分便允许像动词的被支配词那样提到其前。

　　苏尤提同样表示存在允许这些残缺动词的述语提前的语法学家，他们（主要指库法派）的理由是ما并不具有句首属性。⑤不过，苏尤提与前三位语法学家相同，都把支持这四个残缺动词的述语提前的语法学家

---

① 以否定虚词ما的句首属性为理由禁止ما زال等四个残缺动词的述语前置于它们的描述，见السيرافي, شرح 1: 299; الجرجاني, المقتصد 1: 407; الأنباري, أسرار: 139; الأنباري, الإنصاف 1: 675; ابن عقيل, شرح 1: 389; ابن أبي الربيع, البسيط 2: 368; ابن عصفور, شرح 4: 159; ابن يعيش, شرح 176; أبو حيان, التذييل 4: 352; الأشموني, شرح 1: 276; السيوطي, همع 2: 88。

② السيرافي, شرح 1: 299.

③ الأنباري, أسرار: 139-140; الأنباري, الإنصاف 1: 156.

④ الأستراباذي, شرح 4: 200; ابن عصفور, شرح 1: 389. 为说明这四个残缺动词中ما与其后动词的整体性，艾斯特拉巴齐还指出它们与ما انفصل، ما فارق等其他由否定的ما和具有否定语义的动词构成的组合的不同，后者中的ما在字面和语义上都是可以省略的。

⑤ السيوطي, همع 2: 88, 89.

第四章 كان类残缺动词和ٳنّ类虚词与其被支配词的语序

归为除法拉外的库法派学者，以及伊本·凯桑（ابن كيسان, ?-912）。事实上，ما的否定含义因与其后同样具有否定含义的词相遇而消失，并导致其失去位于句首的性质的观点遭到一些语法学家的反对。伊本·欧斯福尔就在提到该观点后立即指出，否定虚词ما的句首属性是字面上的性质，而非语义上的（العرب إنما تلحظ لفظ ما لا معناها في معنى التقديم）。他以ما ضرب زيدا إلا عمرو（没有人打过宰德，除了阿穆尔）一句为例，表示尽管ما后有表否定意义的虚词إلا（除外），但这句话不能说成إلا ضرب ما زيدا عمرو。① 另一位语法学家巴特尤西对该问题做出较为详细的解释，他说：

(54) معنى الدوام والاتصال إنما حدث في الجملة بدخول ((ما)) على الفعل، ولولا ذلك لم يكن في الفعل دليل على ذلك، فلما كان اقتران الحرف بالفعل هو الذي أفاد هذا المعنى غلب على الفعل معنى الحرف فامتنع التقديم لذلك.②

[（出现这四个残缺动词的）句子所含有的长久和延续的意义是通过让ما加入动词后具有的。如果没有ما的加入，这些动词本身不具备这样的含义。正是因为虚词ما与动词的相连使得句子表达这种语义，ما的意义/功能相比动词而言要占据更大的部分。所以（它们的述语的）提前是禁止的。]

在这四个残缺动词中，除ل外的其他三个动词برح（离开）、انفك（分离、拆开）和فتئ（停止）本身都含有一定程度的否定意义。但否定虚词ما的出现中和并抵消了四者的否定义，使句子转为表达"持久、连续"的肯定含义。可以看到，巴特尤西的解释与伊本·欧斯福尔相比在侧重点上有明显不同。巴特尤西强调ما在语义上对整个句子产生的影响是最大的，而伊本·欧斯福尔强调的则是ما在形式上的作用。以ما زال زيد قائما（宰德仍然站着）一句为例，巴特尤西的观点或可理解为这个句子

---

① شرح ابن عصفور 1: 389. 相似分析见 أبو حيان, التذييل 4: 176。
② البطليوسي, الحلل: 161.

原本是 ما زال زيد قائما，意为"宰德站着的状态消失了"。而 ما 的出现否定了这一含义，使句子的意思转变为宰德站着的状态没有消失。由于 ما 在句中发挥了更为重要的作用，因此 زال 的支配作用在更大程度上要归因于 ما。而 ما 之后的成分都是 ما 所否定的含义的一部分，因此它们不允许提到 ما 之前。

在关于这四个残缺动词的述语是否可以前置于它们的讨论中，语法学家还提到另一个现象。当四者词首的否定工具词不是 ما，而是 لا、لم 或 لن 等其他虚词时，大部分语法学家允许述语提到它们之前。伊本·艾比·拉比厄对此解释道，عالما لم يزل زيد 和 عالما لن يزل زيد、عالما لا يزال زيد 都是合乎语法的表达，三者都表示"宰德仍旧有知识"。这是因为 لا、لن 和 لم 在否定工具词中都不是必须位于句首的否定虚词（ليس حرف صدر من حروف النفي），这是它们与 ما 最大的不同。①伊本·叶伊什的观点则是，由于 لن 和 لم 后必须紧跟动词，两者可以被视为其后动词的一部分。同时，لم أفعل 是对 فعلت 的否定，لن أفعل 是对 سأفعل 的否定。既然两者对应的肯定式句子中动词支配的宾格成分可以提到动词之前，那么否定式可以遵循肯定式的规则，也允许其后的宾格成分提前（حكم النفي حكم إيجابه، فكما يسوغ في الإيجاب التقديم، فكذلك مع النفي）。②至于 لا，伊本·叶伊什认为支配词的作用是可以跨越该否定虚词而存在的（يتخطاها العامل）。由于 لا 之前的成分可以支配其后

---

① البسيط, ابن أبي الربيع 2: 674, 675-676.
② 对 لن 和 لم 两词的分析可以追溯到西伯威。西伯威同样指出 لن 是对表示将来的虚词 سين 的否定，لم 则是对过去时间的否定。并且，他还提到 لن أضرب زيدا（我绝不会打宰德）和 زيدا لم أضرب（我没打过宰德）是允许的表达，سيبويه, كتاب 1: 135-136）。西拉菲对此的评注是，لن 是 سوف 的对立面（لن نقيض سوف），而 لم 的对立面则是过去式动词。由于两者的对立面皆允许它们之后的成分支配它们之前的成分，所以这两个否定虚词也同样拥有这种特性。ما 的情况有所不同。该否定虚词所附加的成分不是动词，而是句子，它的对立面是 إن。由于 إن 后的成分不能支配其前的成分（见下文），因此 ما 后的动词若支配宾格成分，该成分不能提到 ما 之前，如不能说 ضربت ما زيدا（السيرافي, شرح 1: 486-487）。

第四章 كان类残缺动词和إنّ类虚词与其被支配词的语序

的成分，如خرجت بلا زاد（我没有带粮食就出去了）一句中介词باء对زاد属格格位的支配，那么لا之后的成分也能支配其前的成分。①

至此，可以对不同的كان类残缺动词的述语能否提前进行总结。语法学家普遍认同这类动词的述语可以提到它们的名词之前，但对于它们可否提到支配词前则需视情况而定。كان、صار、أصبح、ظل等不以ما开头的残缺动词所支配的述语可以提到它们之前，但ليس的情况较为特殊。鉴于该词既含有动词的特征，与虚词也有相似之处，不同的语法学家对它的述语可否提前持不同观点。在以ما开头的残缺动词中，大部分语法学家不允许它们的述语前置于支配词。这其中，他们对以词根性的ما开头的دام——ما词的情况意见较为统一。但对以否定虚词ما为首的ما زال等四个残缺动词的情况则存在不同的声音。主流观点认为这四个残缺动词的述语不可提到残缺动词前，但部分语法学家允许这样的情况发生。

三、كان的述语所支配成分的位置

在上文的讨论中，كان的述语主要以单词或短语的形式出现。不过，如同起语的述语那样，名词句、动词句等小句结构也可以充当كان的述语。这一现象引发的一个问题是：在小句型كان的述语中，كان的述语所支配的成分可以出现在哪些位置上？

在回答这个问题前，需要指出中世纪阿拉伯语语法著作中的一个特点。语法学家在讨论名词句的语序时，对名词句中述语的被支配词的位置并没有做过多分析。相关问题在他们的论述中只是被简单提及。比如，穆巴里德提到过زيدا يضرب عمرو（阿穆尔在打宰德）一句。句中的زيد

---

① شرح ابن يعيش, 4: 368-369. 其他允许كان的述语在由لا或لم، لن، 以及ما或أن开头的残缺动词支配时提前的描述，见شرح ابن مالك 1: 299；شرح ابن عقيل 1: 351；شرح السيرافي 1: 276；همع السيوطي 2: 89. التذييل، أبو حيان 4: 175-176؛ شرح الأشموني 1: 352-353.

做ضرب的宾语，两者一起组成起语عمرو的述语。对穆巴里德而言，这种述语的被支配词提到起语之前的结构是允许的。稍复杂些的例子是عبد الله جاريتك أبوها ضارب（你的女奴，她的爸爸在打阿卜杜拉）。这个句子的底层结构是جاريتك أبوها ضارب عبد الله。جاريتك为起语，其后的名词句أبوها ضارب عبد الله做它的述语。名词句述语中的ضارب的被支配词عبد الله在表层结构中提到了起语جاريتك之前。穆巴里德本人允许这样的结构，但他指出也有人认为عبد الله和它的支配词ضارب相隔太远（تباعد آخر الكلام على أوله），因而不允许这种表达。①

事实上，زيدا عمرو يضرب这样的句子与语法学家提出的"被支配词不允许出现在它的支配词不能出现的位置上"这一规则相矛盾。因为يضرب زيدا作为句中的动词句述语，其主语为单数且和起语عمرو在指称上相同。这种情况下，述语是不允许提到起语前的。由于述语不能出现在起语前的位置上，它的被支配词因而也不能出现在该位置。所以，يضرب عمرو زيدا理应是不合语法的表达。但若把这个句子修改为زيدا عمرو يضرب أبوه（阿穆尔，他的爸爸在打宰德），زيد的提前是符合这条规则的。因为此时动词句中的主语أبوه和起语عمرو在指称上不相同，动词句述语可以提到起语前（عمرو زيدا يضرب أبوه），因此述语所支配的成分也能提到起语前。或许正因为زيدا عمرو يضرب这样的句子与变因理论中关于支配词和被支配词位置关系的规则有所冲突，对类似结构做出详细分析的语法学家并不多见。另一种原因可能是这样的句子只被少数人认可，而大部分不允许这类句子的语法学家没有在他们的作品中提及相关的问题。无论如何，中世纪

---

① المبرد, المقتضب 4: 156. 通过法里西和阿布·哈扬的描述，可以推测穆巴里德所说的不同意这种结构的语法学家可能指基萨伊和法拉الفارسي, البصريات 1: 545; أبو حيان, التذييل 10: 323）。另外，欧文斯把穆巴里德的جاريتك أبوها ضارب عبد الله这句话放到罗宾逊（Robinson, 1970）提出的依存语法（dependency grammar）的理论下进行分析，见 Owens, 1988: 41, 47-48。

第四章　كان类残缺动词和إنّ类虚词与其被支配词的语序

阿拉伯语语法理论中很少出现有关名词句述语的被支配词能否提到起语之前这一问题的详细描述。

与此形成鲜明对比的是，语法学家十分热衷于讨论كان的述语的被支配词能否提到كان的名词或كان之前。①对这一问题的分析可以从他们是否允许小句型كان的述语的提前入手。伊本•塞拉吉提到，小句型كان的述语，其提前与后置的情况与单词型كان的述语相同（التقديم والتأخير في الأخبار المجملة بمنزلتها في الأخبار المفردة）。随后他分别列举了小句型كان的述语提到كان的名词前，和提到كان前的例子：كان يضربان زيدا أخواك（你的两个兄弟打了宰德）和أبوه منطلق كان زيد（宰德，他的爸爸离开了）。②两个句子中的يضربان زيدا与أبوه منطلق各自以动词句和名词句的形式充当كان的述语，分别前置于كان的名词和كان。伊本•塞拉吉还提出，小句型كان的述语的提前即使在可靠语料中没有找到直接的证明，但通过类比的方法它依然是被允许的（فإذا لم يصح سماع الشيء عن العرب لجئ فيه إلى القياس）。这种类比指的就是把小句型كان的述语的地位视为一个单词。既然单词型كان的述语可以前置于كان，那么小句也同样可以。③伊本•马立克和苏尤提在他们的论述中都引用伊本•塞拉吉的这一观点，两者都把它作为允许小句型كان的述语提前的理由。④苏尤提还把语法学家对该问题的看法分为三类。除了允许小句型كان的述语提前的语法学家，对此持否定态度的语法学家的理由是这种现象没有在可靠语料中出现。第三种观点则是当小句型كان的述语的主语是表示كان的名词的代词时（如كان زيد يقوم），它的提前不被允许。其他情况下，小句型كان的述语的提前是允许的。⑤

---

① 语法学家在讨论这类现象时使用的残缺动词几乎都是كان，其他残缺动词极少出现在他们的例子中。
② ابن السراج, الأصول 1: 88.
③ ابن السراج, الأصول 1: 88.
④ السيوطي, همع 2: 91; ابن مالك, شرح 1: 355.
⑤ السيوطي, همع 2: 90-91.

通过上文中的这些例子，可以把语法学家允许小句型كان的述语提到كان的名词或كان前的理由归结为两点。第一，小句型كان的述语的地位等同于单词型كان的述语，前者的提前可以从后者的提前中类比得出。第二，在《古兰经》中出现过كان的述语的被支配词提到كان前的例子。根据被支配词只能出现在支配词允许出现的位置上这一规则，小句型كان的述语中作为支配词的成分也能提到كان前。以允许小句型كان的述语的提前为基础，كان的述语的被支配词在由كان类残缺动词引导的句子中的位置相对较多。语法学家对这一成分在句中允许出现的位置所进行的讨论，可以根据它是否紧跟在كان类残缺动词后分为两类。

第一类是كان的述语的被支配词不紧随كان类残缺动词之后出现，它包括该被支配词位于كان前和كان后两种情况。当它位于كان后时，唯一需要分析的现象是，该被支配词与كان的述语中充当其支配词的成分之间的语法关系决定了后者能否提到كان类残缺动词之前。伊本·塞拉吉在他的论述中提到了三个句子：（1）آكلا كان زيد طعامك；（2）آكلا كان زيد أبوه طعامك；（3）راغبا كان زيد فيه。①伊本·塞拉吉的观点比较明确：句（1）是不允许的，因为句中在كان的述语آكلا أبوه طعامك里充当支配词的成分آكل与它的被支配词——主语أبوه分开了（فرغت بين آكل وبين ما ارتفع به）。句（2）被伊本·塞拉吉视为不好（لا يحسن）（但允许）的结构，该句中كان的述语的被支配词是它的宾语。伊本·塞拉吉指出，句（1）是比句（2）更不合乎语法（أقبح）的句子。原因是主语对于动词或类似动词的成分而言是必要的，宾语只是次要成分。②所以，在由كان类残缺动词引导的句子里，كان的述语中起支配作用的动词或类似动词的成分相比于与其所支配

---

① 语法学家在分析كان的述语的被支配词的位置时，经常以كان زيد آكلا طعامك（宰德吃了你的食物）和كانت الحمى تأخذ زيدا（宰德发烧了）两个句子作为例句。为统一起见，本书在不引用原文时将以前一句作为例子。

② ابن السراج, الأصول 1: 89.

第四章 كان类残缺动词和إن类虚词与其被支配词的语序

的宾语分开，它与主语的分开更不被接受。句（3）则是允许的，因为该句中كان的述语راغب支配的成分是介词短语فيه。介词短语与时空语在阿拉伯语中相比其他结构拥有更灵活的位置，所以此时كان的述语提到كان之前是允许的。①伊本•塞拉吉对这三个例句的分析基本反映了这一现象在阿拉伯语语法传统中的全部面貌，后来的语法学家几乎从未对此提出过新的观点。唯一需要指出的是，当كان的述语的被支配词是宾语时（即句（2）的情况），语法学家对كان的述语能否前置于كان分为同意与不同意两派。②伊本•马立克的叙述可以作为对该现象的总结：

(55) حق العامل ألا يفصل بينه وبين معموله، فإن كان مرفوعا كان فصله أصعب لكونه كجزء رافعه، فلم يجز بوجه. وإن كان مفعولا به قبح ولم يمتنع، لأنه ليس كجزء ناصبه. فإن كان ظرفا أو شبهه حسن فصله، لاتساعهم في الظروف وشبهها.③

[支配词本不应与被支配词分开。当被支配词是主格时，它与支配词的相隔是最不被接受的。因为它就像使它成为主格的成分的一部分，所以这种现象是不允许的。当被支配词是受事宾语时，（它与支配词的）相隔虽不符合语法，但不被禁止。因为它不是使它成为宾格的成分的一部分。当被支配词是时空语或类似的结构时，（两者的）相隔是允许的。因为这类成分拥有更灵活的位置。]

除了上述情况外，كان的述语的被支配词出现在كان后还包括كان的述语也不提到كان前的情况。以كان آكلا زيد طعامك为基础结构，所有可能出现的语序变化共有كان آكلا زيد طعامك和كان آكلا طعامك زيد、كان زيد طعامك آكلا三种。在这四个句子中，紧跟在كان之后的成分都不是它的述语的被支配词，四者都是允许的。④

---

① الأصول, ابن السراج 1: 89.
② السيوطي, 4: 184, 245-246; التذييل, أبو حيان 1: 355-356; شرح, ابن مالك 1: 395; شرح, ابن عصفور 见, همع 2: 91-92。
③ شرح, ابن مالك 1: 355-356.
④ الأشباه, السيوطي 2: 137, 138.

当كان的述语的被支配词提到كان前时，语法学家的分析方式是区分该被支配词是否和作为其支配词的كان的述语一起前置于كان。被支配词与كان的述语一起出现在كان前的情况共有两种：آكلا طعامك كان زيد 和 طعامك آكلا كان زيد。大部分语法学家都认同这两个句子，但苏尤提提到法拉对后一句持反对意见。①当被支配词单独提到كان前，即为 آكلا كان زيد طعامك 和 طعامك كان آكلا زيد 两种情形时，语法学家的观点再度分为两派。穆巴里德允许这样的结构。他以 غلامه كان زيد يضربه（宰德曾打的是他的奴隶）一句为例，指出在كان的述语允许提前的情况下，其所支配的宾格成分也允许提前（كل ما جاز أن يتقدم من الأخبار جاز تقديم مفعوله）。②伊本·塞拉吉和巴特尤西均在他们的论述中引用穆巴里德的这一观点。③苏尤提则指出这种情况与《古兰经》中 وأنفسهم كانوا يظلمون（自欺的民众④）一句是类似的。但是，伊本·欧斯福尔却不允许这种结构。他认为，这种情况下，即使كان的述语的被支配词是由时空语或介词短语充当的，它们也不能提到كان前。كان يوم الجمعة（宰德曾在屋里站着）和 في الدار كان زيد قائما（宰德曾在周五离开）与 آكلا كان زيد طعامك 一样在他看来是不被允许的。因为此时作为支配词的كان的述语与它的被支配词之间相隔了太多的成分（كثرة الفصل）。⑤可见，伊本·欧斯福尔的这一观点与《古兰经》中实际出现的例子不相符，但他并未对此做出解释。阿布·哈扬引用了伊本·欧斯福尔的这段论述，但他强调كان的述语的被支配词单独提到كان

---

① 其 2: 137. الأشباه,السيوطي; 4: 244 التذييل,أبو حيان; 1: 393 شرح,ابن عصفور; 1: 88 الأصول,ابن السراج 中，伊本·塞拉吉给出的例子 يحبها جاريه كان زيد قائمة（宰德，他喜欢的邻居曾站着）。该句中كان的述语قائمة和其所支配的主语جارية一起提到كان前。

② 4: 101. المقتضب,المبرد

③ 1: 87 الأصول,ابن السراج; 171. الحلل,البطليوسي

④ 2: 93. همع,السيوطي 该句经文出自《古兰经》，7章177节。

⑤ 1: 393. شرح,ابن عصفور

第四章 كان类残缺动词和إن类虚词与其被支配词的语序

前应是被允许的，不管该被支配词由何种成分充当。①

在分析了كان的述语的被支配词不紧跟在كان类残缺动词之后出现的情况后，该被支配词在句中的另一种位置是紧随كان之后出现。对此，语法学家提出一条明确的规则：كان和它所支配的成分之间不允许插入与كان在支配关系上无关的成分。也就是说，不能发生كان的述语的被支配词紧跟在كان之后的情况。因为对该被支配词起支配作用的不是كان，而是كان的述语。آكلا كان طعامك、كان طعامك زيد آكلا、كان طعامك زيدا آكلا三个句子都是不被允许的。语法学家对这条规则的态度较为一致，但他们对其所做的表述却不尽相同。西伯威的描述是：如果你把由后一个动词所支配的成分放在第一个动词后，这是不好的……是不合语法的（فجعلت الذي يعمل فيه الفعل الآخر يلي الأول، وهذا لا يحسن [...] وكان قبيحا）。他的例子是كانت زيدا تأخذ الحمى和كانت الحمى تأخذ زيدا。②两个句子中的زيد都由كان的述语تأخذ支配，زيد不能紧挨在كانت之后。穆巴里德继承西伯威的观点，他对这一现象做出两种相似的表述。一种是"你在某一成分和其所支配的成分之间加入不由该成分支配的成分，这是不允许的"（لا يجوز أن تدخل بين الشيء وما يعمل فيه شيئا مما لا يعمل فيه），另一种是"支配词与被支配词之间被与支配词无关的成分隔断是不受欢迎的"（يكره الفصل بين العامل والمعمول فيه بما ليس منه）。③宰加吉的描述相对更为具体，他表示كان类残缺动词之后不能跟由其他成分支配的宾格成分。④而伊本·塞拉吉则扩展了这条规则的应用范围，他把健全动词以及主动名词等类似动词的成分的情况也纳入其

---

① أبو حيان, التذييل 4: 244, 245.
② سيبويه, كتاب 1: 70.
③ المبرد, المقتضب 3: 263, المقتضب 4: 156. 穆巴里德对该问题的其他分析见المبرد, المقتضب 4: 98-99, 101。其中他指出عمرو كان زيدا يضرب（阿穆尔，他曾打了宰德）这样的句子并不违反这条规则。因为كان中含有归到起语عمرو的隐藏的主格代名词هو，其后的زيد因而不属于紧跟在كان后的成分（المبرد, المقتضب 4: 101）。
④ الزجاجي, الجمل: 10.

中。他说道：

(56) فأما الفعل الذي لا يجوز أن يفرق بينه وبين ما عمل فيه فنحو قولك: ((كانت زيدا الحمى تأخذ)) هذا لا يجوز، لأنك فرقت بين ((كان)) واسمها بما هو غريب منها، لأن ((زيدا)) ليس بخبر لها ولا اسم [...] وإذا قلت: ((زيد راغب نفسه فيك)) فجعلت ((نفسه)) تأكيدا ((لزيد)) لم يجز، لأنك فرقت بين ((راغب وفيك)) بما هو غريب منه، فإن جعلت ((نفسه)) تأكيدا لما في ((راغب)) جاز.①

［至于动词，它与它支配的成分不能分开。像كانت زيدا الحمى تأخذ这样的句子是不允许的，因为你用与كان无关的成分把كان和它的名词分开了，（而زيد就是该无关成分，）因为它既不是كان的名词也不是它的述语……如果你说زيد راغب نفسه فيك（宰德本人对你有兴趣），并让نفسه做زيد的强调语，这是不允许的。因为你用与راغب无关的成分把它和فيك分开了。若把نفسه视为对راغب的强调，那么句子是允许的。］②

كان之后不能紧跟不由其所支配的成分这一规则基本由这四位语法学家奠定了基调，后期的语法学家对该规则的描述与他们差异不大。他们中有些人将其用于解释由كان类残缺动词引导的句子的语序，但也有一些人认为这一规则适用于所用类型的动词支配词。③

不过，还是有一些语法学家提出了不同观点。他们指出即使كان的述语的被支配词紧跟在كان后出现，但若它是与作为其支配词的كان的述语一起提前的话，那么句子仍是允许的。这一情况对应的句子是كان آكلا طعامك زيد。伊本·欧斯福尔对此解释说，语法学家对这种语序存在分歧。不允许这种结构的人给出的理由是，كان后的成分不是它所支配的名词或述语。而允许这种结构的语法学家，如他本人，认为该被支配词是كان的述语的一部分，两者构成一个整体（المعمول من كمال الخبر وكالجزء منه）。在这

---

① ابن السراج, الأصول 2: 237.
② 引文中的غريب与أجنبي一样，表示与句中的某个成分在支配关系上无关的成分。
③ 参考法里西、朱尔加尼、阿哈扬和苏尤提对这一规则的描述：العضدي ،الفارسي: 106-107; الجرجاني, المقتصد 1: 426; أبو حيان, التذييل 4: 238-239; السيوطي, همع 2: 92。

第四章 كان类残缺动词和إنّ类虚词与其被支配词的语序

种解读下，كان后所跟的成分可以被视作是它的述语，句子应被允许。①巴特尤西、艾斯特拉巴齐、伊本·艾比·拉比厄、伊本·阿齐勒、乌什穆尼、阿布·哈扬、和苏尤提等语法学家也在他们的著作中提到这一分歧。他们中的大部分都指出库法学派是该观点的支持者。其中，伊本·艾比·拉比厄和阿布·哈扬认为这种结构是不允许的。②

此外，在与كان后是否可以紧跟不由其所支配的成分这一问题有关的论述中，还有一种现象值得说明。语法学家对该现象的态度较为罕见地达成一致。即当كان的述语的被支配词是时空语或介词短语时，语法学家一致认为它们可以出现在紧跟在كان后的位置上，无论两者是否和كان的述语一起提前。这样的例子包括كان خلفك زيد قائما（宰德曾站在你的后面）、كان في الدار زيد جالسا（宰德今天曾去过）和كان اليوم زيد ذاهبا（宰德曾坐在屋子里）等。三个句子中，في الدار、اليوم和خلفك分别由كان的述语قائم、ذاهب和جالس支配，标宾格或处于宾格地位，它们都紧跟在كان后。③对于这类情况，语法学家提供的解释也基本相同，即上文中提到的时空语和介词短语在句法分布上所具备的其他结构不具备的灵活性。④下一节将会更细致地探讨这一现象。

从本小节的论述中不难发现，كان的述语的被支配词与句中其他成分的位置关系较为复杂。如果把由كان类残缺动词引导的句子的基本语序视为"كان+كان的名词+كان的述语+كان的述语的被支配词"。那么كان的述

---

① شرح ابن عصفور, 1: 393.
② شرح ابن عقيل, 1: 705-706; البسيط, 2: 206; شرح ابن أبي الربيع, 4: 206; الأستراباذي, 171-172: الحلل البطليوسي; 2: 92. همع السيوطي, 4: 239-241; التذييل أبو حيان, 1: 359; شرح الأشموني, 1: 280.
③ 但جالسا في الدار زيد—كان句还有另一种解读。即把في الدار视为كان的述语，而جالسا则由具有动词含义的في الدار支配做状语（البسيط ابن أبي الربيع, 2: 688-689）。同样的解释也适用于كان خلفك زيد قائما.
④ 与该现象有关的分析见الأصول ابن السراج, 1: 86; علل ابن الوراق, 239: الحلل البطليوسي; 171; البسيط ابن أبي الربيع, 2: 688-689, 691, 706; شرح ابن عصفور, 1: 392; شرح الأستراباذي, 4: 205-206; همع السيوطي, 2: 92; التذييل أبو حيان, 4: 241-242; شرح الأشموني, 1: 364; شرح ابن عقيل, 1: 280.

语的被支配词实际可以出现在这四个位置中的任何一个。尽管语法学家普遍认为它不能紧跟在كان之后，但也有人把它与كان的述语视为一个整体从而允许这种情况发生。同时，كان的述语的被支配词与كان的述语之间的语法关系还决定了后者能否提到كان之前。另外，即使是该被支配词提到كان前的情况，语法学家对其中的不同情形也持不同的观点。或许是因为这种结构本身能够派生出多种语序，加之语法学家的态度繁杂不一，以至于苏尤提在他的著作中对由كان زيد آكلا طعامك所代表的句子结构一共包含的24种语序——进行了罗列。①但其中的12种都是使句中原本的كان的名词زيد提到كان前的例子，如آكلا طعامك زيد كان、طعامكآكلا زيد كان等。上文提到，كان的名词是不允许提到كان前的。当它提前后，它便不再充当كان的名词，而由起首结构赋予主格格位成为句子的起语。此时句子的结构发生了根本的改变。并且，这12个句子在语法学家对相关现象的讨论中也极少被提及。因此，此处对苏尤提列举的另外12个句子按类型进行排列，作为对这一现象的小结。

表4.1　苏尤提对"كان زيد آكلا طعامك"一句12种语序的总结②

序号	例句	语法学家的观点 （同意：√；不同意：×）
1	كان زيد آكلا طعامك	√
2	كان زيد طعامك آكلا	√

① السيوطي, الأشباه 2: 137-139.
② 表格中巴士拉派、库法派以及基萨伊和法拉两位语法学家的观点均按照苏尤提的描述列出（السيوطي, الأشباه 2:137-139）。第1至4句为كان后跟它的名词或述语的情况；第5和第6句为كان后紧跟它的述语的被支配词的情况；第7和第8句为كان的述语前置于كان的情况；第9和第10句为كان的述语的被支配词单独提到كان前的情况；最后两句则为该被支配词与كان的述语一起提到كان前的情况。可以看到，这12个句子中只有第5句、第6句和第8句三个句子是巴士拉派所不允许的，三者都是كان后紧跟它的述语的被支配词的例子。

（续表）

序号	例句	语法学家的观点 （同意：√；不同意：×）
3	كان آكلا طعامك زيد	√
4	كان آكلا زيد طعامك	√
5	كان طعامك آكلا زيد	巴士拉派 ×，库法派 √
6	كان طعامك زيد آكلا	巴士拉派 ×，库法派 √
7	آكلا كان زيد طعامك	巴士拉派 √，基萨伊 √，库法派 ×
8	آكلا كان طعامك زيد	×
9	طعامك كان زيد آكلا	√
10	طعامك كان آكلا زيد	√
11	طعامك آكلا كان زيد	巴士拉派 √，基萨伊 √，法拉 ×
12	آكلا طعامك كان زيد	√

第三节　由إنّ类虚词引导的句子的语序

一、إنّ的名词和述语位置的固定性

除了كان类残缺动词，阿拉伯语中另一类能够附加到名词句结构上的支配词是إنّ类虚词，主要包括إنّ、أنّ、كأنّ、لكن、ليت和لعل六个。[1]和كان类残缺动词的情况不同，إنّ类虚词所支配的成分在语序上的变化极其有限。它们的名词（以下简称إنّ的名词）和述语（以下简称إنّ的述语）均不得前置于它们。并且，除非إنّ的述语由时空语或介词短语充当，否则它们也不得前置于إنّ的名词。[2]换言之，在由إنّ类虚词引导的句子中，"إنّ—إنّ的名词—إنّ的述语"所组成的基本结构在语序上是较为固定的。

和及物动词、كان类残缺动词一样，إنّ类虚词也能支配句中的一个主

---

[1] الجمل, الجرجاني: 18. العوامل, الجرجاني: 49.
[2] الكافية, ابن الحاجب: 17.

格成分和一个宾格成分。语法学家把这类虚词拥有支配能力的原因归结于它们与动词的相似性。这一类比的思想与他们解释具有动词含义的成分、具有动词能力的成分，以及كان类残缺动词的支配能力时相同。安巴里列举了إنّ类虚词和动词之间的五个相似之处：（1）إنّ类虚词和过去式动词一样都以开口符结尾；（2）两者都（至少）由三个字母组成；（3）两者都需要名词性成分才能成句；（4）两者在和单数第一人称代名词ياء相连时，都可以或必须插入保护性的نون（نون الوقاية），如إنني、كأنني、أكرمني、أعطاني和；（5）每个إنّ类虚词都含有动词的含义：إنّ和أنّ表示"确认、强调"；كأنّ意为"相似、比拟"；لكنّ表"改正、修正"（استدراك）；ليت表"期望、希冀"；لعلّ则表示"希望、盼望"。①随后安巴里指出，由于إنّ类虚词与动词存在上述相似之处，它们可以起类似动词的支配作用。并且，它们和كان类残缺动词一样，是为整个句子增加语义要素，而非句中的某个单词（عبارة عن الجمل لا عن المفردات）。②

在确定了إنّ类虚词能起支配作用的原因后，需要解决的两个问题是：第一，为什么动词支配的宾语可以提到主语或动词前，但إنّ类虚词的名词和述语都只能位于它们之后？第二，为什么这类虚词所支配的两个成分之间的基本语序为宾格成分在前，主格成分在后；而在动词句，或由كان类残缺动词引导的句子中，它们的被支配词的基本语序都是主格

---

① الأنباري, أسرار: 148; الأنباري, الإنصاف 1: 177-178. ليت和لعلّ在语义上的差别为，前者表示可以实现，或很难甚至完全无法实现的愿望，后者只表示有可能实现的愿望（الجرجاني, العوامل: 50; الجرجاني, العوامل 49）。其他有关إنّ类虚词和动词相似性的描述见ابن أبي الربيع, البسيط 2: 769。另外，伊本·欧斯福尔认为，إنّ类虚词与动词间的一些相似性并不能作为前者能起支配作用的理由。比如，ثمّ一词也由三个字母组成，词尾也是开口符，并且它还含有表示并列（عطف）的动词含义，但它却不起支配作用。伊本·欧斯福尔的观点是，使得إنّ类虚词具有支配能力的唯一原因是它需要有专门的两个名词性成分才能成句（تطلب الاسمين على الاختصاص فإن ذلك وحده موجب للعمل）(ابن عصفور, شرح 1: 423)。

② الأنباري, أسرار: 148-149.

第四章 كان类残缺动词和إنّ类虚词与其被支配词的语序

成分在前,宾格成分在后?

语法学家对这两个问题的回答分为两个层面。首先,إنّ类虚词虽然和动词有相像的地方,但它们之间同样有显著的区别。西伯威指出,这类虚词不具备动词具有的形态变化,也不像كان类残缺动词(或健全动词)那样可以包含隐藏的主格代名词,或与主格连接代名词相连。①穆巴里德对此的描述是,إنّ类虚词是定形虚词(حرف جامد)。②它们不能变位,也不能像残缺动词那样可以派生主动名词,属于无形态变化的支配词(عامل غير متصرف)。③后来的语法学家对这两类支配词区别的分析与他们的前辈几无二致。并且他们都指出,正是由于إنّ类虚词没有形态上的变化,才导致它们所支配的成分不能发生任何形式的提前。④事实上,إنّ类虚词和动词由于分属不同的词类,它们之间还存在很多其他的差异。如إنّ类虚词没有词根,不能与阴性标志相连等。但是语法学家在描述它们的区别时却把焦点集中在两者形态变化的有无上。这反映的是他们在支配词本身的形态变化与它们的支配形式和能力之间建立关联的思想。在上一节的讨论中,ليس与كان、صار等其他不包含ما的残缺动词相比,最明显的不同是ليس没有现在式变位。这种形态变化上的缺乏使得一些语法学家认为ليس的述语不能前置于它。但对于كان、صار等形态变化更丰富的残缺动词,它们的述语能否前置则并未引发多少争议。可见,ليس

---

① سيبويه, كتاب 2: 131.
② المبرد, المقتضب 4: 109. 相同表述见الجرجاني, المقتصد 1: 447.
③ المبرد, المقتضب 4: 109, 156.
④ ابن أبي 1: 439; شرح, ابن عصفور 1: 256; شرح, ابن يعيش 52; الجمل, الزجاجي 135; الإيضاح, الزجاجي البسيط, الربيع 2: 771-772. 其中,伊本·欧斯福尔表示إنّ类虚词与动词有相似之处,但它本身毕竟不是动词,所以它们的支配能力偏弱。伊本·艾比·拉比厄则指出,إنّ的述语之所以不能提到إنّ之前,除了إنّ类虚词本身没有形态变化外,还因为إنّ的述语类似主语。由于主语不能前置于动词,因此إنّ类的述语也不能前置于إنّ。这一解释与كان的名词不能提到كان前相同。而إنّ的名词不得提到إنّ前,以及إنّ的述语不得提到إنّ的名词前的原因则都是因为إنّ类虚词无形态变化。

与كان在形态变化上的差别，以及这种差别所导致的两者的被支配词在语序自由度上的不同与此处إن类虚词与动词之间的情况十分相似。

不过，形态变化的多寡只回答了إن类虚词的被支配词为何不能提前。对于这类支配词后为何先跟宾格成分，再跟主格成分，语法学家提供了另一个层面的答案。伊本·叶伊什指出：

(57) وإنما قدم المنصوب فيها على المرفوع فرقا بينها وبين الفعل، فالفعل من حيث كان الأصل في العمل جرى على سنن قياسه في تقديم المرفوع على المنصوب، اذ كان رتبة الفاعل مقدمة على المفعول. وهذه الحروف لما كانت في العمل فروعا على الأفعال ومحمولة عليها، جعلت دونها بأن قدم المنصوب فيها على المرفوع حطا لها عن درجة الأفعال، اذ تقديم المفعول على الفاعل فرع، وتقديم الفاعل أصل على ما ذكر.①

[（إن类虚词所支配的）宾格成分前置于主格成分，是为了使它们和动词有所区别。动词是支配作用的本原，它的标准是（其所支配的）主格成分在宾格成分前，因为主语的地位高于宾语。而这类虚词在支配作用上是动词的分支，是仿照动词（才获得支配能力）的。所以需使（它们支配的）宾格成分出现在主格成分前，以显示它们的等级低于动词。这是由于把宾语提到主语前（对动词而言）是分支（语序），主语在前才是本质。]

伊本·叶伊什的这段话可以理解为：动词及其所支配的主语和宾语构成的基本语序是动词—主格成分/主语—宾格成分/宾语，而宾语提前到动词和主语之间是基于基本语序派生出的分支语序。إن类虚词因其与动词相似而获得支配能力，但该能力本质上属于动词，所以إن类虚词被视为拥有这种能力的分支成分。既然是作为分支，那么这类成分的被支配词的语序最好也体现其"分支性"（فرعية）。②因此，按照动词所支配的

---

① شرح ابن يعيش, 1: 254-255.

② شرح الأستراباذي, 1: 289.

第四章　كان类残缺动词和إنّ类虚词与其被支配词的语序

两个成分所体现的宾格成分在前、主格成分在后的分支语序，إنّ类虚词后便也先出现宾格成分，再跟随主格成分。其他语法学家如朱尔加尼、安巴里、塞凯基和艾斯特拉巴齐也做出与伊本·叶伊什相似的分析。① 不过，安巴里还提出另一种解释。他指出，إنّ类虚词和动词在形式和意义上都存在相似性。如果前者所支配的主格成分也在宾格成分前，这会导致在字面上很难判断它们究竟是虚词还是动词。所以，把إنّ类虚词所支配的两个成分位置进行对调，是为了更好地将它们区别于动词。但是，一些人或许会提出，إنّ类虚词与动词的不同可以从前者无法发生屈折变化这一点上更直接地辨别。对此，安巴里的回答是：无屈折变化不能证明这类成分就一定是虚词。因为感叹动词、褒贬动词等动词也不能进行屈折变化。② 所以，被支配词语序的不同此时在形式上成为区分إنّ类虚词与动词的一种手段。③

可以看到，语法学家对于إنّ类虚词后先跟宾格成分，再跟主格成分的特点，以及三者之间位置关系上的相对固定性所做的解释反映了一个共同的思想：等级序列。这种等级上的先后关系是从两方面形成的。إنّ类虚词的名词和述语不得发生任何形式的提前，必须按照"إنّ—إنّ的名词—إنّ的述语"的顺序出现的原因，是它们在形态变化上的程度不及动词。等级上的高低是根据存在相似性的若干结构，它们各自之间在形态特征上所存在的差异决定的。或者说，它们自身的形态/句法属性导致它们在支配能力上的差别。كان与ليس之间的不同也属于这种情况。而إنّ类虚词后不同格位的被支配词出现的基本顺序与动词有所不同，则反映的是

---

① مفتاح, السكاكي :156; 1: 178, الإنصاف, الأنباري ;149-150 :أسرار, الأنباري ;444 :1, المقتصد, الجرجاني;
　 شرح, الأستراباذي, 1: 289.

② 1: 178. الإنصاف, الأنباري ;149 :أسرار, الأنباري.

③ 参考朱尔加尼的表达：اذا أخر المرفوع هنا حصل مخالفة هذه الحروف للفعل وانحطاطها عن رتبته
　（若إنّ类虚词支配的主格成分后置，那么这些虚词与动词之间的区别，以及它们低于动词的地位便都能显现）（المقتصد, الجرجاني, 1: 444）。

两种支配词在中世纪阿拉伯语语法理论中被赋予不同的地位。这种地位上的高低与它们本身的句法特点并无太大关系。上文的论述中若干次提到，语法学家认为动词是支配作用的本原，虚词被视作分支。因此在支配关系层面，虚词的地位便低于动词。这带来的结果之一便是两者所支配的成分在语序上体现的差异。但是，语法学家并没有进一步解释为什么他们把支配作用的本原归结到动词上，而不是虚词或其他结构。这一问题或已超出语法研究的范畴，而已踏入语文学、语法思想发展史乃至哲学的研究领域。阿拉伯语语法传统中的支配作用和变因理论的思想来源是什么？是什么原因使得语法学家认为支配作用的本原属于动词？这些问题值得另做研究。对于本书所讨论的语序问题而言，语法学家在阿拉伯语语法传统中建立的不同词类和结构地位上的高低，是他们解释这些成分与它们的被支配词之间，以及它们的被支配词相互之间在语序上的不同所依靠的重要依据。

二、时空语和介词短语的语序灵活性

上一小节中提到，إنّ的述语不得提到إنّ类虚词或者它们的名词前。但是，当إنّ的述语由时空语或介词短语充当时，它们前置于إنّ的名词是允许的。这样的例子包括إن في الدار عمرا（在屋子里的是阿穆尔）、إن أمامك بكرا（在你前面的是伯克尔）、لعل عندك عمرا（希望阿穆尔在你那儿）等。①但是即使由这两种结构充当的إنّ的述语仍不可前置于إنّ类虚词。② 对此，朱尔加尼给出的理由是这类虚词的强度还没有达到可以支配位于它们之前的成分（لم يبلغ من قوة الحرف أن يعمل فيما قبله）。③

---

① المفصل, الزمخشري :53; اللمع, ابن جني :40; العضدي, الفارسي :116; الأصول, ابن السراج 2: 231;

② البسيط, ابن أبي الربيع 2: 775; الأصول, ابن السراج 2: 231;

③ المقتصد, الجرجاني 1: 447.

第四章　كان类残缺动词和إن类虚词与其被支配词的语序

语法学家对于时空语和介词短语在إن类虚词引导的句子中所拥有的语序上的灵活性提出了不同的解释。穆巴里德认为，时空语或介词短语型的إن的述语，它们的支配词并不是إن类虚词。句中真正充当إن的述语的是其他成分，所以它们允许提到إن的名词前。① 伊本·瓦拉格对穆巴里德的观点进行了补充。他指出，在 إن زيدا عندك （宰德在你那里）一句中，عندك的宾格地位是由假定的动词استقر赋予的，后者实为إن真正的述语。因此，把عندك提前并不是提前إن的被支配词。② 从两位语法学家的分析中可以看出，他们都坚持إن类虚词所支配的名词和述语之间不能发生位置变化。时空语或介词短语在句中之所以能发生提前，是因为它们本质上不是إن的述语，与إن没有支配层面的关系，所以它们的提前并没有违背这一原则。若以 إن عندك زيدا 一句为例，那么根据两人的描述，这个句子实际为 إن عندك زيدا استقر。当عندك提前后，句子变成 إن استقر زيدا عندك，此时إن的名词زيد和它真正的述语استقر仍保持原来的语序。③ 另一位语法学家塞凯基同样认为时空语或介词短语不是真正的述语。他指出在 إن زيدا في الدار（在屋里的是宰德）一句中，إن的述语是في الدار包含的意义，而不是它本身（الخبر مدلول في الدار لا نفس في الدار）。④ 另外两位语法学家伊本·塞拉吉和伊本·叶伊什也对这一现象做出了解释。两人的观点十分明确，他们都表示时空语和介词短语允许提前是因为这样的情况在实际使用中很常见

---

① المبرد, المقتضب 4: 110.
② ابن الوراق, علل: 238, 240. 另参考弗斯戴对伊本·瓦拉格观点的分析（Versteegh, 2006: 59）。
③ 与穆巴里德和伊本·瓦拉格持相似见解的是伊本·塞拉吉，但他解释的对象是一般的名词句。伊本·塞拉吉认为在 في الدار زيد/في الدار خلفك 这样的结构中，في الدار或خلفك都不是真正的述语。原因是两者均没有对起语زيد进行陈述或谈论（ليس بحديث），而只是说明了زيد的位置。زيد真正的述语是省略的مستقر（ابن السراج, الأصول 1: 63）。
④ السكاكي, مفتاح: 156.

。（كثرة الاستعمال）①

不过，除了穆巴里德等人把时空语或介词短语视作只是占据اِنَّ的述语的位置的成分，而非其真正的述语，大部分语法学家对这两种结构能够提到اِنَّ的名词前的解释是两者在句法分布上的灵活性。他们在描述时空语和介词短语的这一特性时使用得最多的单词是اتساع（或توسع），常见的表达为"时空语充当的اِنَّ的述语允许提到اِنَّ的名词前是因为阿拉伯人扩展了对它的使用"（جاز تقديمه على الاسم لاتساع العرب في الظروف）。② 与许多其他概念一样，اتساع一词同样可以在《西伯威书》中找到根源。西伯威用一组例句阐释该词的含义。他说：当说话者问道كم صيد عليه（打猎开始多久了）时，听话者回答صيد عليه يومان（已经开始两天了）。而صيد عليه يومان这句话具体的意思是صيد عليه الوحش في يومين（狩猎野兽已有两天了）。西伯威指出，كم在句中并不做时空语，只是一般的名词。听话者在回答时没有使用في يومين这样的结构，而只需说يومان，后者替代了الوحش，在实际的答句中做صيد عليه的代主语。这是因为كم和يومان两词可供选择的用法更多，在语义表达上能达到简洁的效果（اتسع واختصر）。③

اتساع一词，及与其同根的توسع、سعة等词在《西伯威书》以及后来的语法著作中的使用受到一些现代学者的关注。弗斯戴认为，اتساع表示对某个单词的使用超出其常规的界限，是对该单词用法的延伸。他引用朱尔加尼的观点，指出这种延伸是语义层面的。④ اتساع反映的是说话者主观的行为，当他选择扩展某个单词或结构的用法后，该单词或结构便拥有了更大的空间和余地（سعة الكلام）。说话者本人是判断和决定这种用法是否符合他想要表达的句义的最终标准。在分析了اتساع的基本含义后，弗

---

① ابن السراج, الأصول 1: 231; ابن يعيش, شرح 1: 256.
② الزجاجي, الجمل: 52.
③ سيبويه, كتاب 1: 211.
④ 见الجرجاني, المقتصد 1: 100.

第四章 كان类残缺动词和إنّ类虚词与其被支配词的语序

斯戴还提到时空语能够拥有多种用法的条件：这类结构本身既能充当句子的主格成分，也能以属格的形式出现。① 黛耶对《西伯威书》中与 اتساع 有关的现象进行了考察。她认为西伯威常用该词解释话语中出现的语义和句法形式之间的不一致（semantic and syntactic disorders）。她引用若干《西伯威书》中的例句，指出这种不一致具体表现为用偏次代替正次，把时空语用作普通的名词，把词根作为时空语或宾语使用等。在有关时空语的例子中，黛耶分析了上文引用的 صيد عليه يومان 一句话。她表示 يومان 此处以代主语的形式出现，但在语义上它并不是 صاد 的受事宾语。这句话字面的意思是"两天被狩猎了"，但它的实际含义为"打猎已有两天"。黛耶指出，西伯威把类似的现象称为 اتساع，说明这一概念表示的是说话者在语言表达时允许使用非常规的结构表达常见的语义。它为说话者构建话语形式带来了灵活的空间，为扩充语言使用提供了正当的理由（a valid justification to extended linguistic usages）。② 莱文着重分析了 اتساع الكلام 所代表的句法现象。他认为在阿拉伯语语法传统中，该短语是 أصل（常规、标准、本质）一词的对立面。他把 اتساع الكلام 定义为在日常话语中使用偏离标准的结构对句法结构进行的拓展（the extention of syntactic constructions occurring in ordinary speech, by using some structures deviating from the norm）。本质上是时空语的成分经过拓展在字面上变成普通名词就是该现象中的一个例子。③

以上三位学者对 اتساع 一词的解读是大体相似的，他们的共同点可以归纳为把 اتساع 视作一种语言的表达方式。在这一方式中，说话者在说话

---

① Versteegh, 1990: 283-285.
② Dayyeh, 2015: 68-70. 黛耶接着还分析了西伯威之后的语法学家对 اتساع 等词的使用。她的观点可以概括为：后来的语法学家不像西伯威那样注重用这一概念分析形式和意义之间的不和谐关系，而是将其视为一个单独的句法概念，或语义概念。前者一般指形式上的省略，后者则与隐喻（مجاز）有关（Dayyeh, 2015: 68-70）。
③ Levin, 2019: 213-214.

时没有选择单词、词类或句法结构在语言使用中最常见、最根本的形式，而是改变并拓展了它们的句法属性和功能，并使这种改变仍旧可以帮助实现他们想表达的语义，达到他们所需的交际意图。三位学者的研究都引用时空语的例子来说明这类结构在使用方法上的扩展，但他们均未对本小节想要阐述的现象——时空语和介词短语在语序上的灵活性做出解释。不过，他们的分析仍然为此提供了重要的理论参考。时空语在阿拉伯语语法传统中的本质是表示时间或空间的名词或短语。它们可以以宾格形式出现，或处于宾格地位，此时它们被称为时空宾语（مفعول فيه）。但是，一些充当时空语的成分，如الجمعة、یوم、أمام、تحت等，同样可以以普通名词的形式出现。① 此时它们在句中的句法地位就从时空宾语转变为主语、起语或述语等。② 正是由于（部分）时空语自身所具备的这种形式变化，使得它们在句中可以承担更多的句法功能，从而使得它们的使用方式也变得更多、更灵活。

  时空语和介词短语在表达方式上的多样性带来的结果之一是它们所在的句子有时可以产生不止一种解读。在由إنّ类虚词引导的句子中，إنّ بكرا قائمٌ/ قائماً في الدار（伯克尔在屋子里站着/伯克尔站在屋子里）便是一个例子。当قائم为主格时，它在句中做إنّ的述语，في الدار是由它所支配的介词短语。当قائم读作宾格时，它的句法地位则是状语。此时إنّ的述语是في

---

① 参考伊本·瓦拉格和朱尔加尼对此的描述：ابن الوراق, علل: 367-368; الجرجاني, المقتصد 1: 652。

② 时空语（ظرف）所表示的句子成分的类型和范围比时空宾语（مفعول فيه）更广。一方面，一些语法学家把表示时间或空间的介词短语也称为时空语，如伊本·塞拉吉和艾斯特拉巴齐（الأسترابادي, شرح 1: 243; ابن السراج, الأصول 1: 63）。另一方面，能充当名词句的必要成分述语的时空语或介词短语只能被称为ظرف，不能被称为مفعول فيه（Binaghi, 2017: 176-177）。此外，卡舍（Kasher）的研究表明ظرف还可以表示名词词类中的一个子类（a subclass of the part of speech *ism*）（Kasher, 2009: 470-472）。

第四章　كان类残缺动词和إن类虚词与其被支配词的语序

الدار，它作为具有动词含义的成分支配قائم的宾格格位。① 可以看到，介词短语الدار في在إن类虚词引导的句子中既可以充当إن的述语，也可以充当إن的述语的被支配词。如果把الدار في换成خلفك这样的时空语，这个句子同样可以有上述两种解读。并且，它们都可以提到إن的名词之前，紧跟在إن之后。②

不过，一些语法学家对إن的述语的被支配词前置于إن的名词提出了异议。伊本·欧斯福尔认为，即使这一成分由时空语或介词短语充当，它们仍不允许提到إن的名词前，即不应出现إن في الدار زيدا قائم这样的表达。他的理由是，因为被支配词的提前可以确保支配词的提前，所以如果إن的述语的被支配词可以前置于إن的名词，那么إن的述语也能提到إن的名词前。这导致可能会产生إن زيدا في الدار قائم这样的句子，但这种表达却是不允许的。③ 然而，尽管也有语法学家与伊本·欧斯福尔持相同观点，④ 但大部分语法学家对于إن في الدار زيدا قائم这样的结构都持赞成态

---

① الزجاجي, الجمل :52-53.

② 不过，并不是所有时空语或介词短语都能充当إن的述语。语法学家对此提出的要求是两者必须能与إن的名词一起表达完整的句义（أن يكون بالأخبار بهما فائدة）。在إن في الدار زيدا قائما一句中，能做إن的述语的原因是بكرا في الدار本身就能成句。但在إن زيدا واثق بك（宰德对你有信心）一句里，واثق بك只能是主格，不能是宾格。因为واثق بك不能单独充当إن的述语（الزجاجي, الجمل: 53; ابن عصفور, شرح 1: 439）。同样的要求也适用于كان引导的残缺动词句。在كان زيد ذاهبا إليك一句中，إليك ذاهبا只能是كان的述语，不能做状语。因为زيد إليك كان不能表达"宰德去了你那里"的含义，إليك无法充当كان的述语，只能做与ذهب有关的介词短语（ابن أبي الربيع, البسيط 2: 686-687）（另外，一些介词短语在名词句中同样无法单独充当述语，相关分析见الخوارزمي, شرح 3: 300; السراج, الأصول 1: 205）。西伯威对这类现象做出十分精简的描述：如果可以单独充当述语的介词短语能够插入支配词和被支配词之间，那么不能单独充当述语的介词短语也能出现在这一位置上（كل مكان حسن لك أن تفصل فيه بين العامل）（والمعمول فيه بما يحسن عليه السكوت حسن لك أن تفصل فيه بينهما بما يقبح عليه السكوت）（سيبويه, كتاب 2: 281）。

③ ابن عصفور, شرح 1: 439, 440.

④ ابن عقيل, شرح 1: 349.

度。他们允许由时空语或介词短语充当的إنّ的述语的被支配词提到إنّ的名词前，原因正是由于这两种结构在语序上的灵活性（لاتساعهما/لتوسع فيهما）。①伊本·艾比·拉比厄对此做出较为详细的解释。他指出：

(58) ولا يلزم من اتساع العرب في الظرف والمجرور في موضع ما أن تتسع في كل موضع، فإن الاتساع شيء جرى على غير قياس فسبيلك أن تقصره على الموضع الذي صح فيه، ولا تتعداه وبيقى عداه على الأصل والقياس، وهو أن المعمول لا يتقدم إلا حيث يتقدم العامل ظرفا كان أو غير ظرف.②

［阿拉伯人对于时空语和介词短语的位置在使用上有灵活性，但这不代表两者必须能出现在任何位置。（语序的）灵活性是与标准背道而驰的，（对于时空语和介词短语的灵活性，）你应该只把它限制在正确的位置上，不超出它的范围。而其他的成分则应按照它们的本质形式和标准（使用），即（它们应遵循）被支配词只能提前到其支配词也能提前的位置上，不管该被支配词是否是时空语（或介词短语）。］

时空语和介词短语并不一定能出现在任何位置，指的是两者不能提到إنّ类虚词之前。但相比于其他类型的结构，当作为إنّ的述语的被支配词时，它们仍可以前置于إنّ的名词。这种位置上的灵活性是凌驾于被支配词不能出现在支配词无法出现的位置上这条规则之上的，这是伊本·艾比·拉比厄的这段分析提供的最为重要的信息。他在后文中用"扩展是标准之外的现象"（الاتساع خروج عن القياس）一句话再次强调他的观点，并明确指出时空语和介词短语在一些情况下可以提前到它们的支配词不能出现的位置上（قد جاء في الظروف والمجرورات في بعض المواضع أن تتقدم حيث لا يجوز لعاملها أن يتقدم）。③同时，伊本·艾比·拉比厄在这段分析中还表明的一点是，اتساع所表示的句子成分在位置上的灵活性仅限于时空语和介词短

---

① السيوطي, همع 5: 36-39; التذييل, أبو حيان 1: 475-476; شرح, الأشموني 2: 772, 775-776; البسيط, ابن أبي الربيع 2: 160.

② البسيط, ابن أبي الربيع 1: 579.

③ البسيط, ابن أبي الربيع 2: 677, 691.

第四章　كان类残缺动词和إنّ类虚词与其被支配词的语序

语。即使إنّ的述语的被支配词由两者中的某一个充当，但该إنّ的述语不具备这一特性。所以，类似إنّ زيدٌ بكَ مأخوذٌ这样的表达是不允许的，只能说إنّ بكَ زيدًا مأخوذٌ。

此外，时空语和介词短语语序上的灵活性不只体现在إنّ类虚词引导的句子中。上文提到，当كان的述语的被支配词是时空语或介词短语时，它们可以出现在紧随كان的位置上。有趣的是，此时两者的位置特点同样是超越了大部分语法学家所认同的"كان和它所支配的成分之间不允许插入与كان在支配关系上无关的成分"这条规则而存在的。这再次说明时空语和介词短语在句法分布上的特殊性不受变因理论对于支配词和被支配词的位置关系所形成的限制。①除此之外，一些语法学家还对为何时空语和介词短语拥有这种性质做出了解释。伊本·欧斯福尔认为，所有话语在语义上都与特定的时间或空间有关，不管句中是否有表示两者的成分出现。介词短语与时空语相像，因为所有时空语都可以理解为含有假定的介词في，所以介词短语拥有和时空语一样的语序灵活性（عوملت معاملة الظروف في الاتساع）。②艾斯特拉巴齐的观点与伊本·欧斯福尔相近，他表示由于时空语和介词短语的包容性和关联性，使得两者不会被视为与句中的成分在语义上无关的成分（لم تكم أجنبية منه），所以它们能出现在其他成分不能出现的位置上。③

结合上文中提到的三位现代学者对اتساع一词的解读，以及语法学家对时空语和介词短语在إنّ类虚词以及كان类残缺动词引导的句子中所体现的位置上的灵活性所做的分析，可以认为，اتساع确实表示的是某种结构在用法上的扩展和延伸。但弗斯戴等人对该词的分析强调通过使用非常

---

① 关于因时空语和介词短语的语序灵活性而导致在一些结构中存在仅限两者可以出现的位置的总结，见 مغني ابن هشام, 2: 800-801.
② شرح ابن عصفور, 1: 439.
③ شرح الأستراباذي, 1: 289-290.

规的语言形式表达句子含义，实现交际意图。他们把اتساع视为语言使用者的一种表达手段，该手段的实质是使句子成分或结构拥有区别于其标准或常规的句法地位和句法功能。对于时空语而言，这体现为它们在句子的表层结构中充当除时空宾语外的其他句子成分，但它们的实际意义和作用仍然是描述事件或动作发生的时间或空间。在这种解读下，اتساع这一概念可以被视作语法学家用来解释句子真实含义的一种分析工具。包含اتساع现象的句子的真实含义往往和它们的表层结构所反映的字面意义有所不同。但是，在有关时空语和介词短语句法分布的描述中，اتساع一词已经由一种分析工具变成对这两类结构所具有的一种句法性质的描述。或者说，اتساع从一个抽象的、兼具语义和句法两个层面含义的概念变成一个相对具体的句法概念。此时它仍然含有"扩展、扩充"等与该词字面意相近的含义，但它与句子的语义已无太大关联，而是转变为一个较为纯粹的句法概念。它表示时空语和介词短语区别于宾语、状语等其他句子成分所拥有的句法分布上的多样性。这种多样性最直接的体现便是两者在充当إنّ的述语的被支配词时可以提到إنّ的名词前，以及它们可以以كان的述语的被支配词的身份出现在كان和它所支配的成分之间。

第四节 作为语序决定因素的支配词的形态

一、分支的分支：类似ليس的ما和否定全类的لا

在可以附加到名词句结构上的支配词中，有两个与كان类残缺动词和إنّ类虚词之间存在密切关联，它们分别是类似ليس的ما（ما المشبهة ما بمعنى ليس/ بليس）和否定全类的لا（لا النافية للجنس）。前者类比的对象是ليس，后者是إنّ。

在对类似ليس的ما进行分析前，需指出阿拉伯语中有两种表示否定含义的虚词ما。西伯威提到，类似ليس的ما是希贾兹人（أهل الحجاز）对ما的用

第四章 كان类残缺动词和إنّ类虚词与其被支配词的语序

法。他们让ما起类似ليس的支配作用，使它的名词成为主格，述语成为宾格，如ما عبد الله أخاك（阿卜杜拉不是你的兄弟）。但泰米姆人（بنو تميم）却不使ما起支配作用。西伯威把后者的用法称为标准（قياس），因为ما本身不是动词，也不能像ليس那样包含隐藏的主格代名词。①另一点需要指出的是，除了ما之外，لا也能被视作类似ليس的虚词。它与类似ليس的ما在用法上基本相同，主要区别在于ما的名词可以是确指或泛指的，但لا的名词只能是泛指的。②本书只讨论与类似ليس的ما有关的现象。

在区分了ما的种类后，西伯威接着指出，当ما起和ليس相似的支配作用时，ما的名词和述语不能发生位置上的互换。他把类似ليس的ما的这种支配形式与إنّ进行对比，并表示إنّ虽然拥有和动词那样的支配能力，但由于其本身没有形态变化的虚词特征，使得它在支配形式上不能与动词完全一样。而ما作为虚词在这一点上与إنّ同理。③所以，类似ليس的ما所支配的名词和述语与إنّ的名词和述语一样不能发生提前或后置。之后的语法学家接受西伯威的观点，都表示类似ليس的ما的述语不能前置于它的名词，且两者都不能前置于ما。同时，如果ما的述语提到它的名词前，那么ما就会失去支配作用（يبطل العمل تقديم الخبر）。比如，当ما زيد منطلقا（宰德没有离开）转变为ما زيد منطلق时，منطلق必须变成主格，此时ما便不再是类似ليس的

---

① الزجاجي, 1: 92-93; الأصول ابن السراج, 4: 188; المقتضب, المبرد. 相同的分类见كتاب سيبويه, 1: 57. الجمل, ابن جني: 105; اللمع: 39。但是，法拉的描述是不使ما起支配作用是纳季德人（أهل نجد）的用法（معاني الفراء, 2: 42）。伊本·马立克则表示，凡不是希贾兹部落的人，他们的语言中ما都不起支配作用（شرح ابن مالك, 1: 369）。

② 关于类似ليس的لا的描述，见سيبويه كتاب, 2: 296; الأصول ابن السراج, 1: 398; العوامل الجرجاني, :237؛ شذور ابن هشام, 1: 269; شرح ابن يعيش, 55; المفصل الزمخشري, 19; الجمل الجرجاني, 50-51。其中，扎马赫谢里引用西伯威的观点，指出使ما起类似ليس的支配作用的用法不多见。

③ كتاب سيبويه, 1: 59.

ما了。①一些语法学家对这些现象进行了解释，他们的方法是把类似ليس的ما的支配能力与ليس进行比较。由于ليس本身具有形态变化，ليس的述语允许提到其名词前。但ما不具备该性质，这使得它的支配能力弱于ليس，所以ما的述语无法前置于它的名词。或者说，ما的名词和述语在语序上只能呈现一种形式（ألزمت طريقة واحدة）。②从语法学家的这种分析方式中可以看到，类似ليس的ما与ليس在支配能力上的强弱与主动名词和半主动名词之间的情况颇为相似。半主动名词拥有类似动词的支配作用，但从它的名称"الصفة المشبهة باسم الفاعل"中就能发现，与它真正相似的结构是主动名词。所以，半主动名词作为主动名词的分支，其支配能力不如主动名词是情理之中的。而类似ليس的ما作为ليس的分支，两者在支配能力上也体现出类似的差别。简言之，在阿拉伯语语法传统中，一个重要的分析手段是，作为类比对象的成分的支配能力往往强于经过与它的类比而获得该能力的分支成分。只是不同的结构之间在类比方式上有所不同。主动名词和半主动名词之间的比较标准是它们之间在形态和意义上与动词的相似程度，而ليس、除ليس以外的其他非ما开头的残缺动词、以及类似ليس的ما之间的比较标准是它们本身形态变化的丰富程度。

在关于类似ليس的ما与其被支配词的语序问题中，一个可以预料的现象是，语法学家对于类似ليس的ما的述语由时空语或介词短语充当并提到ما的名词前时，ما是否仍然起支配作用形成了不同意见。认为ما此时依然进行支配的语法学家的理由之一是时空语和介词短语的位置灵活性，但

---

① البصريات,الفارسي: 105-106;الجمل,الزجاجي: 1: 92-93;الأصول,ابن السراج 4: 189-190;المقتضب,المبرد 2: 857;الجمل,الجرجاني: 19;شذور,ابن هشام: 222-224. 其中，伊本·塞拉吉提到，当ما的述语与附加的باء相连，如قائم ما زيد بقائم（宰德没有站着）一句，قائم处于宾格地位，此时它同样不能前置于ما的名词（参考伊本·欧斯福尔的类似分析：شرح,ابن عصفور 1: 595）。法里西的表述则是，ما的述语在提到它的名词前之后仍为宾格的情况不多见，最好使其成为主格（ليس ذلك بكثير والأجود الرفع）。

② شرح,ابن يعيش 1: 268. أسرار,الأنباري: 145-146;علل,ابن الوراق: 257;الجمل,الزجاجي: 106;

第四章　كان类残缺动词和إنّ类虚词与其被支配词的语序

大部分语法学家对此持反对态度。他们认为当时空语或介词短语型的ما的述语提前时，ما应当失去其支配能力。① 从该现象中衍生出的另一个问题是，当ما的述语的被支配词为时空语或介词短语时，它们能否出现在ما和它的名词之间。语法学家对此给出较为一致的答案：不能。因为类似ليس的ما的支配能力不如كان、ليس等残缺动词，所以它的述语的被支配词即使由句法分布上较为灵活的时空语或介词短语充当，它们仍不允许提到ما的名词前。如果要让ما فيك زيد راغبا或ما طعامك زيد آكلا这样的句子在不改变语序的条件下符合语法的要求，唯一的方式是让ما失去支配作用，使句子变为ما فيك زيد راغب和ما طعامك زيد آكل。② 但这样的方法仅限于ما，因为它具有起支配作用和不起支配作用两种类型。作为残缺动词的كان、ليس等成分不具备这种属性，它们在句中始终起支配作用。

除了类似ليس的ما，另一个附加在名词句前的支配词是否定全类的لا。西伯威提出，这种类型的لا在支配方式上有三个特点。第一，否定全类的لا与إنّ类似，使其后的名词变为宾格；第二，لا支配的名词必须是泛指的，且只读单音符（تنصبه بغير تنوين）。它与否定全类的لا形成一个整体，在地位上相当于一个名词；③ 第三，既然否定全类的لا和它的名词相当于一个整体，那么它们之间就不能被任何成分隔开（即使是时空语或介词短语），类似لا فيها رجل这样的表达是不允许的。如果两者被分开了，那么لا就失去了支配作用，此时它便不是否定全类的لا了。④

西伯威的描述基本概括了否定全类的لا在支配方式上的所有情况，之

---

① 关于不同语法学家对这一问题观点的总结，见الأستراباذي, شرح :2 595 :1; ابن عصفور, شرح ;أبو حيان, التذييل 5: 256, 259, 268-269。
② سيبويه, كتاب 1: 71-72; السيرافي, شرح 1: 352-353; ابن السراج, الأصول 1: 93; الجرجاني, المقتصد 1: 435。
③ 参考巴尔贝基对地位上相当于一个名词的结构的列举和分析：Baalbaki, 1999: 94-95。
④ سيبويه, كتاب 2: 274, 276, 299。

后的语法学家对此几乎没有增添任何新的内容。① 如果说他们的分析有值得讨论之处，那便是他们对于否定全类的لا在发挥支配作用时受到上述限制所做的解释。对此，伊本·塞拉吉指出，否定全类的لا的支配方式类似إنّ，其后的两个成分原本是名词句的起语和述语。既然إنّ的名词和述语不得发生位置上的调换，那么否定全类的لا的名词和述语则更应如此，因为إنّ比它更像动词。② 安巴里把否定全类的لا与إنّ进行了全面对比。他提出前者的支配能力不如后者的四个理由：（1）إنّ的被支配词可以是确指或泛指的，لا只能支配泛指成分；（2）إنّ的强势使其不需和它的名词组合在一起（إنّ لا تركب مع الاسم لقوتها），但لا的弱势使其需要和它的名词构成整体；（3）إنّ和它的名词之间可以被时空语或介词短语分开，但لا不能；（4）إنّ支配它的名词和述语，而لا只支配它的名词。③ 不过，相比列举这两个成分支配方式上的差别，安巴里对两者在变因理论中的地位的描述更为重要，他说：

(59) ((لا)) لما كان فرعا على ((إنّ)) في العمل، و((إنّ)) تنصب مع التنوين نصبت ((لا)) مع غير تنوين؛ لينحط الفرع عن درجة الأصل؛ لأن الفروع أبدا تنحط عن درجات الأصول.④

［否定全类的لا在支配作用上是إنّ的分支。إنّ可支配双音符的宾格成分，否定全类的لا只能支配单音符的宾格成分。（否定全类的لا作为）分支在（支配）程度上低于（作为）本原（的إنّ），因为所有分支都在（支配）程度上低于本原。］

安巴里的这段话透露的信息是，不同类型的支配词之间谁被视为本原，谁被视为分支是相对的。否定全类的لا的支配作用类比的对象是إنّ类

---

① 其他语法学家的描述见التذييل 5: ,أبو حيانالمقتضب 4: 357-363; ,المبردالجمل ,الزجاجي: 237-238; همع 2: 197-198, السيوطي;شذور 237: ,ابن هشام; 279.
② الأصول ,ابن السراج 2: 235-236.
③ الإنصاف ,الأنباري 1: 370.
④ الإنصاف ,الأنباري 1: 368.

第四章 كان类残缺动词和إنّ类虚词与其被支配词的语序

虚词，此时后者被视为本原，前者被视作分支。而إنّ类虚词能起支配作用又是由于它们和动词之间存在相似性，此时动词被视为支配能力的本原，إنّ类虚词为分支。语法学家在解释动词、إنّ类虚词和否定全类的لا三者的支配能力时，对它们各自类比的对象有明确的区分。这体现的是阿拉伯语语法传统中对不同类型的支配词有着比较明确的地位上的划分。这种地位上的高低同样可以与支配词和它们所支配成分之间的位置关系形成关联，并建立起一条等级序列。对于动词、إنّ类虚词和否定全类的لا而言，它们之间的排序可以归纳为：动词＞إنّ类虚词＞否定全类的لا。支配能力越强的成分，它们的被支配词在语序上越自由。动词的宾语可以前置或后置于动词和主语，而إنّ类虚词和否定全类的لا的名词和述语之间不允许发生任何形式的位置变化。但是，由于إنّ类虚词比否定全类的لا拥有更高的地位，所以当إنّ的述语或述语的被支配词由时空语或介词短语充当时，它们允许提到إنّ的名词前。否定全类的لا的地位最低，支配能力最弱，所以即使是时空语和介词短语也不能出现在它和它的名词之间。相比إنّ类虚词，否定全类的لا和它的名词，以及名词之后的述语三者之间的位置关系更为固定。不过，إنّ类虚词和作为其分支的否定全类的لا，两者在支配能力上的强弱与ليس和类似ليس的ما之间的情况有所不同。前两者之间的差别源自它们在阿拉伯语语法传统中不同的地位，造成这种地位高低的主要原因是它们与动词之间相似程度的差异。而ليس的被支配词的语序比作为其分支的类似ليس的ما的被支配词的语序更为自由，则是由于两者本身形态特征上的差别。因此，不同的分支与分支之间支配强度的高低以及它们的被支配词在语序自由度上相应的差异尽管都能以等级序列的形式进行归纳，但它们背后所反映的支配词之间的区别有本质的不同。

二、تصرف的两层含义

在كان类残缺动词中，ليس和除它之外的非ما开头的残缺动词之间的主要区别在于形态变化的多寡。ليس与它的分支类似ما的之间的不同也体现在这一方面。语法学家常用تصرف一词描述某个词类或结构的形态特征，该词在上文中已经多次出现。其中，伊本·吉尼把能够体现时范畴变化的成分视为具有形态变化的支配词。伊本·欧斯福尔则认为，动词的形态变化指它具有表示过去、现在和将来三个时间的不同形式。[①]阿布·哈扬扩充了تصرف的含义，他认为该词还指一个成分含有命令式、主动名词和词根的形式（يستعمل منها أمر واسم فاعل ومصدر）。[②]这使得تصرف表示的不仅仅是某个成分的屈折变化，也指它们的派生变化。对于阿拉伯语而言，两者的共同点在于它们都是通过外部屈折、内部屈折或两者相结合的方式实现的。外部屈折指在动词词干的某个位置上增加词缀，内部屈折则指改变词中部分语素的语音。如果把屈折和派生这两种变化视作单词（主要是动词）本身具有的形态变化，那么它构成了تصرف的第一层含义。

不过，除了表示单词本身的形态变化外，تصرف还有另一层含义。伊本·艾比·拉比厄提到：

(60) التصرف [...] اختلاف الأبنية لاختلاف الأزمنة، ويطلق أيضا التصرف على استعمال الكلمة في جميع أبواب العربية.[③]

［تصرف……指因表不同的时间而形成的（单词）构造上的不同，它也能用来表示单词在阿拉伯语所有（结构）类别中的使用（方式）。］

伊本·艾比·拉比厄随后为تصرف的后一种含义列举了几个例子。

---

① شرح ابن عصفور, 1: 164.
② التذييل, أبو حيان, 4: 146-147.
③ البسيط, ابن أبي الربيع, 1: 181.

第四章 كان类残缺动词和إنّ类虚词与其被支配词的语序

比如，سبحان—词在阿拉伯语中没有其他句法地位，它只能在句中做绝对宾语（غدوة）。（لا يتصرف لأنه لا يستعمل إلا مفعولا مطلقا）。又如，سحر（黎明前）、（日出前）和بكرة（明天）三词只能充当时空语，它们也不具备其他句法地位。① 事实上，تصرف的这一定义并非伊本·艾比·拉比厄的首创，比他更早的语法学家已经将该术语置于类似的语境下使用。比如，朱尔加尼指出在主谓结构中，名词拥有两种句法功能（الاسم له وجهان من التصرف في باب الإسناد）。它既能充当谓语，也能充当主语。而动词只有充当谓语这一种句法功能。② 另一个تصرف较常出现的地方是在有关疑问虚词使用方法的描述中。西伯威提到，疑问虚词أ和هل之后原本只能跟动词，但跟名词句的情况也允许发生。不过，如果هل之后的成分有名词也有动词，那么应当使紧跟在هل后的成分为动词，而非名词。换言之，هل زيدا رأيت和هل قبح ولم ذهب زيد这样的句子本质上是不符合语法的，只允许在诗歌中出现（يجز إلا في الشعر）。但与هل的情况不同的是，另一个疑问虚词أ之后既能跟名词，也能跟动词。③ 西拉菲对西伯威的观点做出如下解释：أ是最原始的疑问词（أم حروف الاستفهام），跟在أ之后的句子相比其他疑问词可以有更多的形式，这是因为其他疑问词在使用方式上比أ的情况少（لقلة تصرفها في موضع الألف），它们之后的句子本质上只能以动词开头。④ 伊本·叶伊什对此做出相似的解释。他指出，أ作为疑问词这一类别的成分中最原始的一个，拥有最广泛的使用方法（أم الباب وأعم تصرفا），能出现在其他疑问词不能出现的位置（تقع مواقع لا تقع أختها فيها）。因此，أ之后能跟由起语和述语组成的名词句，且即使述语是动词（句），也不需要使其前置于起语，

---

① البسيط, ابن أبي الربيع 1: 181.
② المقتصد, الجرجاني 1: 81-82.
③ البسيط, ابن أبي الربيع 1: 277。相同观点见كتاب, سيبويه 1: 98-99, 101.
④ شرح, السيرافي 1: 406, 407.

紧跟在后。①

从语法学家对名词和动词，以及两个疑问虚词أ和هل之间不同点的描述中可以得出，تصرف一词的确如伊本·艾比·拉比厄所言，能用来表示某个词类或某种成分在句子中可以承担的句法功能的种类，或它们可以搭配的句子类型的类别。伊本·艾比·拉比厄所用的"单词的使用"这一表述是对两者较好的概括。②对于本书探讨的语序问题而言，تصرف的这一层含义使其能够用来表示被支配词在句中允许出现的位置的范围和方式。一个直接的例证来自安巴里，他指出由于被支配词的地位在支配词之下，因此它所能出现的位置（在数量上）不会超过支配词（لا يفوقه في التصرف）。③更为重要的是，语法学家还将تصرف的该含义与它的第一层意义——单词的形态变化之间建立了紧密的关联。支配词本身形态变化的程度与它的被支配词可以出现在多少位置上存在直接的联系。对这一现象做出最为详细分析的语法学家还是伊本·艾比·拉比厄，他说：

(61) فاذا صح لك في الفعل أن ما يتصرف من الأفعال في نفسه يتصرف في معموله بالتقديم والتأخير، وما لا يتصرف في نفسه لا يتصرف في معموله تبين لك أن ما يعمل عمل الفعل يشترط أيضا في تصرفه في معمولاته بالتقديم والتأخير أن يكون متصرفا في نفسه، فإن وأخواتها لا تتصرف في معمولاتها، لأنها غير متصرفة في نفسها، وكان وأخواتها تتصرف في معمولاتها لأنها تتصرف في نفسها.④

[具有形态变化的动词，其所支配的成分能够发生提前和后置。不具备形态变化的动词，其被支配词则不能发生位置上的变化。如果这一点是正确的，那么可以明确的是，那些起类似动词支配作用的成分，它

---

① ابن يعيش, شرح 1: 217, شرح 5: 100.
② 弗斯戴将تصرف的这种含义解释为单词在一个空间体系中的行为方式（the behavior of the words within a spatial system）（Versteegh, 1990: 284）。
③ الأنباري, الإنصاف 1: 68.
④ ابن أبي الربيع, البسيط 1: 476-477.

第四章 كانًا类残缺动词和إنًّ类虚词与其被支配词的语序

们的被支配词若要发生提前和后置，其条件是它们本身需要具有形态变化。إنّ类虚词的被支配词不能发生位置上的变化，是因为这类支配词本身没有形态变化。而كان类残缺动词的被支配词能出现在不同的位置，是因为它们本身具有形态变化。]①

支配词的形态特点及其与被支配词的位置之间的关系也在其他语法学家的论述中多次出现，②这种关联反映出阿拉伯语语法传统中的一个重要思想：句子的语序在很大程度上是由句中发挥支配作用的成分本身的形态特点决定的。支配词的形态变化越少、越贫乏，它对句子语序的影响程度越大。健全动词以及以كان为代表的一些残缺动词本身拥有相对最为丰富的屈折变化和派生形态，它们对句子语序的影响实际是最小的。换言之，它们所支配的成分在句中可以出现的位置要多于其他类型的支配词所支配的成分在句中的位置。但是，当句子的支配词是ليس这样形态变化相对较少的残缺动词，或是类似ليس的ما、إنّ类虚词以及否定全类的لا等完全不具备形态变化的虚词时，被支配词在句中可以出现的位置受到的限制变得更多，它们与支配词之间的位置关系也更为固定。

在本章讨论的不同类型的支配词中，كان、ليس和类似ليس的ما之间的差别最能体现支配词的形态作为语序决定因素的事实。朱尔加尼对此做出十分清晰的表述：

(62) واذا كان ليس أضعف تصرفا من كان وأقوى من ما وجب أن يكون لها مرتبة بينهما. فلا يجوز فيها تقديم المنصوب عليها نفسها نحو منطلقا ليس زيد، كما يجوز منطلقا كان زيد، لتنحط درجة عن كان، ويجوز تقديم المنصوب على المرفوع نحو منطلقا ليس زيد [...] وان لم يجز تقديم ذلك في نحو

---

① 伊本·艾比·拉比厄在后文中补充道，当إنّ的述语为时空语和介词短语时，它们可以提到إنّ的名词前。这种变化也属于إنّ的被支配词在位置上的变化（أخبارها على），تقديم（أسمائها تصرف في المعمولات）。البسيط, ابن أبي الربيع, 2: 772。

② الإنصاف,الأنباري ;140: أسرار, الأنباري ;2: 222, 228 الأصول ابن السراج ;4: 189, 190 المقتضب,المبرد, 1: 251。

ما منطلقا زيد، ليرتفع درجة عن ما لأنها أقوى. فقد أخذ ليس شبها من كان، وشبها من ما، وصار لها منزلة بين المنزلتين.①

［既然ليس形态变化的程度不如كان，但强于类似ليس的ما，那么它应当处在两者中间的地位。ليس支配的宾格成分不能提到它之前，即不能说زيدٌ ليس منطلقا，但كان زيد منطلقا是允许的。这是因为ليس的程度低于كان。而ليس支配的宾格成分允许提到（它支配的）主格成分前，如ليس منطلقا زيدٌ……但类似ليس的ما（的被支配词）却不允许发生这样的情况，即不能说زيد ما منطلقا。这是因为ليس的形态变化比类似ليس的ما更丰富，前者的程度要高于后者。ليس和كان有部分相像，和类似ليس的ما也有部分相像，所以它的地位处于两者之间。］②

朱尔加尼的描述可以作为كان、ليس和类似ليس的ما三者之间存在如下等级关系的直接证明：كان>ليس>ما的类似ليس。كان具有最强的支配能力，能够支配出现在它之前的宾格成分，ليس次之，类似ليس的ما的支配能力最弱。导致该支配能力高低的原因是三种支配词本身形态变化的丰富程度。كان有过去式和现在式的变化，有词根，还能派生主动名词。相比之下，ليس只有过去式的人称变位，而类似ليس的ما作为虚词则完全不具备任何方式的形态变化。三者形态变化上的差别决定了它们的被支配词在句中允许出现的位置数量的多少。كان的述语可以出现在其前，也可以出现在كان和كان的名词之间。ليس的述语只允许提前到它的名词前。类似ليس的ما在起支配作用的情况下，其后的被支配词的语序只能为先出现它的名词，再出现它的述语。另外，كان和ليس与它们的被支配词之间可以被时空

---

① الجرجاني, المقتصد 1: 408-409.
② 相似描述见الأنباري, أسرار: 141; الأنباري, الإنصاف 1: 164。另参考欧文斯和巴尔贝基对该现象的分析。后者认为朱尔加尼以及其他语法学家对كان、ليس和类似ليس的ما三者形态变化程度与支配强度之间关系的描述或是受到西伯威的影响（Owens, 1988: 215-217; Baalbaki, 2008: 131-132）。

语或介词短语分开，但当类似ما ليس的后直接跟随这两种结构时，它便失去支配作用。

第五节 小结

本章讨论的是句子必要成分的支配词为كان类残缺动词和إنّ类虚词的句子的语序问题。这两类支配词在支配方式上与（及物的）健全动词最大的相似性体现在它们都能在句中支配一个主格成分和一个宾格成分，而它们之间最主要的区别则在于这两个成分允许出现的位置范围。动词的宾语、كان类残缺动词和إنّ类虚词的述语这三种成分的语序自由度和它们的支配词的支配能力呈正比。支配词的支配能力越强，被支配词的语序受到的制约越少，在句法分布上越自由。动词的支配能力最强，كان类残缺动词次之，إنّ类虚词的支配能力最弱。因此，宾语在句中可以出现的位置多于كان的述语，而كان的述语允许出现的位置又多于إنّ的述语。

另一方面，不同类型的كان类残缺动词之间也存在支配能力的高低。它们和与其起相似支配作用的虚词类似ما ليس的之间也呈现出这方面的差别。而إنّ类虚词和被视为其分支的否定全类的لا之间在支配形式上也略有不同。本章就这两类支配词和它们的分支之间支配能力的区别所得出的结论以两组不同的等级序列的形式展现：（1）ما ليس类似的>ليس>كان；（2）动词>إنّ类虚词>否定全类的لا。关于这两条等级序列最有力的证明是语法学家的描述中出现的أصل, 以及نقصت عن رتبة/مرتبة、انحطت عن درجة和فرع等含有明显的程度强弱和地位高低含义的表述。两者的建立所依赖的最主要的依据是语法学家所使用的类比的分析方法。كان类残缺动词和إنّ类虚词可以起支配作用，是通过把它们的形态特点与动词相类比得出的。两者的支配作用和方式又被类比到它们的分支类似ما ليس的和否定全类的لا上。不过，尽管都以类比的思想为基础，这两组等级序列却必须分开建立，这是由于造成这些支配词的支配能力强弱不一的原因有着根本性的差别。كان、ليس 和类似ليس的ما之间最显著的不同体现在三者形态变化的程度上。形态变化越丰富的成分，它们的被支配词在句中可以出现在更多的位置上。两者之间的这种关系可以由تصرف一词进行概括。该词既表示单词本身的形态变化，也表示单词在不同结构中的使用方式。将它的后一种含义置于与语序有关的现象中，它表示的是支配词对被支配词支配方式的多样性，也即被支配词在句中允许出现的位置的数量。相对地，动词、إن类虚词和否定全类的لا之间的差异则主要出于三者在支配关系的体系中地位的高低。动词被视为支配作用的本原，إن类虚词是支配作用的分支，而否定全类的لا又是إن类虚词的分支。在阿拉伯语语法传统中，本原总是拥有高于分支的地位。地位越高的支配词与其所支配成分之间的位置关系越自由。地位越低的支配词，它们的被支配词位置变化的空间越小，与支配词之间的语序越固定。动词、إن类虚词和否定全类的لا三者与它们的被支配词之间的位置关系是对这种地位高低最直接的体现。

除此之外，语法学家在分析كان类残缺动词和إن类虚词与它们的被支配词的位置关系时所体现的等级序列的思想还可以和强度（قوة）这一概念建立起关联。上文已经论证，时空语、介词短语、指示词等具有动词含义的成分的支配强度不如主动名词、被动名词等具有动词能力的成分。同时，主动名词、被动名词、半主动名词和词根四个具有动词能力的支配词之间也呈现出支配强度的强弱。形成这种强弱高低的依据均来自它们与动词之间相似程度的差别。一种支配词与动词之间的相似之处越多，它便拥有越高的支配强度。语法学家对于不同成分与动词相似程度的高低进行判别的主要依据是它们在形态上的异同。形态变化越多的

第四章 كان类残缺动词和إنّ类虚词与其被支配词的语序

成分一般就是和动词越相似的成分，这类成分拥有的强度便越高。① 而强度越高的成分，其所支配的成分在语序上往往越自由。在本章探讨的支配词中，كان和ليس两者之间，以及كان类残缺动词和إنّ类虚词整体之间的区别最能体现相似性和强度之间的关系。كان相比ليس具有更多的形态变化和派生形式，它与动词的相似度更高，因此获得了更高的支配强度。而كان类残缺动词在整体上被视为动词，它们的动词特征自然要比属于虚词词类的إنّ类虚词更为显著。因此，كان类残缺动词在支配强度上高于إنّ类虚词，它们的被支配词在语序上也因而比إنّ类虚词拥有更多的变化空间。

另外，从本章对كان类残缺动词和إنّ类虚词语序问题的讨论中不难发现，语法学家在分析相关现象时展现出对变因理论的高度倚赖。他们的描述和解释几乎都是从支配关系和类比性规则这样的形式层面出发，并把目光聚焦在支配词的形态与被支配词语序的关系上，而很少在论述时从语义、语用等功能视角出发。这种分析方式在他们对كان的述语的被支配词的位置，以及对时空语和介词短语句法分布的灵活性这两个问题的讨论中体现得尤为明显。以كان زيد آكلا طعامك为基础结构，语法学家分析了由句中四个成分经过位置变化所得到的句子中，哪些是允许的，哪些是不允许的。但他们的论述是建立在"كان与它的被支配词之间不允许出现与كان无支配关系的成分"这条规则之上的。也就是说，这些句子是否能被接受完全基于句法理论的限制。语法学家不仅很少考察这些句子在语义、语用等层面可能存在的不同，也极少提到是否存在某些虽然在句法上不符合规则，但在实际使用中被允许、存在例证的句子。② 同样地，在讨论时空语和介词短语在由كان类残缺动词和إنّ类虚词引导的句子中可以出现在其他结构不允许出现的位置上时，语法学家也几乎没有提及不同

---

① 参考巴尔贝基对《西伯威书》中تصرف和قوة两者关系的分析：Baalbaki, 1979: 16, 18-19; Baalbaki, 1983: 22。

② Baalbaki, 2004: 53-54.

的语序是否反映的是不一样的句子含义或说话者的语用目的。尽管一些语法学家对时空语和介词短语语序灵活性的解释涉及两者在语义上的包容性，但他们却未对他们使用的例句进行类似的功能视角的解读。إنّ في زيدًا الدار 和 إنّ زيدًا في الدار 两个句子之间在功能层面是否存在像 في الدار 那样的区别，与此相类似的问题没有在语法学家的论述中得到足够的说明。即使是朱尔加尼这样注重从功能层面解释语言现象的语法学家，他的论述中也极少有对类似结构的分析。因此可以较为肯定地说，阿拉伯语语法传统中有关كان类残缺动词和إنّ类虚词所引导的句子的语序问题的解读几乎是纯句法的。

结　论

　　本书讨论了阿拉伯语语法传统中诸多与句子主要成分的语序有关的问题。全书最后将以书中分析和解释过的概念、结构和现象为线索，归纳和总结语法学家在解读这些现象时所采取的研究视角，所使用的分析工具，以及他们的论述中体现的语言学思想，以此揭示阿拉伯语语法传统这套独特的语法体系所具有的理论特点。

　　在分析阿拉伯语的基本语序时，语法学家根据支配词倾向于出现在被支配词前的句法规则得出动词—主语、起语—述语两组基本语序。不过，起语—述语的语序还能与主语—宾语的语序一起从功能的视角得到论证：在句子成分的形态和句子的语义无法对这两组成分各自间的位置关系做出区分时，它们必须按照起语在前、述语在后，和主语在前、宾语在后的顺序出现，从而达到表明自身语法地位的目的。这种分析方式背后反映的是语法学家所注重的避免句子产生歧义的基本思想。在对基本语序的描述和句子类型的划分中，语法学家对句中承担主语功能的成分的支配词进行了严格区分。动词句的主语、名词句的起语以及时空句中主格名词的支配词依次为动词、起首结构、时空语或介词短语，但时空句在大部分情况下仍被视为由起首结构支配主格成分的名词句。支配词的不同决定了动词—主语、起语—述语的语序不能一概而论，两者均代表阿拉伯语中的基本语序。由此可见，变因理论在判断阿拉伯语句子类型，以及确立不同类型的句子的组成方式中起到最根本的作用。可以认为，阿拉伯语语法传统对基本语序的确定，和对名词句、动词句的区分主要依靠的就是句子必要成分之间的支配关系这一形式层面的原因。

基本语序的确立构成了讨论提前与后置现象的前提，语法学家在此基础上对宾语和述语两种成分的前置展开论述。对这两类现象的分析最能体现语法学家采用的形式和功能两种不同的视角。这是因为宾语和述语的语序变化受到它们的支配词动词和起首结构（或起语）的约束较小，两者的位置关系可能受到在句中充当它们的成分的形态、语义、说话者的语用目的或心理考虑，以及句子的信息结构等不同层面的因素的影响。宾语和述语必须提前的情况包含若干形式上的原因。代词的回指方式、疑问工具词的句首属性和当主语或起语充当除外语这三种情况都要求宾语必须前置于主语和/或动词，述语必须前置于起语。其中，语法学家在解释代词的指代方式时使用了假定的分析工具。在表层结构中以后指的方式出现的代词，如果在遵循名词句和动词句基本语序的底层结构中，按照阿拉伯语语法体系中具有较高地位的句子成分前置于地位较低的句子成分这条规则，以回指的形式出现，那么句子仍是符合语法的。假定底层结构的分析工具还被语法学家用于解释اشتغال结构。一些人把类似ضربته زيد的句子视作对以动词—主语—宾语为语序的动词句的成分进行移位得到的结果。句子的底层结构为ضربت زيدا。而ضربته زيدا中زيد的支配词被视为其前假定的动词ضربت，句子的底层结构是ضربت زيدا ضربته。假定的研究工具使得阿拉伯语语法传统中的句法规则在整体上具有统一和连贯的解释性。

另外三种宾语和述语必须提前的情况则与充当它们的成分的自身结构有关，分别是连接代名词的宾语须前置于明显名词的主语，أن引导的起语须后置于述语，以及泛指起语须后置于由时空语或介词短语充当的述语。其中，أن型起语的后置是为了使述语不被误解为أن引导的句子的一

结 论

部分。泛指起语的后置则是为了防止时空语或介词短语被理解为起语的修饰成分。这两种情况再次反映了避免歧义的思想在解释形式规则时的重要性。由此可见，一些表面看似是句法规则限定的语序现象，其背后的原因往往需要诉诸功能的解释。语法学家在对疑问工具词的句首属性和除外句结构进行解读时寻求的也是语用和语义层面的因素。疑问工具词与其后的成分一起构成完整的疑问含义，疑问工具词位于句首是为了使句子的疑问目的更加明确。而在除外句中，如果把除外词后的成分与其前的成分进行位置上的互换，会导致句子含义彻底发生改变。除此之外，还有一个现象也是对避免歧义思想的体现。即当动词句述语的主语为单数，且和起语在指称上一致时，述语不得前置于起语。不过，这种情况中可能产生的歧义不完全是语义上的。此时述语的提前会使句子成分的语法关系从起语和述语变成动词和主语。

在功能视角的解读中，语法学家常借助"重视和关注"原则解释宾语的提前。但在具体分析时，他们往往为各自的例句设立不同的、单独的语境，这使得他们对同一个句子的解释可能有相似之处，也可能完全不同。对于宾语在什么情况下更被重视、更受关注，受到重视和关注是对于听话者还是说话者而言的，语法学家对这些问题并未形成相对统一的意见。同样的分析方式也体现在他们对述语提前的解读中。述语前置的功能原因主要包括对述语的特指和强调，达到说话者想要表达的语用目的，和使句子从旧信息过渡到新信息等。然而，这些功能层面的因素也常常是根据语法学家自己设立的语境决定的。他们对某一、某对或某组例句的解释通常可以确切地呈现他们想要对句子做出的功能角度的解析。但在整体上，他们并未抽象出具有高度概括性的功能层面的理论和思想，从而使句子语序能够在该层面得到更为系统的解释。唯一的反例或许来自朱尔加尼。这位语法学家对语序的功能解读是建立在他始终强调的意义优于形式,以及语序的变化必然且必须反映语义的变化这样的语言学思想上的。朱尔加尼把"重视和关注"原则引申为相关性原则,提出说话者认为与听话者最相关的信息在句子中应当被提前。宾语前置于主语,承担主语功能的成分从处于谓语后的主语的形式转变为处于谓语前的起语的形式等现象都在相关性原则中得到解释。另外,在语义上对于说话者而言具有最高程度相关性的句子成分应当紧跟在否定工具词和疑问工具词后,前置于其他成分,成为句子否定或询问的对象。在朱尔加尼的功能语序观中,说话者对听话者心理的考虑以及说话者本人对句子成分相关性的预设是决定语序的重要因素。与其他语法学家相比,朱尔加尼对句子语序进行的功能视角的分析形成了相对独立且完整的理论体系,这使得他的思想和研究方法在阿拉伯语语法传统中具有较为特殊的地位。

  语法学家在分析支配词为动词和起首结构的句子时展现出多种研究视角,为句子的语序变化提供相对多样的形式和功能的解读。但是,当句中起支配作用的成分变为具有动词含义的成分、具有动词能力的成分、كان类残缺动词和إنّ类虚词时,他们的论述则完全向形式层面倾斜。此时,被支配词的语序受到这些支配词的限制要远多于支配词为动词和起首结构时的情况。语法学家在解读这四类支配词和它们所支配的成分的位置关系时运用了两个重要的分析工具:类比和等级序列。类比的方法可以概括为根据两个语言结构之间的某些相同或相似的性质,推断出它们在其他属性上可能存在的相似之处。并且,被类比对象的特点常被赋予到与其进行类比的成分上。本书提到的能够体现类比思想的现象包括:具有动词含义的成分、部分具有动词能力的成分,以及إنّ类虚词因与动词在意义或形式上的相似性,从而获得类似动词的支配能力。在此基础上,半主动名词、否定全类的لا和类似ليس的ما分别因与主动名词、إنّ

结　论

类虚词和残缺动词ليس的相似性而得到后三者具有的支配能力。动词对位于其前成分的支配能力减弱的特征被类比到与动词相似的具有动词含义的成分上。当支配词为动词时，状语和区分语可以提前的属性是从同样作为宾格被支配词的（受事）宾语那里得到的。词根的支配方式被假定为ما+ أن يفعل‏ ‏ 或+ ‏ فعل/يفعل的形式（假定分析工具的又一个例子），它与其被支配词的关系被类比为连接词和结句的关系。كان类残缺动词和أن类虚词支配的主格和宾格成分被类比为动词支配的主语和宾语，两者的名词不能提前是因为主语不能提到动词前，两者的述语允许提前则是由于宾语可以前置于主语或动词。

从类比中延伸出的分析手段是等级序列。本书进行论证的三组等级序列分别为：（1）主动名词/被动名词>词根>半主动名词；（2）كان>ليس>类似的ما；（3）动词>أن类虚词>否定全类的لا。三者均反映的是阿拉伯语语法传统中一个重要的理论思想：支配强度越高，或拥有更强的支配能力的支配词，其所支配的成分在语序上越自由。不过，这三条等级序列建立的原因各不相同。第一条有关具有动词能力的支配词的等级序列形成的依据是四者与动词的相似程度，与动词存在越多相似之处的成分拥有越高的强度。第二条等级序列中，كان、ليس和类似的ما之间最显著的不同体现在三者形态变化的程度上。形态变化越丰富的成分支配能力越强，它们的被支配词在句中可以出现在更多的位置上。而第三条等级序列的建立参照的是三种成分在支配关系体系中地位的高低。地位越高的支配词与其所支配成分之间的位置关系越自由。地位越低的支配词，它们的被支配词可以发生位置变化的空间越小，与支配词之间的语序越为固定。

除了类比原则和等级序列的分析手段，语法学家在分析由كان类残缺动词和أن类虚词引导的句子的语序时还依靠的是变因理论中关于支配词和被支配词位置关系的原则。他们根据被支配词不允许出现在支配词不能出现的位置上这条规则，以及支配词高于被支配词的地位，两者相结合得出了被支配词的提前可以保证支配词提前的规则。كان类残缺动词的述语可以提到它们之前，就是从《古兰经》等可靠语料中存在كان的述语的被支配词出现在كان前的例证中推理得出的结论。另一条规则是كان类残缺动词和إن类虚词与它们的被支配词之间不允许插入与两者在支配关系上无关的成分。但是，时空语和介词短语具有语义上的关联性和包容性，两者在由这两类支配词支配的句子中拥有高度的语序灵活性，它们在句中的位置可以不受这条规则的限制。

在对本书探讨过的各种语序现象进行归纳，并对语法学家在解读这些现象时运用的分析工具和研究视角进行总结后，可以从中概括和提炼出阿拉伯语语法传统具有的一些理论特点。第一，以支配关系为核心的句法理论是这套语法体系的基准。大部分语序现象都能从围绕支配关系进行的讨论中找到理论依据。同时，句法规则的表述往往是限定性的。这些规则常要求句子成分必须或不得出现在某位置。语法学家对句法规则的使用实际是在对包括语序在内的各种语言现象进行统一和规范。当他们选择功能视角对语言现象进行分析时，他们的论述方式从规范和限定转变为描述和解释。这不仅体现在对具体例子的分析中，也体现在对句法规则的解读上。另外，类比和等级序列的思想尽管与支配关系的联系更紧密，但它们在本质上也是对句子结构和语言现象的解释。第二，阿拉伯语语法传统中的许多概念都具有双层内涵。其中一层一般表示句子成分的形式特点或句法功能，另一层则往往包括语法层面之外的其他含义。比如，فاعل表示在动词句中承担句子主语功能的成分主语，但有时它也被用来表示施事的语义角色；خبر既能表语法关系中的述语，也能表句法功能中的谓语；إسناد通常表示主谓关系，但它与表示句子完整意义或

结　论

信息的فائدة一词有紧密的关系。一般情况下，构成主谓关系的句子成分总是能表达完整的句义；إعراب意为格位标识，它包含因支配词的不同而导致单词尾符不同这层形式层面的内涵，及尾符的不同是为了体现意义的不同这层语义层面的目的；مرتبة和رتبة既表示句子成分实际出现的位置，也表示词类或结构在阿拉伯语语法体系中的地位；موضع的情况与两者类似，它能指句子成分在语言结构中具体的位置，也能指某种句法功能或该功能占据的位置；معنى表示意义、语义，也表示功能；أصل既表示某种成分拥有的本原地位，也表示某种结构或现象最原始的形式，如句子的底层结构；تصرف原本表示单词的形态变化，它也能表示句子成分的形态与其所承担的句法功能的种类和其允许出现的范围之间的关系；سبب和أجنبي既表示支配关系层面，也表示语义层面是否存在关联；اتساع既能指某些结构在句法上的特点，如语序的灵活性，也能表示与隐喻有关的修辞层面的含义。最后，不同的词类和结构在中世纪阿拉伯语语法理论中被赋予不同的地位。这其中最为明显的就是被视为本原的结构总是比它的分支拥有更高的地位。譬如，动词作为支配作用的本原，拥有比具有动词含义的成分、具有动词能力的成分和إن类虚词这三个支配作用的分支更高的支配强度。而إن类虚词则比否定全类的لا地位更高，它因而具有比后者更强的支配能力。另外，支配词的地位高于被支配词，字面支配词的地位高于抽象支配词，句子必要成分的地位也要高于句子次要成分的地位。这些成分和结构地位上的高低经常被语法学家用作解释语序现象的重要依据。

参考文献

一次文献

ابن أبي الربيع، البسيط = ابن أبي الربيع: البسيط في شرح جمل الزجاجي، سفران، 1986. تحقيق: عياد بن عيد الثبيتي. بيروت: دار الغرب الإسلامي.

ابن آجروم، الآجرومية = أبو عبد الله محمد بن داود الصنهاجي الشهير بابن آجروم: الآجرومية، 2010. تحقيق: حايف النبهان. ؟

ابن بابشاذ، المقدمة = طاهر بن أحمد بن بابشاذ: شرح المقدمة المحسبة، جزءان، 1977. تحقيق: خالد عبد الكريم. الكويت: المطبعة العصرية.

ابن جني، الخصائص = أبو الفتح عثمان بن جني: الخصائص، 3 أجزاء، 1986. تحقيق: محمد علي النجار. القاهرة: الهيئة المصرية العامة للكتاب.

ابن جني، سر = أبو الفتح عثمان بن جني: سر صناعة الإعراب، جزءان، 1985. تحقيق: حسن هنداوي. دمشق: دار القلم.

ابن جني، اللمع = أبو الفتح عثمان بن جني: اللمع في العربية، 1988. تحقيق: سميح أبو مغلي. عمان: دار مجدلاوي.

ابن الحاجب، الكافية = عثمان بن عمر بن أبي بكر جمال الدين بن الحاجب: الكافية في علم النحو، 2010. تحقيق: صالح عبد العظيم الشاعر. القاهرة: مكتبة الآداب.

ابن السراج، الأصول = أبو بكر محمد بن سهل بن السراج: الأصول في النحو، 3 أجزاء، 1996. تحقيق: عبد الحسين الفتلي. بيروت: مؤسسة الرسالة.

ابن عصفور، شرح = ابن عصفور الإشبيلي: شرح جمل الزجاجي، جزءان، 1980- 1982. تحقيق:

صاحب أبو جناح. الموصل: إحياء التراث الإسلامي.

ابن عقيل، شرح = عبد الله بن عقيل: شرح ابن عقيل على ألفية ابن مالك، 4 أجزاء، 1980. تحقيق: محمد محيى الدين عبد الحميد. القاهرة: دار التراث.

ابن مالك، شرح = أبو عبد الله محمد جمال الدين بن عبد الله بن عبد الله بن مالك: شرح التسهيل لابن مالك، 4 أجزاء، 1990. تحقيق: عبد الرحمن السيد، محمد بدوي المختون. القاهرة: دار هجر.

ابن مالك، ألفية = أبو عبد الله محمد جمال الدين بن عبد الله بن عبد الله بن مالك: ألفية ابن مالك في النحو والتصريف، ؟. تحقيق: سليمان بن عبد العزيز بن عبد الله العنوني. ؟

ابن هشام، شذور = ابن هشام الأنصاري: شرح شذور الذهب في معرفة كلام العرب، 2004. تحقيق: محمد محيى الدين عبد الحميد. القاهرة: دار الطلائع.

ابن هشام، شرح = ابن هشام الأنصاري: شرح جمل الزجاجي، 1985. تحقيق: علي محسن عيسى مال الله. بيروت: عالم الكتب.

ابن هشام، قطر = ابن هشام الأنصاري: شرح قطر الندى وبل الصدى، 1994. تحقيق: محمد محيى الدين عبد الحميد. صيدا وبيروت: المكتبة العصرية.

ابن هشام، مغني = ابن هشام الأنصاري: مغني اللبيب عن كتب الأعاريب، جزءان، 1991. تحقيق: محمد محيى الدين عبد الحميد. صيدا وبيروت: المكتبة العصرية.

ابن الوراق، علل = أبو الحسن محمد بن عبد الله الوراق: علل النحو، 1999. تحقيق: محمود جاسم محمد الدرويش. الرياض: مكتبة الرشد.

ابن يعيش، شرح = أبو البقاء يعيش بن علي بن يعيش: شرح المفصل للزمخشري، 6 أجزاء، 2001. تحقيق: إميل بديع يعقوب. بيروت: دار الكتب العلمية.

أبو حيان، التذييل = أبو حيان محمد بن يوسف بن علي بن يوسف بن حيان: التذييل والتكميل في شرح كتاب التسهيل، 15 جزءا: جزء 1-5، 1998-2002. تحقيق: حسن هنداوي. دمشق: دار القلم؛ جزء 6-15، 2005-2018. تحقيق: حسن هنداوي. الرياض: دار كنوز إشبيليا.

الأستراباذي، شرح = رضي الدين محمد بن الحسن الأستراباذي: شرح الرضي على الكافية، 4 أجزاء، 1996. تحقيق: يوسف حسن عمر. بنغازي: منشورات جامعة قازيونس.

الأشموني، شرح = أبو الحسن الأشموني: شرح الأشموني على ألفية ابن مالك، 4 أجزاء، 1939-1946.

تحقيق: محمد محيى الدين عبد الحميد. القاهرة: مطبعة مصطفى البابي الحلبي وأولاده.

الأنباري، أسرار = أبو البركات عبد الرحمن بن محمد بن أبي سعيد الأنباري: كتاب أسرار العربية، 1957. تحقيق: محمد بهجة البيطار. دمشق: مطبوعات المجمع العلمي العربي.

الأنباري، الإغراب = أبو البركات عبد الرحمن بن محمد بن أبي سعيد الأنباري: الإغراب في جدل الإعراب ولمع الأدلة في أصول النحو، 1957. تحقيق: سعيد الأفغاني. دمشق: دار الفكر.

الأنباري، الإنصاف = أبو البركات عبد الرحمن بن محمد بن أبي سعيد الأنباري: الإنصاف في مسائل الخلاف بين النحويين البصريين والكوفيين، جزءان، ؟. تحقيق: محمد محيى الدين عبد الحميد. بيروت: دار الفكر.

البطليوسي، الحلل = أبو محمد عبد الله بن محمد بن السيد البطليوسي: كتاب الحلل في إصلاح الخلل من كتاب الجمل، 1985. تحقيق: سعيد عبد الكريم سعودي. بيروت: دار الطليعة للطباعة والنشر.

الجرجاني، الجمل = عبد القاهر بن عبد الرحمن بن محمد الجرجاني: الجمل، 1972. تحقيق: علي حيدر. دمشق: دار الحكمة.

الجرجاني، دلائل = عبد القاهر بن عبد الرحمن بن محمد الجرجاني: كتاب دلائل الإعجاز، 1989. تحقيق: محمود محمد شاكر. القاهرة: مكتبة الخانجي.

الجرجاني، العوامل = عبد القاهر بن عبد الرحمن بن محمد الجرجاني: العوامل المئة، 2009. تحقيق: أنور بن أبي بكر الشيخي الداغستاني. بيروت: دار المنهاج.

الجرجاني، المقتصد = عبد القاهر بن عبد الرحمن بن محمد الجرجاني: كتاب المقتصد في شرح الإيضاح، مجلدان، 1982. تحقيق: كاظم بحر المرجان. بغداد: دار الرشيد للنشر.

الخوارزمي، شرح = القاسم بن الحسين الخوارزمي: شرح المفصل في صنعة الإعراب، 4 أجزاء، 1990. تحقيق: عبد الرحمن بن سليمان العثيمين. بيروت: دار الغرب الإسلامي.

الزجاجي، الإيضاح = أبو القاسم عبد الرحمن بن إسحاق الزجاجي: الإيضاح في علل النحو، 1959. تحقيق: مازن مبارك. القاهرة: دار العروبة.

الزجاجي، الجمل = أبو القاسم عبد الرحمن بن إسحاق الزجاجي: كتاب الجمل في النحو، 1984. تحقيق: علي توفيق الحمد. إربد: دار الأمل.

الزمخشري، الأنموذج = أبو القاسم محمود بن عمر الزمخشري: شرح الأنموذج في النحو، 1990.

تحقيق: حسني عبد الجليل يوسف. القاهرة: مكتبة الآداب.

الزمخشري، المفصل = أبو القاسم محمود بن عمر الزمخشري: المفصل في علم العربية، 2004. تحقيق: فخر صالح قدارة. عمان: دار عمار.

السكاكي، مفتاح = أبو يعقوب يوسف ابن أبي بكر محمد بن علي السكاكي: مفتاح العلوم، 1978. تحقيق: نعيم زرزور. بيروت: دار الكتب العلمية.

سيبويه، كتاب = أبو بشر عمرو بن عثمان سيبويه: كتاب سيبويه، 5 أجزاء، 1988. تحقيق: عبد السلام محمد هارون. القاهرة: مكتبة الخانجي.

السيرافي، شرح = أبو سعيد السيرافي: شرح كتاب سيبويه، 5 أجزاء، 2008. تحقيق: أحمد حسن مهدلي، علي سيد علي. بيروت: دار الكتب العلمية.

السيوطي، الأشباه = جلال الدين السيوطي: الأشباه والنظائر في النحو، 4 أجزاء، 1987. تحقيق: عبد الإله نبهان. دمشق: مطبوعات مجمع اللغة العربية.

السيوطي، الاقتراح = جلال الدين السيوطي: الاقتراح في أصول النحو، 2006. تحقيق: عبد الحكيم عطية. دمشق: دار البيروتي.

السيوطي، همع = جلال الدين السيوطي: همع الهوامع في شرح جمع الجوامع، 7 أجزاء: جزء 1-3، 1992. تحقيق: عبد العال سالم مكرم. بيروت: مؤسسة الرسالة؛ جزء 4-7، 1979-1980. تحقيق: عبد العال سالم مكرم. الكويت: دار البحوث العلمية.

الفارسي، البصريات = أبو علي الفارسي: المسائل البصريات، جزءان، 1985. تحقيق: محمد الشاطر أحمد محمد أحمد. القاهرة: مطبعة المدني.

الفارسي، العسكرية = أبو علي الفارسي: المسائل العسكرية، 1982. تحقيق: محمد الشاطر أحمد محمد أحمد. القاهرة: مطبعة المدني.

الفارسي، العضدي = أبو علي الفارسي: الإيضاح العضدي، 1969. تحقيق: حسن شاذلي فرهود. مطبعة دار التأليف بمصر.

الفارسي، التعليقة = أبو علي الفارسي: التعليقة على كتاب سيبويه، 6 أجزاء، 1990-1996. تحقيق: الدكتور عوض بن حمد القوزي. القاهرة: مطبعة الأمانة.

الفراء، معاني = أبو زكرياء يحيى بن زياد الفراء: معاني القرآن، 3 أجزاء، 1955-1972. تحقيق: أحمد

يوسف نجاتي، محمد علي النجار. القاهرة: الدار المصرية للتأليف والترجمة.

المبرد، المقتضب = أبو العباس محمد بن يزيد المبرد: كتاب المقتضب، 4 أجزاء، 1994. تحقيق: محمد عبد الخالق عضيمة. القاهرة: دار الكتاب المصري.

二次文献

بدوي، السعيد محمد. 2000. رأي في معاني الإعراب في فصحى التراث: حالة الجملة الاسمية. In Ibrahim Z.; Kassabgy N.; Aydelott S. (eds.), *Diversity in Language, Contrastive Studies in English and Arabic Theoretical and Applied Linguistics*. Cairo: The American University in Cairo Press. 1-20.

حسان، تمام. 1994. اللغة العربية: معناها ومبناها. الدار البيضاء: دار الثقافة.

ضيف، شوقي. 1992. المدارس النحوية. القاهرة: دار المعارف.

عبده، داود. 1983. البنية الداخلية للجملة " الفعلية " في العربية. الأبحاث 13. بيروت: الجامعة الأمريكية في بيروت. 37-54.

المكارم، علي أبو. 2007. التراكيب الإسنادية، الجمل: الظرفية- الوصفية- الشرطية. القاهرة: مؤسسة المختار.

المهيري، عبد القادر. 1993. نظرات في التراث اللغوي العربي. بيروت: دار الغرب الإسلامي.

Abdul-Raof, H. 2001. On the subject in Arabic. In *Journal of Semitic Studies*, Vol. 46, Issue 1. 97-120.

Agius, D. A. 1991. Precedence of VOS over VSO in modern standard Arabic. In Kaye A. S. (ed.), *Semitic Studies in Honor of Wolf Leslau*, Vol. 1. Wiesbaden: Harrassowitz. 39-55.

Anshen, F.; Schreiber, P. A. 1968. A focus transformation of modern standard Arabic. In *Language*, Vol. 44, No. 4. 792-797.

Ayoub, G. 2015. Some aspects of the relation between enunciation and utterance in Sībawayhi's *Kitāb*. A modal category: wājib/ġayr wājib. In Marogy A.

E.; Versteegh, K. (eds.), *The Foundations of Arabic Linguistics II, Kitāb Sībawayhi: Interpretation and Transmission.* Leiden: Brill. 6-35.

Baalbaki, R. 1979. Some aspects of harmony and hierarchy in Sībawayhi's grammatical analysis. In *Zeitschrift für Arabische Linguistik*, No. 2. 7-22.

Baalbaki, R. 1983. The relation between naḥw and balāġa: a comparative study of the methods of Sībawayhi and Ǧurğānī. In *Zeitschrift für Arabische Linguistik*, No. 11. 7-23.

Baalbaki, R. 1988. A contribution to the study of technical terms in early Arabic grammar: the term aṣl in Sībawayhi's *Kitāb*. In Irvine A. K.; Serjeant R. B.; Smith G. R. (eds.), *A Miscellany of Middle Eastern Articles in Memoriam Thomas Muir Johnstone.* Essex: Longman. 163-177.

Baalbaki, R. 1995. The book in the grammatical tradition: development in content and method. In Atiyeh, G. N. (ed.), *The Book in the Islamic World: The Written Word and Communication in the Middle East.* State University of New York Press. 123-139.

Baalbaki, R. 1999. Coalescence as a grammatical tool in Sībawayhi's Kitāb. In Suleiman Y. (ed.), *Arabic Grammar and Linguistics.* London and New York: Routledge. 86-106.

Baalbaki, R. 2004. Some considerations of word order in kāna constructions. In *Romano-Arabica*, No.3. 41-58.

Baalbaki, R. 2007. Inside the speaker's mind: speaker's awareness as arbiter of usage in Arab grammatical theory. In Ditters E.; Motzki H. (eds.), *Approaches to Arabic Linguistics Presented to Kees Versteegh on the Occasion of his Sixtieth Birthday.* Leiden: Brill. 3-23.

Baalbaki, R. 2008. *The Legacy of the Kitāb: Sībawayhi's Analytical Methods within the Context of the Arabic Grammatical Theory.* Leiden: Brill.

Baalbaki, R. 2013. Arabic linguistics tradition I: naḥw and ṣarf. In Owens J. (ed.), *The Oxford Handbook of Arabic Linguistics.* Oxford: Oxford University Press. 92-114.

Badawi, El-S.; Carter, M. G.; Gully, A. 2004. *Modern Written Arabic: A Comprehensive Grammar.* London and New York: Routledge.

Bakir, M. J. 1979. *Aspects of Clause Structure in Arabic: A Study in Word Order Variation in Literary Arabic.* Indiana University, Ph.D thesis.

Beeston, A. F. L. 2017. *The Arabic Language Today.* London and New York: Routledge.

Binaghi, F. 2017. Ẓarf and mafʿūl fī-hi: really two of a kind? Some notes on Zağğāğī's treatment. In Sartori M.; Giolfo M. E. B.; Cassuto P. (eds.), *Approaches to the History and Dialectology of Arabic in Honor of Pierre Larcher.* Leiden: Brill. 172-194.

Bohas, G.; Guillaume, J.-P.; Kouloughli, D. 1990. *The Arabic Linguistic Tradition.* London and New York: Routledge.

Brustad, K. E. 2000. *The Syntax of Spoken Arabic: A Comparative Study of Moroccan, Egyptian, Syrian and Kuwaiti Dialects.* Washington, D. C.: Georgetown University Press.

Carter, M. G. 1984. The term sabab in Arabic grammar. In *Zeitschrift für Arabische Linguistik*, No. 15. 53-66.

Carter, M. G. 1990. Arabic grammar. In Young, M. J. L.; Latham, J. D.; Serjeant, R. B. (eds.), *Religion, Learning and Science in the ʿAbbāsid Period.* Cambridge University Press. 118-138.

Carter, M. G. 2004. *Sībawayhi.* New Delhi: Oxford University Press.

Carter, M. G. 2007. Grammatical tradition: history. In Versteegh, K.; Mushira E.; Elgibali A. et al. (eds.), *Encyclopedia of Arabic Language and Linguistics, Volume II, Eg-Lan.* Leiden: Brill. 182-191.

Carter, M. G. 2017. The seven deadly sins of Arabic studies. In Sartori M.; Giolfo M. E. B.; Cassuto P. (eds.), *Approaches to the History and Dialectology of Arabic in Honor of Pierre Larcher.* Leiden: Brill. 516-533.

Comrie, B. 1989. *Language Universals and Linguistic Typology: Syntax and Morphology.* Chicago: The University of Chicago Press.

Dahlgren, S.-O. 1998. *Word Order in Arabic.* Göteborg: Acta Universitatis Gothoburgensis.

Dahlgren, S.-O. 2001. Word order and topicality in the Qur'ān. In *Zeitschrift für Arabische Linguistik,* No. 39. 20-35.

Dayyeh, H. 2015. Ittisāʿ in Sībawayhi's Kitāb: a semantic ʿilla for disorders in meaning and form. In Marogy A. E.; Versteegh, K. (eds.), *The Foundations of Arabic Linguistics II, Kitāb Sībawayhi: Interpretation and Transmission.* Leiden: Brill. 66-80.

Dayyeh, H. 2019. The notion of taqdīm wa-taʾḫīr in *al-Kitāb* and its development in the Arabic grammatical tradition until the 4th/10th century. In Giolfo, M. E. B.; Versteegh, K. (eds.), *The Foundations of Arabic Linguistics IV, The Evolution of Theory.* Leiden: Brill. 106-122.

Dryer, M. S. 1995. Frequency and pragmatically unmarked word order. In Downing P. A.; Noonan M. (eds.), *Word Order in Discourse.* Amsterdam/Philadelphia: John Benjamins. 105-135.

El-Yasin, M. K. 1985. Basic word order in classical Arabic and Jordanian Arabic. In *Lingua,* Vol. 65. 107-122.

Fehri, A. F. 1993. *Issues in the Structure of Arabic Clauses and Words*. Springer-Science+Business Media, B.V.

Ghersetti, A. 2011. 'Word' in the linguistic thinking of 'Abd al-Qāhir al-Jurjānī. In Lancioni G.; Bettini L. (eds), *The Word in Arabic*. Leiden: Brill. 85-108.

Giolfo, M. E. B.; Versteegh, K. 2019. Introduction: the evolution of theory in the Arabic linguistic tradition. In Giolfo, M. E. B.; Versteegh, K. (eds.), *The Foundations of Arabic Linguistics IV, The Evolution of Theory*. Leiden: Brill. 1-9.

Givón, T. 1991. Markedness in grammar: distributional, communicative and cognitive correlates of syntactic structure. In *Studies in Language*, Vol. 15. 335-370.

Goldenberg, G. 1988. Subject and predicate in Arab grammatical tradition. In *Zeitschrift der Deutschen Morgenländischen Gesellschaft*, Vol. 138, No. 1. 39-73.

Greenberg, J. H. 1966. Some universals of grammar with particular reference to the order of meaningful elements. In Greenberg J. H. (ed.), *Universals of Language*. 73-113.

Gruntfest, Y. 1984. Medieval Arabic grammarians: first transformationists? In *Zeitschrift der Deutschen Morgenländischen Gesellschaft*, Vol. 134. 226-236.

Guillaume, J.-P. 2007. Grammatical tradition: approach. In Versteegh, K.; Mushira E.; Elgibali A. et al. (eds.), *Encyclopedia of Arabic Language and Linguistics*, Volume II, Eg-Lan. Leiden: Brill. 175-182.

Gully, A. 2013. *Grammar and Semantics in Medieval Arabic: A Study of Ibn-Hisham's 'Mughni l-Labib'*. London and New York: Routledge.

Gundel, J. K. 1988. Universals of topic-comment structure. In Hammond M.; Moravcsik E. A.; Wirth J. (eds.), *Studies in Syntactic Typology*. Amsterdam/ Philadelphia: John Benjamins. 209-239.

Hawkins, J. A. 1983. *Word Order Universals*. New York: Academic Press.

Holes, C. 2004. *Modern Arabic: Structures, Functions and Varieties*. Washington, D. C.: Georgetown University Press.

Hopper, P. J. 1986. Discourse function and word order shift: a typological study of the VS/SV alternation. In Lehmann W. P. (ed.), *Language Typology 1985, Papers from the Linguistic Typology Symposium, Moscow, 9-13 December, 1985*. Amsterdam/Philadelphia: John Benjamins. 123-140.

Ingham, B. 1994. *Najdi Arabic: Central Arabian*. Amsterdam/Philadelphia: John Benjamins.

Iványi, T. 2007a. Jumla. In Versteegh, K.; Mushira E.; Elgibali A. et al. (eds.), *Encyclopedia of Arabic Language and Linguistics*, Volume II, Eg-Lan. Leiden: Brill. 536-540.

Iványi, T. 2007b. Kalām. In Versteegh, K.; Mushira E.; Elgibali A. et al. (eds.), *Encyclopedia of Arabic Language and Linguistics*, Volume II, Eg-Lan. Leiden: Brill. 541-545.

Kamel, S. A. 2006. The textual component in classical Arabic: investigating information structure. In Boudelaa, S. (ed.), *Perspectives on Arabic Linguistics XVI: Papers from the sixteenth annual symposium on Arabic linguistics*. Amsterdam/Philadelphia: John Benjamins. 103-130.

Kasher, A. 2009. The term ism in medieval Arabic grammatical tradition: a hyponym of itself. In *Journal of Semitic Studies*, Vol. 54, Issue 2. 459-474.

Khan, G. 1988. *Studies in Semitic Syntax*. Oxford: Oxford University Press.

Kouloughli, D. E. 2002. On locative sentences. In *Zeitschrift für Arabische Linguistik*, No. 41. 7-26.

Krupa, V. 1982. Syntactic typology and linearization. In *Language*, Vol. 58, No. 3. 639-645.

Lehmann, W. P. 1973. A structural principle of language and its implications. In *Language*, Vol. 49, No. 1. 47-66.

Levin, A. 1979. Sībawayhi's view of the syntactical structure of kāna wa'axawātuhā. In *Jerusalem Studies in Arabic and Islam*, Vol. 1. 185-213.

Levin, A. 1981. The grammatical terms al-musnad, al-musnad 'ilayhi and al-'isnād. In *Journal of the American Oriental Society*, Vol. 101. 145-165.

Levin, A. 1985a. The distinction between nominal and verbal sentences according to the Arab grammarians. In *Zeitschrift für Arabische Linguistik*, No. 15. 118-127.

Levin, A. 1985b. The syntactic term al-mabniyy 'alayhi. In *Jerusalem Studies in Arabic and Islam*, Vol. 6. 299-352.

Levin, A. 1989. What is meant by 'akalūnī l-barāġīṯu? In *Jerusalem Studies in Arabic and Islam*, Vol. 12. 40-65.

Levin, A. 1995. The fundamental principles of the Arab grammarians' theory of 'amal. In *Jerusalem Studies in Arabic and Islam*, Vol. 19. 214-232.

Levin, A. 2007a. Arabic grammar and classical Arabic. In *Jerusalem Studies in Arabic and Islam*, Vol. 33. 1-16.

Levin, A. 2007b. Sībawayhi's view of the ẓarf as an 'āmil. In Ditters E.; Motzki H. (eds.), *Approaches to Arabic Linguistics Presented to Kees Versteegh on the Occasion of his Sixtieth Birthday*. Leiden: Brill. 135-148.

Levin, A. 2019. The phenomenon of ittisā' al-kalām in old Arabic. In Giolfo, M.

E. B.; Versteegh, K. (eds.), *The Foundations of Arabic Linguistics IV, The Evolution of Theory.* Leiden: Brill. 212-224.

Li, C. N.; Thompson, S. A. 1976. Subject and topic: a new typology of language. In Li, C. N. (ed.), *Subject and Topic*. 457-489.

Marogy, A. E. 2010. *Kitāb Sībawayhi: Syntax and Pragmatics*. Leiden: Brill.

Mithun, M. 1992. Is basic word order universal? In Payne D. L. (ed.), *Pragmatics of Word Order Flexibility*. Amsterdam/Philadelphia: John Benjamins. 15-61.

Mohammad, M. A. 1999. *Word Order, Agreement and Pronominalization in Standard and Palestinian Arabic*. Amsterdam/Philadelphia: John Benjamins.

Owens, J. 1984. Structure, class and dependency: modern linguistic theory and the Arabic grammatical tradition. In *Lingua*, Vol. 64. 25-62.

Owens, J. 1988. *The Foundations of Grammar: An Introduction to Medieval Arabic Grammatical Theory*. Amsterdam/Philadelphia: John Benjamins.

Owens, J. 1990a. *Early Arabic Grammatical Theory: Heterogeneity and Standardization*. Amsterdam/Philadelphia: John Benjamins.

Owens, J. 1990b. Themes in the development of Arabic grammatical theory. In Versteegh K.; Carter M. G. (eds.), *Studies in the History of Arabic Grammar II, Proceedings of the 2nd Symposium on the History of Arabic Grammar, Nijmegen, 27 April-1 May 1987*. Amsterdam/Philadelphia: John Benjamins. 253-263.

Owens, J. 2015. Arabic syntactic research. In Kiss T.; Alexiadou A. (eds.), *Syntax-Theory and Analysis: An International Handbook*. Berlin: De Gruyter Mouton. 99-133.

Peled, Y. 1992a. 'Amal and 'ibtidā' in medieval Arabic grammatical tradition. In *Abr-Nahrain*, Vol. 30. 146-171.

Peled, Y. 1992b. Cataphora and taqdīr in medieval Arabic grammatical theory. In *Jerusalem Studies in Arabic and Islam*, Vol. 15. 94-112.

Peled, Y. 1997. On Jurjānī's functional approach to word order. In *Le Muséon*, Vol. 110. 115-141.

Peled, Y. 1999. Aspects of the use of grammatical terminology in medieval Arabic grammatical tradition. In Suleiman Y. (ed.), *Arabic Grammar and Linguistics*. London and New York: Routledge. 50-85.

Peled, Y. 2009. *Sentence Types and Word-Order Patterns in Written Arabic: Medieval and Modern Perspectives*. Leiden: Brill.

Robinson, J. J. 1970. Dependency structures and transformational rules. In *Language*, Vol. 46, No. 2. 259-285.

Sheyhatovitch, B. 2015. The notion of fā'ida in the medieval Arabic grammatical tradition: fā'ida as a criterion for utterance acceptability. In Marogy A. E.; Versteegh, K. (eds.), *The Foundations of Arabic Linguistics II, Kitāb Sībawayhi: Interpretation and Transmission*. Leiden: Brill. 184-201.

Smith, C. S. 1997. *The Parameter of Aspect*. Dordrecht: Kluwer Academic Publishers.

Steele, S. 1978. Word order variation. In Greenberg J. H. (ed.), *Universals of Human Language*. Stanford: Stanford University Press. 585-623.

Suleiman, Y. 1999. *The Arabic Grammatical Tradition: A Study in Ta'līl*. Edinburgh University Press.

Sweity, A. 1992. *Aljurjani's Theory of Naðm (Discourse Arrangement): A Linguistic Perspective*. University of Texas at Austin, Ph.D dissertation.

Talmon, R. 1988. "Al-kalām mā kāna muktafiyan bi-nafsihi wa-huwa l-jumla": A study in the history of sentence-concept and the Sībawayhian legacy in Arabic grammar. In *Zeitschrift der Deutschen Morgenländischen Gesellschaft*, Vol. 138, No. 1. 74-98.

Talmon, R. 1993. Two early 'non-Sībawaihian' view of 'amal in kernel-sentences. In *Zeitschrift für Arabische Linguistik*, No. 25. 278-288.

Talmon, R. 1997. *Arabic Grammar in its Formative Age: Kitāb l-'Ayn and its Attribution to Ḫalīl b. 'Aḥmad*. Leiden: Brill.

Talmon, R. 2003. *Eighth-Century Iraqi Grammar: A Critical Exploration of Pre-Ḫalīlian Arabic Linguistics*. Winona Lake: Eisenbrauns.

Thalji, A.-M. I. 1986. Marked vs. unmarked structures in modern written Arabic (part I). In *Al-'Arabiyya*, Vol. 19, No. 1/2. 109-126.

Vennemann, T. 1974. Topics, subjects and word order: from SXV to SVX via TVX. In Anderson J. M.; Jones C. (eds.), *Proceedings of the First International Conference on Historical Linguistics, Edinburgh, 2nd-7th Sept. 1973*, Vol. 1. 339-376.

Versteegh, K. 1978. The Arabic terminology of syntactic position. In *Arabica*, Vol. 25, No. 3. 261-281.

Versteegh, K. 1980. The origin of the term qiyās in Arabic grammar. In *Zeitschrift für Arabische Linguistik*, No. 4. 7-30.

Versteegh, K. 1990. Freedom of the speaker? The term ittisā' and related notions in Arabic grammar. In Versteegh K.; Carter M. G. (eds.), *Studies in the History of Arabic Grammar II, Proceedings of the 2nd Symposium on the History of Arabic Grammar, Nijmegen, 27 April-1 May 1987*. Amsterdam/Philadelphia: John Benjamins. 281-293.

Versteegh, K. 1994. The notion of 'underlying levels' in the Arab grammatical tradition. In *Historiographia Linguistica*, Vol. 21, No. 3. 271-296.

Versteegh, K. 1995. *The Explanation of Linguistic Causes: Az-Zaǧǧāǧī's Theory of Grammar: Introduction, Translation, Commentary.* Amsterdam/Philadelphia: John Benjamins.

Versteegh, K. 1997a. *Landmarks in Linguistic Thought III: The Arabic Linguistics Tradition.* London: Routledge.

Versteegh, K. 1997b. The Arabic tradition. In Bekkum W. V.; Houben J.; Sluiter I. et al. (eds.), *The Emergence of Semantics in Four Linguistic Traditions: Hebrew, Sanskrit, Greek, Arabic.* Amsterdam/Philadelphia: John Benjamins. 225-284.

Versteegh, K. 2006. A new treatise about the *'ilal an-naḥw*: Ibn Al-Warrāq on *'inna wa-'axawātuhā*. In Edzard L.; Watson J. (eds.), *Grammar as a Window onto Arabic Humanism: A collection of articles in honour of Michael G. Carter.* Wiesbaden: O. Harrassowitz. 51-65.

Zabarah, H. 2012. The notion of "complete" and "incomplete" verbs in early Arabic grammatical theory: kāna and its sisters. In Baasiouney, R.; Katz, E. G. (eds.), *Arabic Language and Linguistics.* Washington, D. C.: Georgetown University Press. 115-125.

后 记

对阿拉伯语语法传统进行的研究，其对象和目标纷繁多样，如梳理语法发展史，比较不同语法学派的观点，探究概念和结构的历时变化，用现代语言学的视角解读研究方法和分析工具，以及对一部原典的核心思想进行解析等。

事实上，阿拉伯语语法传统中词法和句法的主要概念和基本规则，在现今的标准阿拉伯语参考语法中已经有详细的描述。但它们大多集中在语言使用的规范性上，很少谈及现象和规则的形成过程、其所基于的研究方法、其所蕴含的语言学思想。这是为什么本书在讨论阿拉伯语句子语序的主要现象和基本规则之外，还倾注大量篇幅阐述语法学家的论述框架，解释他们使用的分析手段，剖析他们的研究视角。因为相比分析语言研究的一般情况和语法结构的基本特征，更能够揭示阿拉伯语语法传统的理论基础，帮助理解其内在逻辑、形成机制乃至文化内涵的，是对于阿拉伯语语法传统方法论原则的研究。

本书的研究对象不是某一本具体的著作，而是围绕一种语言现象，研究其在整个阿拉伯语语法传统的历史中如何被描述和解释。这类研究必须面对的一个问题是：如何把握语法学家在观点和方法上的同质性和异质性。对此，本书的做法是以形式视角为主，以功能视角为辅；以概括和归纳基本原则和核心方法为主，以语法学家个体的侧重点为辅。对于较为重要的句法概念和分析工具，本书探讨它们在不同时期的含义和在不同语序现象中的应用，尽可能如实展现它们的历时演变。

  本书虽力求对阿拉伯语句子主要成分的语序进行全面阐述，但在观点的提炼和论述的精简度上仍存在很大的不足。书中所得结论，仅为探索阿拉伯语语法传统浩瀚星海中之一石，期望能引发对该领域更深入的学术思考与研究。

于迪阳
2024年9月8日